O LIVRO DE OURO DA LIDERANÇA

John C. Maxwell

O Livro de Ouro da Liderança

O maior treinador de líderes da atualidade
apresenta as grandes lições de liderança
que aprendeu na vida

Tradução de
Omar de Souza

5ª reimpressão

Thomas Nelson Brasil

Rio de Janeiro
2008

Título original
Leadership Gold

Supervisão editorial	Nataniel dos Santos Gomes
Assistente editorial	Clarisse de Athayde Costa Cintra
Tradução	Omar de Souza
Adaptação da Capa	Valter Botosso Jr.
Copidesque	Norma Cristina Guimarães Braga
Revisão	Margarida Seltmann
	Cristina Loureiro de Sá
Projeto gráfico	Valter Botosso Jr.
Diagramação	Julio Fado

CIP-BRASIL. CATALOGAÇÃO-NA-FONTE
SINDICATO NACIONAL DOS EDITORES DE LIVROS, RJ

M419L

Maxwell, John C., 1947-
O livro de ouro da liderança: o maior treinador de líderes da atualidade apresenta as grandes lições de liderança que aprendeu na vida/John C. Maxwell; tradução de Omar Alves de Souza. - Rio de Janeiro: Thomas Nelson Brasil, 2008.

Tradução de: The leadership gold
ISBN 978-85-6030-372-4

1. Liderança. 2. Administração de empresas. 3. Sucesso nos negócios. I. Título.

07-4745. CDD: 658.4092
CDU: 658:316.46

Rua Nova Jerusalém, 345 – Bonsucesso
Rio de Janeiro – RJ – CEP 21402-325
Tel.: (21) 3882-8200 – Fax: (21) 3882-8212 / 3882-8313
www.thomasnelson.com.br

DEDICATÓRIA

O livro de ouro da liderança *é dedicado a Ella Ashley Miller, nossa quarta netinha, que nos encanta o tempo todo com sua mansidão e doçura. Oramos para que, ao longo da vida, possa encontrar e retirar o "ouro" de suas lições.*

AGRADECIMENTOS

Charlie Wetzel, meu redator
Stephanie Wetzel, que revisa e edita os manuscritos
Linda Eggers, minha assistente

SUMÁRIO

EM BUSCA DO OURO

Confesso: já faz quase dez anos que eu queria escrever este livro. Em certo sentido, tenho trabalhado nele durante toda a minha vida, mas prometi a mim mesmo que não me sentaria para escrevê-lo antes de chegar aos sessenta anos. Em fevereiro de 2007, cheguei a essa idade e comecei a colocá-lo no papel.

Minha jornada como líder tem sido notável e gratificante. Em 1964, aos dezessete anos, comecei a ler e arquivar reflexões sobre o tema porque já sabia que a liderança seria uma parte importante da minha carreira. Aos 22, assumi meu primeiro cargo como líder. Em 1976, me convenci de vez de que tudo começa e termina com a liderança. Em paralelo a essa crença, desenvolvi uma paixão: a de estudar e ensinar esse assunto tão vital por toda a minha vida.

Aprender a liderar com eficácia tem sido um desafio e tanto. Ensinar outras pessoas a liderar com eficácia tem sido um desafio ainda maior. A partir do final da década de 1970, passei a me dedicar por completo ao treinamento e à produção de líderes em potencial. Para minha satisfação, descobri que era possível desenvolver lideranças, descoberta que me levou a escrever meu primeiro livro sobre o tema, em 1992, intitulado *Desenvolva sua liderança*. Desde então, escrevi muitos outros. Por mais de trinta anos, seja exercendo, seja ensinando, a obra de minha vida esteve relacionada com liderança.

AGREGUE VALOR À SUA LIDERANÇA

Este livro é resultado de anos de vivência dentro de um ambiente de liderança, bem como de aprendizado, na base da tentativa e erro, do que significa ser um líder. As lições que aprendi foram pessoais e, via de regra, bem simples, ainda que tenham provocado um impacto profundo. Passei minha vida inteira reunindo essas riquezas de sabedoria. Imagino cada capítulo deste livro como uma pepita de ouro. Nas mãos das pessoas apropriadas, essas riquezas agregarão um enorme valor à capacidade de liderança. Ao ler este livro, por favor, compreenda que:

1. Ainda estou aprendendo o que é a liderança. Ainda não cheguei ao fim dessa jornada, e este livro também não é minha resposta definitiva com relação ao talento e à capacidade para liderar. Enquanto esta obra estava sendo impressa e chegava às livrarias, eu já descobria mais algumas idéias que poderia ter incluído. Sabe por quê? Porque continuo aprendendo e crescendo a cada dia. Espero que esse processo não pare até o dia de minha morte. Desejo continuar cavando mais pepitas de ouro que possa compartilhar.

2. Muitos ofereceram valiosas contribuições para as riquezas apresentadas neste livro. Um dos capítulos desta obra é intitulado "Um líder só é bem-sucedido quando várias pessoas trabalham para isso". Isso, certamente, foi verdade no que diz respeito à minha experiência pessoal. Já se disse que aprender com seus próprios erros é sinal de sabedoria. Se mais sábio, porém, é quem aprende com os erros dos outros, o maior sábio de todos é aquele que aprende com o sucesso. Hoje em dia, aprendo com a experiência de muitos líderes que agregaram um imenso valor à minha vida. No futuro, espero que você também possa se valer de minha experiência.

3. O que ensino pode ser assimilado por praticamente qualquer pessoa. O filósofo grego Platão afirmou: "Boa parte do processo de aprendizado consiste em relembrar o que já sabemos." E essa é a melhor maneira de aprender. Como escritor e professor, o que procuro fazer é aproveitar aquilo que as pessoas já intuem para ajudá-las a realmente compreender o assunto de uma forma nova e cristalina. Tento criar aqueles momentos do tipo: "Arrá! Então era isso!" Embora minha experiência em termos de liderança tenha sido marcada pela perspectiva do que está diante de mim, comecei a entender melhor esse processo quando comecei a olhar para trás. Atualmente, já na casa dos sessenta anos, quero compartilhar com você as lições mais importantes que aprendi como líder. Este livro é minha tentativa de reunir todo o ouro que já garimpei, com muito esforço, na base da tentativa e erro, e colocá-lo na prateleira mais baixa, ao seu alcance, de modo que os líderes (tanto os inexperientes quanto os mais tarimbados) possam ter acesso a essa riqueza. Não é necessário ser nenhum especialista para compreender o que estou tentando ensinar, e ninguém precisa ser diretor-executivo de nenhuma empresa para colocar esses princípios em prática. Meu objetivo não é impactar os leitores como Charlie Brown diante de seu castelo de areia. Em uma de suas histórias em quadrinhos, Charlie Brown está admirando o castelo de areia que acabava de construir na praia quando, de repente, cai um temporal e destrói todo o seu trabalho. Quando olha para a areia e vê tudo lisinho onde antes se erguia sua obra de arte, ele exclama: "Deve haver alguma lição a ser aprendida com isso, mas não tenho a mínima idéia do que seja". Meu objetivo não é o de impressionar os leitores com conhecimentos e *sacadas* que só servem para iludir, mas o de ser um amigo capaz de oferecer algum tipo de ajuda.

4. Boa parte das riquezas da liderança que compartilho com você neste livro é resultado de erros que cometi. Aprendi algumas coisas com bastante sofrimento; só mencioná-las ainda me causa dor. Ainda que não me esqueça das muitas vezes em que cometi erros, tudo isso me serve de incentivo, pois fico satisfeito quando reconheço que hoje sou mais sábio do que era no passado. O poeta Archibald MacLeish declarou: "Só existe algo mais doloroso do que aprender com a experiência — é não aprender nada com ela." Com freqüência, vejo pessoas que cometem erros e, de maneira obstinada, seguem em frente só para voltar a errar do mesmo jeito mais adiante. Cheias de determinação, elas se convencem do seguinte: "Continue tentando, não pare!" Na verdade, seria muito melhor se dissessem assim: "Tente. Em seguida, pare para pensar e mudar. Só então tente novamente."

5. Sua capacidade de se tornar um líder melhor depende das iniciativas que você toma. Ler um livro nunca é suficiente para fazer diferença na vida. O fator com maior potencial de transformar você num líder cada vez melhor é a sua iniciativa. Por favor, não considere este livro como um mapa de atalhos para o sucesso. Trabalhe em cada pepita de ouro a fim de transformá-la em alguma coisa útil que possa ajudá-lo a desenvolver sua liderança. Não seja como o garoto que jogava xadrez com o avô e reclamou: — Ah, essa não, vovô! De novo? O senhor ganha todas! — O que você queria que eu fizesse? — perguntou o avô. — Que perdesse de propósito? Se eu fizesse isso, você não aprenderia nada. — Mas eu não quero aprender nada mesmo — respondeu o menino. — Só quero ganhar o jogo. Querer vencer não é o suficiente. É preciso passar por um processo de aprimoramento. Isso exige paciência, perseverança e determinação. William A. Ward afirmou: "Lembrar uma grande verdade é algo admirável, mas aplicar uma grande verdade na vida é sinal de sabedoria."

Minha sugestão é a de que você mantenha este livro ao seu lado até que se torne parte de sua vida. O escritor e professor Peter Senge define o aprendizado como "um processo que ocorre ao longo do tempo, e sempre integra o pensamento e a ação". E vai além: "Aprender é uma atividade altamente referencial [...] O aprendizado ocorre no contexto de algo muito significativo, no momento em que o aprendiz toma a iniciativa de agir."

Se você é um líder emergente, recomendo que dedique 26 semanas ao aprimoramento de sua liderança a partir do conteúdo deste livro — uma semana para cada capítulo. Leia um de cada vez e, em seguida, siga as instruções que estão na parte dedicada à aplicação dos princípios. Se você permitir que as lições sejam internalizadas e se transformem em ações concretas antes de passar ao capítulo seguinte, acredito que, no tempo oportuno, surgirão mudanças positivas de modo impressionante em sua liderança.

Caso você seja um líder mais experiente, use 52 semanas. Por que levar o dobro de tempo? Porque, depois de trabalhar os princípios de um capítulo em seu estilo de liderança, você deve dedicar uma semana a mais para transmiti-los às pessoas que orienta. Quando chegar ao fim do ano, não apenas você terá se desenvolvido, como também terá ajudado outros líderes emergentes a alcançar o mesmo nível de excelência!

Cada capítulo contém o "Momento do mentor", incluído logo depois dos exercícios práticos, com o objetivo de ajudar o leitor. Ali ele encontrará sugestões que podem ajudar no desenvolvimento da liderança, sempre relacionadas à área de especificidade do capítulo correspondente. É preciso alcançar certo nível de harmonia e confiança no relacionamento com as pessoas que deseja orientar antes de colocar algumas dessas sugestões em prática. Se você ainda não chegou nesse ponto, invista algum tempo para fortalecer esse relacionamento, de modo que possa mobilizar a vida de seus liderados.

LIDERANÇA FAZ MUITA DIFERENÇA

Pergunto-me: por que se dar a tanto trabalho só para aprender mais sobre a questão da liderança? Ou, na mesma linha: por que trabalhei tanto para aprender sobre liderança e garimpar pepitas de ouro durante quarenta anos? A resposta é: porque a boa liderança sempre faz muita diferença! Tenho comprovado os resultados de uma boa liderança. Já tive oportunidade de testemunhar bons líderes virando empresas de cabeça para baixo, com um impacto altamente positivo na vida de milhares de pessoas.

Para ser sincero, liderança não é uma coisa fácil de ser aprendida, mas por que vale tanto a pena? Afinal, ainda que se tornar um líder melhor gere benefícios, também exige grande esforço. A liderança requer muito das pessoas que desejam desenvolvê-la. É exigente e complexa. Entenda o que estou querendo dizer:

- Liderança é a disposição de assumir riscos.
- Liderança é o desejo apaixonado de fazer diferença.
- Líderança é se sentir incomodado com a realidade.
- Liderança é assumir responsabilidades enquanto outros inventam justificativas.
- Liderança é enxergar as possibilidades de uma situação enquanto outros só conseguem ver as dificuldades.
- Liderança é a disposição de se destacar no meio da multidão.
- Liderança é abrir a mente e o coração.
- Liderança é a capacidade de subjugar o ego em benefício daquilo que é melhor.
- Liderança é evocar em quem nos ouve a capacidade de sonhar.
- Liderança é inspirar outras pessoas com uma visão clara da contribuição que elas podem oferecer.
- Liderança é o poder de potencializar muitas vidas.
- Liderança é falar com o coração ao coração dos liderados.

- Liderança é a integração do coração, da mente e da alma.
- Liderança é a capacidade de se importar com os outros e, ao fazer isso, liberar as idéias, a energia e a capacidade dessas pessoas.
- Liderança é o sonho transformado em realidade.
- Liderança é, acima de tudo, coragem.

Se essas reflexões sobre a liderança aceleram sua pulsação e mexem com seu coração, aprender mais sobre esse assunto fará uma grande diferença em sua vida, e por sua vez você será capaz de fazer uma grande diferença na vida de outras pessoas. Vire a página e vamos começar.

1

QUEM CHEGA AO TOPO SOZINHO FEZ ALGUMA COISA ERRADA NO CAMINHO

A geração de meu pai acreditava que os líderes jamais deveriam se aproximar demais das pessoas que lideravam. "Mantenha certa distância" era uma frase que eu ouvia com muita freqüência. Acreditava-se que os bons líderes deviam estar um pouco acima e além dos liderados. Por causa disso, quando comecei minha jornada como líder, tomei as medidas necessárias para assegurar que fosse mantida alguma distância entre mim e minha equipe. Tentava estar por perto para liderá-la, mas longe o suficiente para não ser influenciado por ela.

Essa busca de equilíbrio logo se tornou fonte de muitos conflitos internos. Com toda a sinceridade, eu gostava de me manter perto das pessoas que liderava. Além disso, sentia que um de meus pontos fortes era minha capacidade de interagir com elas. Esses dois fatores fizeram com que eu questionasse a orientação que recebera sobre distância. E não deu outra: poucos meses depois de aceitar meu primeiro cargo de liderança, eu e minha esposa, Margaret, começamos a desenvolver amizades muito próximas. Adorávamos nosso trabalho e as pessoas daquela organização.

Assim como acontece com muitos líderes em início de carreira, eu sabia que não ficaria naquele primeiro emprego para sempre. Foi uma boa experiência, mas logo eu já estava pronto para enfrentar desafios maiores. Três anos depois, eu pedia demissão para passar a ocupar outro cargo em

Lancaster, Ohio. Nunca esquecerei a reação da maioria à minha decisão: "Como você pôde fazer isso, depois de tudo o que fizemos juntos?" Muitos se mostraram magoados, crendo que minha saída era uma questão pessoal, e isso me aborreceu muito. Na mesma hora, as palavras daqueles líderes do passado vieram à minha mente: "Não se aproxime demais das pessoas". Quando deixei aquele cargo para assumir outra posição de liderança, prometi a mim mesmo evitar que as pessoas se aproximassem muito dali para a frente.

DESSA VEZ É PESSOAL MESMO

Em meu segundo cargo, e pela primeira vez em minha carreira como líder, eu poderia contratar uma equipe para me ajudar. Havia um rapaz que me parecia bastante promissor, por isso o contratei e comecei a me dedicar ao seu desenvolvimento pessoal. Não demorou muito para eu descobrir que treinar e desenvolver pessoas não é apenas uma habilidade — também é motivo de alegria.

Eu e aquele integrante da equipe fazíamos tudo juntos. Uma das melhores maneiras de treinar pessoas é lhes permitir observar o que fazemos, oferecer algumas orientações e, em seguida, deixar que tentem fazer a mesma coisa por si. Era isso o que eu fazia com ele. Foi minha primeira experiência como mentor.

Eu achava que tudo estava indo muito bem. Foi então que, certo dia, descobri que ele usara algumas informações delicadas que eu havia partilhado com ele e violara minha confiança, revelando-as a outras pessoas. Aquilo não apenas me magoou como líder, mas também como pessoa. Senti-me traído. Nem é preciso dizer que o dispensei. E mais uma vez as palavras dos líderes mais experientes ecoaram em meus ouvidos: "Não se aproxime demais das pessoas."

Dessa vez eu havia aprendido minha lição. Tomei novamente a decisão de manter distância. Contrataria uma equipe para executar determinadas tarefas e cuidaria de meu trabalho. E só nos reuniríamos uma vez por ano, na festa de Natal!

Por seis meses, fiz o que era necessário para garantir esse distanciamento profissional. Foi então que, certo dia, percebi que manter todo mundo longe era uma espada de dois gumes. A boa notícia era que, se eu continuasse a agir daquela maneira, ninguém jamais voltaria a me magoar. Mas a notícia ruim era que eu também nunca poderia contar com ninguém para me ajudar. Assim, aos 25 anos de idade, tomei uma decisão: na condição de líder, eu passaria a "caminhar com cuidado entre a multidão". Dedicaria tempo (e assumiria os riscos implícitos) à tarefa de me aproximar das pessoas e lhes permitir sua aproximação. Finalmente, me comprometi a amar as pessoas antes de começar a tentar liderá-las. Essa escolha poderia, por vezes, me deixar numa situação de vulnerabilidade. Eu poderia ser magoado. Mesmo assim, aqueles relacionamentos mais próximos me permitiriam tanto ajudá-las como ser ajudado. Foi uma decisão que mudou minha vida e meu estilo de liderança.

SOLIDÃO NÃO É UM PROBLEMA DA LIDERANÇA

Há uma charge na qual um executivo aparece sentado e desolado atrás de uma mesa imensa. Do outro lado, de pé, um homem humilde usando roupas de trabalho confidencia: "Se isso serve de consolo para o senhor, a gente também se sente solitário quando está na base da pirâmide." Estar no topo não significa que você precisa ficar sozinho. O mesmo vale para quem está na base. Já conheci gente solitária na base da pirâmide, no topo e no meio. Hoje percebo que a solidão não é um problema relacionado à posição que se ocupa, mas uma questão de personalidade.

Em geral, as pessoas imaginam o líder sentado sozinho, no alto da montanha, olhando o que seu pessoal está fazendo lá embaixo. Ele é um sujeito separado dos outros, isolado e solitário — daí aquela frase famosa, segundo a qual "é grande a solidão quando se está no topo". Mas eu argumentaria que essa frase nunca foi proferida por um grande líder. Se você está em posição de liderança e se sente em completa solidão, isso é um sinal de que está fazendo alguma coisa errada. Pense nisso. Se você é uma pessoa solitária, isso significa que ninguém está seguindo sua liderança. E se ninguém segue sua liderança, você não está liderando ninguém!

A solidão não é um problema relacionado à posição que se ocupa, mas uma questão de personalidade.

Que tipo de líder deixaria todo mundo para trás e seguiria sozinho sua jornada? Só o egoísta. Os bons líderes levam outros consigo para o topo. Promover a ascensão de outros é requisito fundamental para a liderança eficaz. Isso é bem difícil de se fazer quando o líder se mantém distante, pois desconhece as necessidades dos liderados, não tem idéia dos sonhos que eles desejam realizar nem lhes sente a pulsação. Além disso, se não há resultado visível dos esforços da liderança, será preciso mudar o líder.

ALGUNS FATOS SOBRE O TOPO

Considero a questão da liderança algo tão pessoal que o assunto tem me rendido muitas reflexões ao longo dos anos. Apresento aqui algumas delas:

Ninguém jamais chegou ao topo sozinho

Poucos líderes alcançam o sucesso sem o trabalho de muita gente. Nenhum líder é bem-sucedido se não contar com ajuda. Infelizmente, assim que chegam ao topo, alguns líderes perdem tempo tentando empurrar para baixo os que estão lá. Bancam os *reis da cocada preta* por insegurança ou medo da competitividade. Isso pode até dar certo por algum tempo, mas geralmente não dura muito. Derrubar prováveis adversários é algo que consome tempo e energia demais, e quem faz isso se preocupa com gente que provavelmente está fazendo o mesmo. Em vez disso, por que não estender a mão a essas pessoas para que subam e propor a elas que se juntem a você no topo?

Os bons líderes levam outros consigo para o topo.

Chegar ao topo é fundamental quando se deseja levar os outros consigo

Há muita gente no mundo sempre disposta a dar conselhos sobre o que não conhece. São como agentes de viagem mal-intencionados, que lhe vendem uma passagem bem cara desejando "Espero que aprecie a viagem" e, depois, nunca mais são vistos. Os bons líderes, por sua vez, são como guias turísticos de verdade. Conhecem o território porque já fizeram aquela viagem antes, e fazem o que podem para tornar o passeio agradável e proveitoso para todo mundo.

A credibilidade de um líder começa com o sucesso pessoal e se confirma na iniciativa de ajudar os outros a alcançar sucesso também. Para ganhar credibilidade, é preciso que você demonstre possuir três características:

- Iniciativa: você precisa *se levantar* para subir.
- Sacrifício: você precisa *abrir mão* para subir.
- Maturidade: você precisa *se desenvolver* para subir.

Se você mostrar o caminho das pedras, as pessoas desejarão seguir sua liderança. Quanto mais alto você chegar, maior será o número de pessoas dispostas a viajar ao seu lado.

Levar mais gente para o topo é mais gratificante do que chegar lá sozinho

Há alguns anos, tive o privilégio de me apresentar no mesmo palco de Jim Whittaker, o primeiro alpinista norte-americano a escalar o monte Everest. Durante o almoço, perguntei o que lhe proporcionava maior sentimento de realização como alpinista. Surpreendi-me com sua resposta: "Já ajudei mais gente a chegar ao cume do monte Everest do que qualquer outra pessoa. Levar outros ao ponto mais alto, sabendo que nunca poderiam chegar lá sem meu auxílio, é minha maior proeza."

> *A credibilidade de um líder começa com o sucesso pessoal e se confirma na iniciativa de ajudar os outros a alcançar sucesso também.*

Esse tipo de declaração é muito comum aos maiores guias de escaladas. Anos atrás, assisti a uma entrevista com um guia no programa jornalístico *60 Minutes* [60 minutos]. Algumas pessoas haviam morrido numa tentativa de escalar o monte Everest, e a seguinte pergunta foi dirigida a um guia que sobreviveu:

— Será que os guias morreriam se não estivessem levando outras pessoas consigo para o topo da montanha?

— Não — respondeu ele —, mas o propósito dos guias é levar as pessoas para o cume.

— Por que os alpinistas arriscam sua vida para chegar ao pico das montanhas? — perguntou a pessoa que o entrevistava.

— Está na cara que você nunca subiu até o topo de uma montanha — comentou o guia.

Lembro-me de pensar comigo mesmo que os guias de escalada e os líderes possuem muitas coisas em comum. Há uma diferença bem grande entre um chefe e um líder. O chefe diz: "Vá!" Já o líder diz: "Vamos!" O propósito da liderança é conduzir outros para o topo. E quando você conduz gente que, de outra forma, não conseguiria chegar lá, é tomado por uma sensação que não se compara a nada neste mundo. Para aqueles que nunca passaram por essa experiência, é impossível tentar explicar. Porém, para os que já passaram, qualquer explicação é desnecessária.

Geralmente, os líderes não estão no topo

Os líderes raramente ficam muito tempo parados. Eles estão em constante mudança. Às vezes, estão descendo a montanha para descobrir novos líderes em potencial. Em outras oportunidades, estão na escalada com um grupo de pessoas. Os melhores dedicam a maior parte de seu tempo servindo outros líderes e levando-os para o alto. Jules Ormont afirmou: "O grande líder nunca se coloca acima daqueles que o seguem, a não ser quando se trata de assumir responsabilidades". Bons líderes que mantêm a interação com seu pessoal estão sempre se inclinando: é a única maneira de estender a mão para baixo a fim de puxar os outros para cima. Se você deseja ser o melhor líder possível, não permita que a insegurança, a mesquinhez ou o ciúme o impeçam de ajudar outras pessoas.

CONSELHOS PARA LÍDERES SOLITÁRIOS

Se você chegou à conclusão de que está longe demais de seu pessoal (seja por força do acaso ou de modo intencional), então está na hora de mudar. Sim, haverá riscos. Pode ser que magoe alguém ou que alguém magoe você. Mas, se deseja, de fato, exercer a melhor liderança possível, não há alternativa. Veja aqui como dar início a esse processo:

1. Evite pensar apenas no cargo. Na liderança, contam tanto o cargo quanto os relacionamentos. Aquele que a considera de um ponto de vista relacional nunca ficará sozinho. O tempo dedicado à construção de bons relacionamentos gera amizades sólidas. Já os líderes que se preocupam apenas com o cargo costumam ser solitários, promovendo distanciamento sempre que usam o título e a autoridade que possuem para *persuadir* sua equipe a cumprir alguma tarefa. Em essência, a mensagem que passam é: "Estou aqui em cima, vocês estão aí embaixo. Portanto, obedeçam." Isso faz com que as pessoas se sintam diminuídas, alienadas, e cria uma barreira entre elas e o líder. As boas lideranças não menosprezam as pessoas — pelo contrário, as potencializam.

Todos os anos, dedico boa parte de meu tempo ao ensino dos princípios da liderança em vários países. Determinar a liderança pelo cargo é algo muito comum em vários países em desenvolvimento, cujos líderes se esforçam por proteger e reforçar sua posição de poder. Só eles têm permissão para ocupar o topo, e presume-se que todos os demais devam segui-los. Infelizmente, essa prática evita que os líderes em potencial se desenvolvam, além de gerar solidão para os que ocupam a liderança.

Na liderança, contam tanto o cargo quanto os relacionamentos.

Se você se encontra numa posição de liderança, em vez de confiar em seu título para garantir o apoio das pessoas que o seguem, construa relacionamentos. Conquiste-as. Dessa forma, jamais será um líder solitário.

2. Fique atento tanto aos fracassos quanto aos aspectos negativos do sucesso. Assim como o fracasso, o sucesso pode ser bem perigoso. Sempre que alguém passa a se considerar "um sucesso", começa a se apartar das outras pessoas que classifica como "menos bem-sucedidas". Passa a acreditar que não precisa de sua companhia, por isso se afasta delas. Ironicamente, o fracasso também leva a esse distanciamento, mas por outras razões. Se você se considera "um fracasso", começa a evitar os outros porque não quer mais ver ninguém. Esses dois extremos podem criar um isolamento que não é nada saudável.

3. Compreenda que o seu negócio se baseia em relacionamentos. Os melhores líderes sabem que liderar pessoas pressupõe amá-las também! Líderes menos capazes assumem a atitude oposta, dizendo: "Eu amo a humanidade; o que estraga são as pessoas!" Mas os bons líderes compreendem que as pessoas não se importam com o quanto você sabe até saberem quanto você se importa com elas. É preciso amar as pessoas, caso contrário você nunca lhes agregará valor. E, se você se tornar indiferente a elas, pode estar a apenas alguns passos de se tornar um manipulador. Nenhum líder deve fazer isso. Jamais.

4. Torne-se um participante da Lei da Relevância. A Lei do Significado, contida no livro *The 17 Indisputable Laws of Teamwork* [As 17 incontestáveis leis do trabalho em equipe], estabelece: "Um é pouco para alcançar a grandeza." Não há realização de genuíno valor que tenha sido alcançada por trabalho solitário. Desafio você a se lembrar de pelo menos uma. (Já fiz esse mesmo desafio em várias conferências, durante muitos anos, e ninguém conseguiu até hoje se lembrar de uma pessoa sequer!)

Com toda a honestidade, se você é capaz de realizar, por conta própria, a visão que possui para sua vida e seu trabalho, então significa que está mirando muito baixo. De vez em quando, alguém se apresenta a mim com estas palavras: "Sou uma pessoa que alcançou realização sem a ajuda de ninguém". Geralmente, sinto-me tentado a responder: "Que pena. Se você fez tudo por conta própria, então não conseguiu fazer muita coisa."

Em minhas empresas, não tenho funcionários — conto com companheiros de equipe. Sim, pago salários às pessoas, ofereço benefícios empregatícios. Só que elas não trabalham para mim; trabalham *comigo*. Trabalhamos juntos para cumprir a visão. Sem elas, não serei bem-sucedido. Sem mim, elas também não serão. Somos uma equipe. Atingimos nossas metas juntos. Precisamos uns dos outros. Se não precisássemos, um de nós estaria no lugar errado.

Trabalhar em equipe dentro de uma visão comum pode se revelar uma experiência formidável. Há alguns anos, quando os tenores José Carreras, Placido Domingo e Luciano Pavarotti se apresentaram juntos, um jornalista tentou descobrir se havia algum espírito de competição entre eles. Cada um daqueles cantores era uma estrela da música, e o jornalista acreditava que poderia denunciar algum tipo de rivalidade entre eles. Domingo tratou de acabar com aquela idéia: "Na música, é preciso concentrar-se ao máximo e abrir o coração", explicou. "Não é possível haver rivalidade quando as pessoas estão fazendo música juntas."

Por muitos anos, e até hoje, tenho procurado manter o mesmo tipo de atitude em relação às pessoas com quem trabalho. Nosso foco está naquilo que tentamos realizar juntos, e não nas hierarquias, no distanciamento profissional ou na preservação do poder. Percorri um caminho muito longo desde o início de minha jornada como líder até agora. No começo, minha atitude me levou a sentir solidão por estar no topo. Mas isso mudou, seguindo uma progressão que pode ser sintetizada mais ou menos assim:

- "Quem está no topo vive solitário."
- "Se estou sozinho no topo, é sinal de que estou fazendo alguma coisa errada."
- "Suba até o topo e fique comigo."
- "Vamos chegar ao topo juntos."
- "Não estou sozinho no topo."

Atualmente, nunca "subo a montanha" sozinho. Minha função é assegurar que a equipe esteja toda junta no momento da subida. Alguns dos meus convidados na jornada acabam me ultrapassando e chegando ainda mais alto que eu. Isso não me aborrece. Se eu sei que fui capaz de lhes dar uma mão e incentivá-los a subir, então me sinto muito realizado. Às vezes, eles retribuem o favor e me oferecem a mão para que eu suba até o mesmo nível que estão ocupando. Também sou grato por isso.

Se você é líder e se sente isolado é porque está fazendo algo errado. Na liderança, a solidão é uma questão de escolha. Eu escolhi caminhar acompanhado. Espero que você faça o mesmo.

QUEM CHEGA AO TOPO SOZINHO FEZ ALGO ERRADO NO CAMINHO

APLICAÇÃO PRÁTICA

1. Você é melhor na ciência ou na arte da liderança? Alguns líderes são melhores na área técnica da liderança: estratégia, planejamento, finanças etc. Outros são melhores no que se refere às pessoas: interação, comunicação, compartilhamento da visão, motivação etc. Qual é seu ponto mais forte? Se você está mais para um líder técnico, nunca perca de vista o fato de que liderança tem a ver com pessoas. Tome iniciativas que permitam o aprimoramento de suas habilidades relacionais. Tente caminhar calmamente pelos corredores de modo que possa conversar com as pessoas e conhecê-las melhor. Leia livros ou faça cursos. Peça a algum amigo que seja bom em relacionamentos pessoais para lhe dar algumas dicas. Procure por bons conselheiros. Faça o que for necessário para se desenvolver.

2. Por que você deseja chegar ao topo? A maioria das pessoas possui o desejo natural de se aprimorar na vida. Para muitas delas, isso significa subir os degraus da carreira profissional e, assim, alcançar uma posição mais elevada. Se a sua motivação para a liderança limita-se a avançar na carreira e buscar desenvolvimento profissional, então você corre o risco de se tornar aquele tipo de líder carreirista que finge ser o rei da cocada preta diante dos colegas e funcionários. Dedique algum tempo a uma introspecção séria para descobrir de que maneira sua liderança pode e deve beneficiar outras pessoas.

3. Qual é o tamanho de seu sonho? Qual é o seu sonho? O que você gostaria de realizar em sua vida e sua carreira? Se é algo que você pode alcançar sozinho ou sozinha, então está gastando seu potencial de liderança à toa. Qualquer coisa que seja importante só vale mesmo a pena quando é feita em equipe. Sonhe grande. Que tipo de realização acha que poderia exigir mais de você do que apenas esforço próprio? Com que tipo de companheiros de equipe você precisaria contar para alcançar essas realizações? Até que ponto esse empreendimento beneficiaria essas pessoas, você ou a sua organização? Amplie seu jeito de pensar e, assim, estará mais propenso a pensar em chegar ao topo junto com sua equipe.

MOMENTO DO MENTOR

Na condição de mentor na área de liderança, é tarefa sua avaliar de que maneira as pessoas sob sua orientação lidam com os relacionamentos. Algumas delas terão dificuldades para interagir com os colegas. Se detectar essas dificuldades em qualquer ponto na hierarquia da organização, procure treiná-las nessa área e ajudá-las a interagir.

2

A PESSOA MAIS DIFÍCIL DE LIDERAR É SEMPRE VOCÊ

Durante a abertura para perguntas e respostas após determinada conferência de que participei, um dos ouvintes quis saber:

— Qual foi seu maior desafio até hoje como líder?

Acredito que minha resposta tenha surpreendido a todos naquele auditório.

— Liderar a mim mesmo! — revelei. — Esse sempre foi meu maior desafio como líder.

Penso que isso vale para todos os líderes, independentemente dos liderados e de suas realizações. Quando consideramos a vida de líderes de destaque na História, costumamos presumir que eram pessoas muito centradas. Mas, em um exame mais cuidadoso da vida de cada um deles — por exemplo, o rei Davi, o presidente norte-americano George Washington ou o líder britânico Winston Churchill —, veremos que tinham dificuldade para liderar a si mesmos. É por isso que reitero: a pessoa mais difícil de liderar é sempre você. É como Walt Kelly disse na tira de quadrinhos do personagem Pogo: "Encontramos o inimigo, e o inimigo somos nós."[1]

Reconhecer que liderar a mim mesmo é um desafio traz à minha memória algumas lembranças dolorosas. Muitos de meus colapsos como líder foram de ordem pessoal. Numa carreira de liderança que se espalhou por quase quatro décadas, cometi muitos erros, mas só passei por quatro grandes crises como líder. E lamento muito dizer que todas elas foram por culpa minha.

A primeira aconteceu em 1970, pouco depois de assumir meu primeiro cargo oficial de liderança. Depois de dois anos de trabalho, consegui dar andamento a vários projetos, conquistando o apoio geral. No entanto, certo dia percebi que minha organização não tinha uma direção, um norte. Sabe qual o motivo? Faltava-me a capacidade de priorizar o mais importante e colocar minha liderança em um foco mais apropriado. Como jovem líder, eu ainda não havia compreendido que atividade não equivale necessariamente à realização. Por causa disso, meu pessoal, seguindo meu exemplo, também ficou andando a esmo por um ano e quatro meses. No fim das contas, eu não estava conduzindo aquelas pessoas a lugar nenhum.

A crise seguinte ocorreu em 1979. Naquela época, eu me senti na obrigação de optar por tomar uma entre duas direções. Embora tivesse alcançado sucesso em minha segunda posição de liderança, havia compreendido que, se minha intenção era a de alcançar platéias maiores (o que sentia ser a coisa certa a fazer), teria de deixar a organização da qual fazia parte havia doze anos. Minha incerteza e as transformações pessoais com as quais precisei lidar tiveram um impacto negativo sobre a organização que eu liderava. Eu perdi o foco, e minha visão para a organização se tornou um tanto nebulosa. Minha paixão e minha energia também começaram a desvanecer. Quando um líder não está focado, ele não consegue ser tão eficaz quanto poderia. Por causa disso, não avançávamos com eficácia.

A terceira crise aconteceu em 1991, quando eu estava sobrecarregado de trabalho e sem equilíbrio em minha vida. Por ter liderado minha organização com sucesso por dez anos, eu pensava poder tomar alguns atalhos. Tomei, portanto, três decisões importantes num período muito curto sem a devida diligência. Também não dediquei o tempo necessário à preparação de meus liderados antes de iniciar o processo. Que grande erro!

Como resultado, despreparada, minha equipe não pôde assimilar as decisões que eu tomara. De minha parte, eu também não estava preparado para sua reação. Aquela confiança que eu levara dez anos para granjear mostrou-se comprometida e, para complicar ainda mais minha situação, os membros da equipe que questionavam minhas decisões passaram a se recusar a seguir minha liderança. Foi quando perdi a paciência. Cheio de raiva, pensei: "Qual é o problema dessa gente? Por que não aceitam o que falo nem fazem o que mando?" Semanas depois, percebi que o problema era eu. Por fim, tive de pedir desculpas a todo mundo por minha atitude.

A quarta crise foi em 2001 e envolveu um integrante de minha equipe que eu tive de dispensar. Contarei mais sobre esse caso no capítulo intitulado "A primeira responsabilidade de um líder é definir a realidade". No fim das contas, minha falta de iniciativa para tomar decisões difíceis custou-me não só muito dinheiro, mas também a perda de membros importantes. Mais uma vez, eu era a origem do problema.

JULGUE VOCÊ MESMO

Se formos honestos, teremos de admitir que as pessoas mais complicadas de liderar somos nós mesmos. Em geral, não precisamos nos preocupar com a competitividade. Se fracassamos, é apenas porque nós mesmos nos desclassificamos. Isso também vale para os líderes. Somos nossos próprios piores inimigos. Por que isso acontece?

Não nos vemos do mesmo modo que vemos os outros

Os muitos anos como conselheiro me ensinaram uma coisa muito importante: não temos uma visão realista de nós mesmos. A natureza humana parece nos dotar da habilidade de formular conceitos sobre todas as pessoas do mundo — exceto nós mesmos. É por isso que em meu livro *Vencendo com as pessoas* começo com o Princípio do Espelho, segundo o qual "a primeira pessoa que devemos analisar somos nós". Se você não olhar para si de modo realista, nunca conseguirá compreender onde estão suas dificuldades pessoais. E se você não consegue vê-las, não será capaz de liderar a si mesmo com eficácia.

> *A natureza humana parece nos dotar da habilidade de formular conceitos sobre todas as pessoas do mundo — exceto nós mesmos.*

Somos mais críticos em relação aos outros do que a nós mesmos

Costumamos adotar critérios totalmente diferentes quando tratamos de julgar a nós mesmos e aos outros. Nossa tendência é julgar os outros de acordo com suas ações, mas a nós mesmos por nossas intenções. Isso é padrão. Mesmo quando fazemos algo errado, se acreditamos que nossas motivações foram positivas, costumamos nos recusar a assumir qualquer culpa. Além disso, nós nos precipitamos àquele erro várias vezes antes de tomar uma atitude e mudar nosso comportamento.

Segredos para quem deseja liderar a si mesmo

A verdade é que, para sermos bem-sucedidos num empreendimento, precisamos aprender a deixar de ser obstáculo para nosso próprio caminho. Trata-se de uma verdade que vale tanto para líderes quanto para qualquer pessoa. Por saber há muitos anos que a pessoa mais difícil de liderar sou eu mesmo, tomei algumas iniciativas que me ajudam a deixar de ser obstáculo. Ao mesmo tempo em que colocava essas quatro iniciativas em prática, eu tentava me liderar melhor, o que seria o pré-requisito para liderar outras pessoas:

1. Aprenda a se submeter à autoridade dos outros. O bispo Fulton J. Sheen declarou: "A civilização está sempre em perigo quando o direito de comandar é concedido àqueles que nunca aprenderam a obedecer."

> *A civilização está sempre em perigo quando o direito de comandar é concedido àqueles que nunca aprenderam a obedecer.*
> BISPO FULTON J. SHEEN

Apenas um líder que já passou pela experiência de ser liderado e se saiu bem sabe como exercer a liderança de maneira eficiente. A boa liderança exige a compreensão do mundo em que vivem os liderados. A interação torna-se possível porque você já passou pelo que eles estão passando. Sabe muito bem o que significa estar sob uma autoridade e, por essa razão, tem uma noção apropriada sobre o exercício da liderança. Por sua vez, os líderes que nunca se saíram bem quando estiveram sob alguma autoridade tendem a ser orgulhosos demais, sem noção, rígidos demais e autocráticos. Se essas palavras descrevem o seu tipo de liderança, então você precisa fazer um exame de consciência. Afinal de contas, líderes arrogantes raramente são muito eficazes. Alienam as pessoas a quem lideram, os colegas de trabalho e até aqueles que exercem autoridade sobre eles. Aprenda a se submeter à liderança dos outros para que, dessa maneira, torne-se um líder mais humilde... e mais eficaz.

2. Desenvolva a autodisciplina

Conta-se que, um dia, Frederico, o Grande, rei da Prússia, estava caminhando pela periferia de Berlim quando encontrou um homem muito idoso que seguia empertigado e resoluto na direção oposta.

— Quem és? — perguntou Frederico ao súdito.

— Sou um rei — respondeu o velho.

— Um rei! — gargalhou Frederico. — Sobre qual reino?

— Sobre mim — foi a resposta orgulhosa daquele senhor.

Cada um de nós é um *monarca* sobre a própria vida. Somos responsáveis pelo governo de nossas ações e decisões. É preciso ter caráter e autodisciplina para tomar decisões boas e coerentes, fazer o correto quando necessário e refrear o impulso dos erros repetidos. Sem esse esforço, deixamos de exercitar o autocontrole — fazemos ou dizemos coisas das quais nos arrependemos, perdemos oportunidades que se apresentam diante de nós e mergulhamos em dívidas. Como afirmou o rei Salomão, "O rico domina sobre o pobre; quem toma emprestado é escravo de quem empresta".[2]

> *Quando somos tolos, queremos conquistar o mundo; quando somos sábios, queremos conquistar a nós mesmos.*

No artigo "Decision of Character" ["Firmeza de caráter"], o ensaísta britânico John Foster escreve: "Um homem sem firmeza de caráter nunca pode ser considerado dono de si. Ele pertence a qualquer coisa que possa fazê-lo cativo." Quando somos tolos, queremos conquistar o mundo; quando somos sábios, queremos conquistar a nós mesmos. Isso começa quando fazemos a coisa certa, não importa como nos sintamos a respeito.

3. Exercite sua paciência

Os líderes que conheço costumam ser impacientes. Eles olham para o futuro, pensam com antecedência e logo desejam seguir adiante. Isso pode ser positivo: estar um passo à frente faz de você um líder. No entanto, isso também pode ser ruim: estar cinqüenta passos adiante faz de você um mártir.

Geralmente, as realizações que valem a pena são demoradas. Não existe esse negócio de poder instantâneo ou maturidade imediata. Estamos acostumados demais com chocolate instantâneo, café solúvel e pipoca de microondas. Só que um líder não se forma da noite para o dia. Líderes de microondas não possuem o poder da perenidade. O conceito de liderança seria melhor representado por uma panela de barro: nela, o alimento leva mais tempo para ser preparado, mas o produto final compensa a espera.

Os líderes precisam se lembrar de que o objetivo da liderança não é chegar em primeiro lugar, mas levar as pessoas com você até a linha de chegada. Por essa razão, os líderes devem tomar a iniciativa de baixar o próprio ritmo, manter a interação com seu pessoal, recrutar mais gente para ajudar a tornar a visão uma realidade e manter as pessoas em movimento. Não dá para fazer isso quando se está longe, correndo à frente.

4. Procure alguém a quem possa prestar contas

As pessoas que sabem se liderar conhecem bem um segredo: elas não podem confiar em si. Os bons líderes sabem que o poder pode ser extremamente sedutor e têm consciência de sua falibilidade. Ser um líder e negar isso é muito perigoso.

Ao longo dos anos, li muita coisa a respeito de líderes que fracassaram em termos de ética. Consegue adivinhar o que eles tinham em comum? Todos pensavam que o erro que cometeram jamais ocorreria com eles. Entre eles havia uma falsa sensação de segurança. Pensavam que eram incapazes de arruinar a própria vida e a vida de outras pessoas.

> *Quando você vir um homem bom, pense em imitá-lo; quando vir um homem mau, olhe para dentro de si e analise seu coração.*
> PROVÉRBIO CHINÊS

Aprender isso fez de mim uma pessoa mais sensata, pois também compartilhava essa atitude. Eu acreditava estar acima desses mesmos riscos, e fiquei apavorado ao me dar conta disso. A partir desse momento, tomei duas decisões: primeiro, não confiaria em mim; em segundo lugar, passaria a prestar contas a alguém além de mim. Acho que essas decisões me ajudaram a continuar na trilha certa e me capacitaram a liderar tanto a mim quanto a outras pessoas.

A falta de alguém a quem prestar contas sobre a vida pessoal certamente levará a problemas na vida pública. Vimos isso acontecer várias vezes entre altos executivos de grandes empresas alguns anos atrás. Há um provérbio chinês que diz: "Quando você vir um homem bom, pense em imitá-lo; quando vir um homem mau, olhe para dentro de si e analise seu coração."

Muita gente acredita que a prestação de contas é a disposição de explicar as próprias ações. Porém, o processo começa bem antes de nossas decisões, quando ouvimos o conselho dos mais experientes. Para os líderes, em especial, é comum seu desenvolvimento em cinco estágios:

1. Não queremos nenhum conselho.
2. Não recusamos o conselho.
3. Achamos o conselho bem-vindo.
4. Buscamos efetivamente o conselho.
5. Costumamos seguir o conselho que recebemos.

A disposição de buscar e aceitar o conselho é um ótimo indicador de responsabilidade. Se você leva em consideração o conselho logo no início — antes de agir —, é menos provável que saia da trilha. Muitas iniciativas dão errado porque as pessoas não prestam contas a ninguém desde o início do processo.

Liderar com eficiência significa ter-se na mais alta conta, numa posição ainda mais elevada do que a dos outros? Qual a razão disso? Você não presta contas apenas por suas ações, mas também pelas ações das pessoas que lidera. Liderança é confiança, não um direito que se adquire. Por essa razão, precisamos nos *consertar* antes de exigir o mesmo dos outros. Devemos sempre procurar fazer o que é certo, não importa quão elevada seja a nossa posição ou quão podesosos cheguemos a ser. Trata-se de uma luta que devemos enfrentar a vida inteira.

Quando Harry Truman foi levado à presidência em função da morte de Franklin Roosevelt, Sam Rayburn lhe ofereceu alguns conselhos paternais: "De agora em diante, você terá muitas pessoas à sua volta que tentarão levantar um muro para cercá-lo e evitar que tenha acesso a quaisquer idéias senão as delas. Elas dirão que você é um grande homem, Harry, mas eu e você sabemos que não é bem assim."

Há algum tempo, participei de uma conferência por telefone com membros da diretoria de uma organização que teve de interferir e pedir satisfações a um líder sobre decisões erradas. Foi uma experiência triste. É provável que ele tenha sido dispensado de seu cargo de liderança. Já havia perdido o respeito dos diretores. Se, ao menos, ele tivesse liderado primeiro a si mesmo de modo eficaz, as providências que a diretoria teve de tomar não teriam sido necessárias. Depois daquela ligação, pensei comigo: "Quando o líder não toma cuidado consigo, as pessoas não o respeitam."

Nada é mais conclusivo para provar a capacidade de liderança de um homem que as ações empreendidas, dia após dia, para liderar a si mesmo.
THOMAS J. WATSON

Thomas J. Watson, ex-diretor da IBM, afirmou: "Nada é mais conclusivo para provar a capacidade de liderança de um homem que as ações empreendidas, dia após dia, para liderar a si mesmo." Que grande verdade! A menor multidão que você terá a oportunidade de liderar será você mesmo — entretanto é também a mais importante de todas. Se você se desincumbir bem dessa tarefa, conquistará o direito de liderar multidões cada vez maiores.

A PESSOA MAIS DIFÍCIL DE LIDERAR É SEMPRE VOCÊ

APLICAÇÃO PRÁTICA

1. Com que clareza você se vê? Para chegar a uma visão mais objetiva de si mesmo, analise como tem sido seu desempenho desde o ano passado. Faça uma lista de todos os seus principais objetivos e metas e, em seguida, escreva ao lado se foram alcançados ou não. Agora converse com alguém que você conheça e respeite, dizendo que está avaliando um candidato a um emprego, e lhe mostre sua lista. Pergunte então a essa pessoa o que ela acha do *candidato*, com base na sua lista de realizações e fracassos. Até que ponto a avaliação dessa pessoa *bate* com a sua?

2. De que tipo de crescimento pessoal você necessita? Em quais das seguintes áreas você mais precisa se desenvolver: autodisciplina, capacidade de se submeter à liderança de alguém ou paciência? Que nova tarefa ou prática pode adotar para gerar esse desenvolvimento? Talvez você precise estabelecer um objetivo recreativo que exija, pelo menos, um ano de trabalho, ou postergar a compra de alguma coisa que está querendo há muito tempo. Pode ser que você deva se oferecer para executar uma tarefa para determinado líder com quem considera muito difícil trabalhar. Ou então, pense na hipótese de trabalhar em voluntariado. Isso exige paciência, capacidade de submissão a uma liderança e autodisciplina.

3. Até que ponto você é capaz de ouvir conselhos? Peça cinco conselhos a dez amigos, colegas de trabalho e membros da família para se avaliar, usando os níveis citados neste capítulo. O valor de cada nível equivale ao número que o precede:

1. Não quer nenhum conselho.
2. Não recusa o conselho.
3. Acha o conselho bem-vindo.
4. Busca efetivamente o conselho.
5. Costuma seguir o conselho que recebe.

Faça uma média da pontuação que receber. Se for inferior a 4, você precisa se aprimorar nessa área. Comece a incluir outras pessoas no processo de coleta de informações antes de tomar alguma decisão. Se for casado ou casada, comece com seu cônjuge.

MOMENTO DO MENTOR

Está na hora de ter uma conversa franca com cada uma das pessoas que você mentoreia, explicando-lhes como estão se saindo quando se trata de liderar a si mesmas. Forneça exemplos específicos para ilustrar o seu ponto de vista. Em seguida, ajude aquelas que precisam se desenvolver nessa área, incumbindo-as de tarefas que as ajudarão a mostrar iniciativa e se tornar mais responsáveis. Reúna-se periodicamente com elas para que haja prestação de contas nessa área.

3

É NOS MOMENTOS DECISIVOS QUE SUA LIDERANÇA SE DEFINE

Um dos líderes que mais admiro é Winston Churchill, primeiro-ministro da Inglaterra que resistiu aos nazistas durante a Segunda Guerra Mundial. Ele era um líder de líderes! Certa vez, declarou:

> Em todas as eras, há situações em que um líder deve se apresentar para suprir as necessidades mais prementes. Por essa razão, não existem líderes potenciais que não tenham uma oportunidade de fazer uma diferença positiva na sociedade. Infelizmente, há épocas em que nenhum líder se apresenta.

O que determina o surgimento de um líder para enfrentar os desafios de cada momento? Vamos tornar a questão ainda mais específica: o que o impulsiona a dar um passo à frente para confrontar os desafios? Acredito que o fator determinante é a maneira como você age nas fases críticas de sua vida. São essas atitudes que definirão quem você é como pessoa e como líder.

COMO DEFINIRÃO VOCÊ?

Se você já conhece minha filosofia de liderança e meus ensinos em relação ao sucesso, então sabe que sou um grande entusiasta do crescimento pessoal. Acredito nisso. Porém, não acredito em sucesso de um dia para o outro. Na verdade, um de meus princípios fundamentais é a Lei do Processo, que apresento no livro *As 21 irrefutáveis leis da liderança*: "A liderança se desenvolve diariamente, e não de um dia para o outro." No entanto, também acredito que as escolhas que fazemos em meio às crises ajudam tanto a nos formar quanto a informar as pessoas a respeito de quem somos. Eis por quê:

1. Momentos de definição nos mostram quem somos de fato

Em sua maior parte, os dias de nossa vida chegam e se vão; são todos muito parecidos uns com os outros, e nenhum deles se destaca. Mas há uns poucos dias atípicos, que sobressaem porque oferecem oportunidades variadas: podemos aproveitá-los para nos destacar da turba ou podemos continuar sentados com o resto da multidão, deixando o momento passar. São situações definidoras, para o bem ou para o mal, que nos mostram de que realmente somos feitos.

Costumamos nos concentrar nos eventos importantes da vida, associados a épocas e realizações memoráveis. Com alegria, ansiamos pelo dia da formatura, do casamento ou da promoção no emprego. Mas alguns desses momentos de definição costumam surgir em meio a crises, de modo inesperado:

- Ter de enfrentar um fracasso pessoal.
- Manter a posição em determinada questão.
- Passar por algum tipo de sofrimento.
- Ter de perdoar alguém.
- Fazer uma escolha desagradável.

Às vezes, conseguimos pressentir a importância de determinadas situações, que se afiguram como verdadeiras encruzilhadas. Vislumbramos com clareza duas trilhas à nossa frente, uma nos levando para cima e a outra, para baixo. Em outras ocasiões, infelizmente, não as vemos tal como são. Só mais tarde, quando o tempo já passou e olhamos para trás, conseguimos compreender a premência daquela hora. De uma forma ou de outra, esses momentos definem quem somos.

2. Momentos de definição mostram aos outros quem somos

Em geral, podemos usar máscaras e esconder quem verdadeiramente somos no dia-a-dia. Nos momentos de definição, porém, isso não é possível. Currículos nada significam. Não importa como trabalhamos o marketing pessoal. Imagem não quer dizer nada. Momentos de definição atraem holofotes diretamente para nós. Não temos tempo de dar explicação sobre nossos atos. Seja o que for que tivermos dentro de nós é mostrado a todos. Nesses momentos de definição, nosso caráter não é construído: ele é revelado!

Para os líderes, os momentos de definição desvelam às pessoas que os seguem muito do que elas realmente desejavam saber: quem é, de fato, aquele líder, o que ele defende e por que está ocupando aquela posição. Se bem administrado, um momento de definição é criar e/ou fortalecer laços entre líderes e liderados para o resto da vida. Se, porém, não for administrado corretamente, um momento de definição pode custar a credibilidade e a capacidade de liderança.

> *Momentos de definição atraem holofotes diretamente para nós [...] Nosso caráter não é construído: ele é revelado!*

Na nova edição revisada de *As 21 irrefutáveis leis da liderança*, escrevi sobre dois momentos cruciais na liderança do presidente George W. Bush. Seu primeiro mandato foi definido pela reação que demonstrou aos ataques terroristas de 11 de setembro de 2001. Ele interagiu com o coração do povo norte-americano, e até mesmo quem deixara de votar nele se mostrou disposto a lhe dar uma nova chance. Contudo, seu segundo mandato como presidente foi definido por sua reação inadequada aos efeitos do furacão Katrina. Não precisou de mais do que alguns dias para que o povo dos Estados Unidos sentisse uma espécie de vácuo na liderança do país — e que muitas pessoas que antes o apoiavam desaprovassem suas atitudes.

Minha intenção não é a de ser crítico. Todos nós já passamos por experiências de fracasso. O que quero enfatizar é o grande efeito dos momentos de definição na liderança. Quando os líderes reagem de maneira apropriada, todo mundo ganha. Quando a reação é inadequada, todos perdem.

3. Momentos de definição determinam que tipo de pessoa nos tornaremos

Você nunca mais será a mesma pessoa depois de um momento de definição. De alguma forma, se sentirá mobilizado. Pode ser para a frente ou para trás, mas não tenha dúvida de que isso acontecerá. Quer saber por quê? Porque os momentos de definição não são normais, e o que é "normal" não funciona nessas situações.

> *Momentos de definição são interseções que nos proporcionam uma oportunidade de dar a volta, mudar a direção e buscar um novo destino.*

Penso nos momentos de definição como interseções em nossa vida, que nos proporcionam uma oportunidade de dar a volta, mudar a direção e buscar um novo destino. Apresentam opções e oportunidades. Nesses momentos, devemos escolher. E essa escolha que fizermos nos definirá! O que faremos? Nossa reação nos coloca numa nova trilha, e essa trilha definirá quem nos tornaremos no futuro. Depois de um momento de definição, teremos passado por transformações definitivas.

OS MOMENTOS QUE ME DEFINIRAM

Os momentos de definição em minha vida determinaram aquilo que sou hoje em dia. Se apenas um deles não tivesse ocorrido — fosse ele bom ou ruim —, eu não seria hoje a pessoa que me tornei. E os momentos decisivos que ainda estão por vir continuarão a me moldar como pessoa.

Quando olho para trás, vejo os muitos momentos de definição de minha vida e penso neles, posso ver que todos se resumem a quatro categorias:

Alguns momentos de definição foram pontos de partida

Muitos dos momentos de definição de minha vida me permitiram novos começos. Há mais de vinte anos, ministrei um seminário sobre liderança a um pequeno grupo em Jackson, no Mississippi. Ao fim do curso, um dos participantes me perguntou se eu poderia continuar o treinamento com ele, dando-lhe aulas particulares. Eu não tinha muita certeza do que fazer. No entanto, conforme conversávamos, pude sentir que muitos dos outros participantes do seminário queriam a mesma coisa.

Naquele momento, tomei uma rápida decisão. Disse-lhes que, se estivessem dispostos a pagar um valor modesto, eu poderia me comprometer a escrever e gravar e enviar a cada um deles, uma vez por mês, uma lição nova sobre liderança de uma hora de duração. Nunca tinha feito nada parecido, nem tinha muita certeza se daria certo, mas passei uma folha de papel aos alunos que estavam na sala e, para minha surpresa, quase todo mundo assinou. No final daquele dia, eu ainda não conseguia reconhecer que havia vivido um momento de definição, mas era exatamente isso que havia acontecido. A promessa feita àquele grupo se transformou no que passei a chamar "clube do gravador" — um serviço de assinatura que oferecia lições sobre liderança em fitas cassete e, posteriormente, em CD. Esse serviço cresceu, e ainda continua contando hoje com mais de 20 mil assinantes.

Atualmente, passadas mais de duas décadas, posso dizer, com muita segurança, que minha reação naquele momento foi uma das mais importantes decisões relacionadas à liderança que já tomei. Na época, parecia que daria muito trabalho — e dá trabalho mesmo. Mas essas lições mensais permitiram que eu me tornasse mentor em liderança para milhares de líderes nos Estados Unidos e, com o tempo, em outros países. As lições me forneceram material para muitos livros que escrevi, e se tornaram as catalisadoras de uma iniciativa posterior muito importante: uma empresa especializada em recursos para promover o desenvolvimento de líderes. Sem aquela decisão, todo o curso de minha vida teria sido diferente.

Alguns momentos de definição foram de sofrimento

Nem todos os momentos de definição são positivos. Passei por algumas situações muito difíceis, mas, em alguns casos, essas experiências me proporcionaram a oportunidade de parar e efetuar mudanças necessárias em minha vida. Um desses momentos aconteceu em 18 de dezembro de 1998. A festa de Natal de nossa empresa tinha acabado de terminar quando, de repente, comecei a sentir uma dor debilitante, bem como um peso em meu ombro. Era um enfarte. Quando deitei no chão à espera de uma ambulância, fui obrigado a confrontar a realidade: minhas prioridades haviam se misturado e, em termos de saúde, eu não estava nem perto do que deveria.

Nas semanas que se seguiram, pus-me a refletir longamente sobre minha saúde. Eu estava trabalhando demais. Não passava tempo suficiente com minha família em programas de lazer. Não procurava fazer exercícios físicos regularmente. E minha alimentação também estava totalmente inadequada. Resumo: minha vida estava um desequilíbrio só.

Naquele período, aprendi uma lição melhor descrita com as palavras de Brian Dyson, ex-vice-presidente e diretor operacional da Coca-Cola, responsável pelo discurso de abertura da feira Georgia Tech, em 1996. Naquela opotunidade, ele explicou o seguinte:

> Imagine a vida como um jogo no qual você tem de equilibrar cinco bolas ao mesmo tempo: o trabalho, a família, a saúde, os amigos e a vida espiritual. E você não pode deixar nenhuma delas cair. Logo você perceberá que o trabalho é uma bola de borracha — se ela cair, depois volta e dá para pegar de novo. Mas as outras quatro bolas — a família, a saúde, os amigos e a vida espiritual — são feitas de vidro. Se uma delas cair no chão, ficará irremediavelmente arranhada, marcada, avariada, prejudicada ou mesmo quebrada. Nunca mais será a mesma. É preciso compreender isso e se esforçar para dar equilíbrio à vida.[1]

Eu era uma pessoa afortunada. Quando deixei cair a bola da saúde, ela ficou arranhada, mas não quebrou. Quando compreendi que estava recebendo uma segunda chance na vida, comecei a reavaliar minhas prioridades. Agora passo mais tempo com minha família, tenho uma rotina de exercícios e tento me alimentar corretamente. Não faço nada disso com perfeição, mas estou me esforçando para viver de modo mais equilibrado. Não sei que tipo de malabarismo é o seu hoje, mas recomendo que não espere até que alguma dessas bolinhas importantes caia para só então avaliar sua vida. Você pode imprimir certas mudanças sem precisar passar necessariamente por um grande sofrimento.

Alguns momentos de definição ampliaram minha visão

De vez em quando, surge um momento de definição quando nos vemos diante de uma nova oportunidade e tomamos providências para aproveitá-la. Foi o que aconteceu comigo há muitos anos. Durante os 25 anos em que trabalhei como pastor, passei dezessete comprando terrenos, construindo templos e levantando recursos para pagar essas despesas.

Certo dia, um pastor e um homem de negócios de destaque pegaram um avião de San Diego até Phoenix para almoçar comigo. Tinham um projeto de construção e, segundo explicaram, queriam me ouvir porque eu era experiente em levantamento de fundos para a realização de sonhos — algo que não se ensina em seminários. Quando terminamos o almoço, eles me perguntaram se eu poderia ajudá-los a levantar a soma necessária para a obra que estavam tocando. "Se você pode fazer isso por sua congregação", confidenciou-me um deles, "certamente pode nos ajudar".

Naquele momento, ficou muito claro para mim que não só poderia, mas deveria ajudá-los. Antes que fossem embora, apertamos as mãos e concordei em ajudá-los. Fui pegar meu carro no estacionamento, dei um telefonema para um amigo e logo em seguida lhes assegurei: "Na semana que vem vamos começar a ajudar as igrejas a levantar fundos para realizar seus sonhos". Aquele evento marcou o nascimento de minha empresa INJOY Serviços de Assessoria.

Alguns momentos de definição foram de quebra de limites

Os momentos de definição mais importantes permitem que a pessoa alcance níveis mais elevados. Foi esse o caso, há alguns anos, da EQUIP, uma organização sem fins lucrativos que eu e meu irmão, Larry, fundamos em 1996 para treinar e capacitar líderes em âmbito internacional. Os primeiros anos de existência da EQUIP foram típicos de uma organização que se prepara para alçar vôo. Tentávamos consolidar a iniciativa, atrair doadores para nos ajudar e desenvolver uma equipe que pudesse liderar aquele empreendimento. Aqueles anos foram repletos de tentativas e erros, ajustes e mudanças, enquanto tentávamos angariar credibilidade como uma organização voltada para a liderança.

Conforme o tempo passou, pude sentir que a EQUIP precisava de uma visão que pudesse cativar o coração e a iniciativa daqueles que acreditavam em nossa missão. Descobri qual era a visão e, assim, em uma festa com centenas de pessoas que apoiavam a EQUIP, apresentei um panorama no qual a organização treinaria e capacitaria um milhão de líderes em todo o mundo em cinco anos, desafiando os presentes a ajudar a transformar esse sonho em realidade. As pessoas se identificaram com essa visão, e a EQUIP passou a um nível mais elevado. Aquela noite foi um momento de decisão para centenas de pessoas, mas, ao longo de cinco anos, tornou-se uma experiência transformadora para um milhão de pessoas.

DEFININDO SEUS MOMENTOS

Líderes se aprimoram quando enfrentam um momento de definição e reagem da maneira apropriada. Outros são beneficiados por suas crises. A dificuldade é que não dá para escolher esses momentos. Não é possível sentar com um calendário na mão e dizer: "Vou agendar um momento de definição para a próxima terça-feira, às oito da manhã." Você não pode controlar quando eles virão. No entanto, pode escolher como reagir a eles, preparando-se de antemão. Veja o que fazer:

1. *Reflita sobre os momentos de definição do passado*

Dizem que quem não conhece a história está fadado a repeti-la. Essa declaração se aplica não apenas num sentido amplo, a uma nação ou cultura, mas também a indivíduos e suas histórias pessoais. A melhor professora de um líder é a avaliação de sua experiência. Para prever como lidar com os momentos de definição do futuro, analise aqueles pelos quais você já passou.

2. *Prepare-se para os momentos de definição no futuro*

Ter feito escolhas importantes antes de passar por períodos de crise ou de decisão foi fundamental para minha caminhada. Isso me preparou para simplesmente *administrar* essas situações difíceis. Algumas dessas decisões haviam sido tomadas durante a adolescência; muitas nas faixas de vinte e trinta anos; e poucas na maturidade. Escrevi com mais profundidade sobre essas decisões em meu livro *O sucesso de amanhã começa hoje*, mas vou citá-las a seguir, de modo que você possa compreender o conceito:

> *Líderes se aprimoram quando enfrentam um momento de definição e reagem da maneira apropriada.*

- Atitude: vou escolher e demonstrar as atitudes certas diariamente.
- Prioridades: vou determinar e agir de acordo com as prioridades mais importantes diariamente.
- Saúde: vou aprender e seguir orientações saudáveis diariamente.
- Raciocínio: vou colocar em prática e desenvolver um bom raciocínio diariamente.
- Compromisso: vou assumir e manter compromissos apropriados diariamente.
- Finanças: vou ganhar e administrar dinheiro de maneira adequada diariamente.
- Fé: vou aprofundar e vivenciar minha fé diariamente.
- Relacionamentos: vou iniciar e investir em relacionamentos sólidos diariamente.
- Generosidade: vou planejar e ser um exemplo de generosidade diariamente.
- Valores: vou adotar e colocar em prática bons valores diariamente.
- Crescimento: vou buscar e experimentar aprimoramentos pessoais diariamente.

Não preciso lutar com essas questões quando estiver passando por um momento de definição. Elas já estão bem estabelecidas, por isso me sinto à vontade para me concentrar na situação que se apresenta e tomar decisões baseadas nelas.

3. Aproveite da melhor maneira os momentos de definição no presente

Agora que você passará a procurar pelos momentos de definição, estará numa posição bem melhor para aproveitá-los ao máximo. Lembre-se de que, depois que passamos por um deles, nunca mais somos a mesma pessoa. Mas o tipo de mudança que experimentaremos dependerá de como reagiremos a esses momentos. Muitos deles nos oferecem oportunidades. Com as oportunidades vêm os riscos, mas não tenha medo de assumi-los. É nos momentos de risco que os grandes líderes costumam nascer.

Creio que há uma tentação de se acreditar que todos os momentos de definição são extremamente dramáticos, e que costumam acontecer logo no início da vida dos líderes. Não acho que seja assim. Você não precisa de grandes rupturas para alcançar resultados expressivos. Basta uma para fazer uma diferença enorme. Como Albert Einstein tinha o hábito de dizer, ele só desenvolveu a teoria da relatividade uma vez, mas ela o levou a fumar cachimbo durante anos.

Acredito que, se eu continuar crescendo, buscando oportunidades e assumindo riscos, ainda passarei por mais momentos de definição. Se eu continuar fazendo boas escolhas e as coisas que beneficiam mais pessoas quando esses momentos surgirem, minha liderança continuará a ser redefinida, crescerá e será aprimorada. Quando isso acontece, todo mundo ganha.

É NOS MOMENTOS DECISIVOS QUE SUA LIDERANÇA SE DEFINE

APLICAÇÃO PRÁTICA

1. Como é o seu histórico? Olhe para trás, analise sua vida e pense nas decisões que você tomou nos momentos críticos. Por que tipos de momentos de definição já passou? Escreva tantos quantos conseguir lembrar. Em cada caso, cite:

- A situação.
- Sua decisão ou reação.
- O resultado.

Suas reações costumam ser boas ou ruins? É possível identificar um denominador comum entre as más escolhas? Se você tem coragem, peça a opinião das pessoas mais chegadas sobre os erros que cometeu. Se consegue identificar um padrão, como pode tratá-lo de modo que não precise mais fazer escolhas ruins no futuro?

2. Como você administra suas decisões? Usando a lista a seguir como exemplo, crie uma série de escolhas que pode fazer, baseada em seus valores e suas prioridades.

- Atitude: vou escolher e demonstrar as atitudes certas diariamente.
- Prioridades: vou determinar e agir de acordo com as prioridades mais importantes diariamente.
- Saúde: vou aprender e seguir orientações saudáveis diariamente.
- Raciocínio: vou colocar em prática e desenvolver um bom raciocínio diariamente.
- Compromisso: vou assumir e manter compromissos apropriados diariamente.

- Finanças: vou ganhar e administrar dinheiro de maneira adequada diariamente.
- Fé: vou aprofundar e vivenciar minha fé diariamente.
- Relacionamentos: vou iniciar e investir em relacionamentos sólidos diariamente.
- Generosidade: vou planejar e ser um exemplo de generosidade diariamente.
- Valores: vou adotar e colocar em prática bons valores diariamente.
- Crescimento: vou buscar e experimentar aprimoramentos pessoais diariamente.

Coloque sua lista onde possa vê-la todas as manhãs. Consulte essa lista diariamente durante um mês, e administre as decisões de cada momento com base nessas escolhas.

3. Até que ponto você está preparado (ou preparada) para os momentos de definição que estão por vir? Ao viver cada dia, tente se manter alerta quanto aos tipos de momento de definição que os líderes costumam enfrentar:

- Momentos de começar — oportunidades de fazer coisas novas.
- Momentos de sofrimento — oportunidades de reavaliar as prioridades.
- Momentos de ampliação de visão — oportunidades de ver as coisas com clareza.
- Momentos de quebra de limites — oportunidades de passar a um nível mais elevado.

Pense em como você pode aproveitar todas essas oportunidades da melhor maneira.

MOMENTO DO MENTOR

A maneira como os líderes emergentes lidam com as oportunidades e crises geralmente os define. Peça às pessoas que você está mentoreando para descreverem como lidaram com essas situações e explicarem como e por que tomaram determinadas decisões nesses momentos. Pergunte como elas serão definidas como líderes, tomando como base seus atos. Se a sua percepção de como isso as define é diferente das pessoas que está mentoreando, explique. Se você observou outros momentos de definição na liderança que elas mesmas não tenham percebido, mostre-os.

4

NADA COMO UM CHUTE NO TRASEIRO PARA SABER QUE VOCÊ ESTÁ NA FRENTE

Um dos preços que se paga pela liderança é a crítica. Quando os espectadores assistem a uma corrida, onde concentram sua atenção? Nos corredores que estão na frente! Pouca gente presta atenção aos corredores que estão fora da disputa pelo primeiro lugar. Os competidores considerados sem chance de vencer costumam ser ignorados ou rejeitados. Mas quando você está adiante, na frente da multidão, é notado por tudo o que faz.

Quando eu ainda era um líder jovem, queria estar à frente, e gostava dos elogios que recebia das pessoas. No entanto, não tolerava a tal "crítica construtiva", independentemente de quem a fizesse. Logo aprendi que eu mantinha expectativas que não correspondiam à realidade. Você não recebe elogios se não souber ouvir as críticas. Se deseja ser um líder, precisa se acostumar com os críticos. Não há como escapar: se você for bem-sucedido, será alvo de críticas. Certas pessoas sempre encontrarão alguma coisa que as desagrade. E, pela maneira como algumas delas criticam as outras, dá até para acreditar que foram pagas para isso!

Ser criticado pode ser uma experiência bastante desencorajadora. Um dia, quando eu estava me sentindo muito *para baixo*, falei a um amigo sobre o quanto as críticas me abatiam, e a reação dele foi esclarecedora. "Quando você estiver perdendo a motivação como líder, pense em Moisés. Ele liderou um milhão de pessoas que viviam se queixando por quarenta anos, e nunca chegou ao lugar que achava que chegaria." Moisés teve de ouvir muitas reclamações, críticas e lamentações. Há dias em que, na condição de líder, eu me identifico com ele. Aposto que, se fosse recomeçar tudo aquilo, ele deixaria escrito em sua agenda: "Da próxima vez, não dizer ao faraó para deixar ir *todo* o povo."

COMO VOCÊ LIDA COM A CRÍTICA?

Adoro a história do vendedor que estava cortando o cabelo e comentou que estava para fazer uma viagem a Roma, na Itália.

— Roma é uma cidade onde tudo é muito caro — comentou o barbeiro, que nascera ao norte da Itália. — Por qual empresa aérea você vai viajar?

O vendedor mencionou o nome da companhia e o barbeiro retrucou:

— Essa empresa aérea é terrível! As poltronas são muito apertadas, a comida é ruim e os aviões sempre atrasam. Em que hotel vai se hospedar?

O vendedor citou o nome do hotel, no que o barbeiro comentou:

— Por que você vai se hospedar nesse hotel? Ele fica na parte ruim da cidade, e o serviço é péssimo. Acho que seria melhor você nem sair de casa.

— Mas estou na expectativa de fechar um ótimo negócio enquanto estiver lá — explicou o vendedor. — E depois, ainda espero ver o Papa.

— Você vai ficar decepcionado se tentar fazer negócios na Itália — respondeu o barbeiro —, e não conte com o encontro com o Papa. Ele só garante audiências com pessoas muito importantes.

Três semanas depois, o vendedor voltou à barbearia.

— Então, como foi a viagem? — quis saber o barbeiro.

— Maravilhosa. O vôo foi perfeito, o serviço no hotel foi excelente e fiz um ótimo negócio. E no fim — o vendedor fez uma pausa para criar suspense —, ainda me encontrei com o Papa!

— Você conseguiu uma audiência com o Papa? — admirou-se o barbeiro. — Então me diga como foi.

— Bem, eu me aproximei dele, ajoelhei-me e beijei o anel.

— É mesmo? E o que ele disse?

— Ele olhou para a minha cabeça e exclamou: "Meu filho, onde foi que você conseguiu cortar tão mal o seu cabelo?"

Nem todo mundo lida com as críticas da mesma maneira. Alguns tentam ignorá-las. Outros procuram se defender delas. Há aqueles que, tal como o vendedor, usam comentários mordazes para colocar os críticos em seu devido lugar. Mas, não importa a circunstância, se você é um líder, terá de lidar com as críticas.

COMO OUVIR AS CRÍTICAS SEM SE DEIXAR ABATER

Já que todos os líderes precisam lidar com a negatividade e com as críticas, independentemente da posição ou da profissão, é importante que eles aprendam a lidar com isso de modo construtivo. O filósofo grego Aristóteles afirmou: "A crítica é algo que você evita com facilidade; é só não falar nada, não fazer nada e não ser nada." Contudo, quem deseja se tornar um líder bem-sucedido não tem essa opção. Sendo assim, o que fazer? O processo a seguir, dividido em quatro etapas, ajudou-me a lidar com as críticas, por isso quero apresentá-lo a você.

> *A crítica é algo que você evita com facilidade; é só não falar nada, não fazer nada e não ser nada.*
> ARISTÓTELES

1. Conheça-se bem, seja realista

Aprendi desde cedo que quem está na linha de frente tem sempre a certeza de que será alvo de críticas, não importa quem esse líder tenha sido ou o que ele tenha realizado. Líderes de grande visibilidade geralmente precisam trabalhar em ambientes complicados, tais como o escritório em que, dizem, foi colocada uma placa:

> Atenção!
> Este departamento não exige participação em programas de condicionamento físico: todo mundo já se exercita demais tendo de correr das responsabilidades, pular de um cargo para o outro, passar a perna no chefe, esfaquear os colegas pelas costas, agüentar o peso das reclamações e suar com o salário.
> Anônimo

Assim, já que a condição de líder lhe garante críticas automáticas, o que deve fazer? Em primeiro lugar, assuma uma imagem realista a seu respeito. Isso ajudará a formar uma base sólida para lidar com as críticas de maneira positiva. E vou dizer o motivo. Muitas vezes, quando um líder está sendo criticado, o que gera esse tipo de reação não é a pessoa em si, mas o cargo que ela está ocupando. É preciso saber separar as duas coisas, e isso só é possível quando você se conhece bem. Se uma crítica é direcionada ao cargo que você ocupa, não leve isso para o lado pessoal. Deixe para lá. Conhecer-se bem pode exigir algum tempo e certo esforço. Como afirmou Benjamin Franklin: "Há três coisas muito duras: aço, diamante e autoconhecimento". Contudo o esforço nesse sentido compensa.

Devo admitir que a maioria das críticas que recebi ao longo dos anos era dirigida mais a mim do que à posição que ocupava. Com freqüência, as pessoas tentavam me ajudar nesse processo de autoconhecimento, e a conversa geralmente começava com a frase: "Vou lhe dizer algo meio difícil de escutar, mas é para o seu bem". Descobri que, quando elas me dizem alguma coisa pensando em meu bem, parece mesmo é que não têm nada de bom para me dizer! No entanto, também percebi que aquilo que preciso mais ouvir é o que menos desejo escutar. Dessas conversas, aprendi muito a respeito de mim mesmo, incluindo o seguinte:

- Sou impaciente.
- Não sou realista quanto ao tempo que as tarefas levam para serem realizadas, e quão difíceis são os processos.
- Não gosto de dedicar muito tempo ou esforço às preocupações emocionais.
- Eu superestimo a capacidade dos outros.
- Sou crédulo demais.
- Sou muito precipitado na hora de delegar responsabilidades.
- Quero opções — quero tantas que deixo as pessoas doidas com isso.
- Não me importo muito com regras e restrições.
- Determino minhas prioridades muito rápido, e espero que as pessoas ajam da mesma maneira.
- Resolvo os problemas com muita rapidez e já quero seguir em frente — mesmo quando os outros ainda não estão prontos para me acompanhar.

Obviamente, nada que descobri a meu respeito é muito lisonjeiro. Ainda assim, essas fraquezas são uma realidade. Portanto, a pergunta é: o que devo fazer diante disso?

2. Mude, seja responsável

Quando a crítica de alguém a meu respeito é precisa, tenho a responsabilidade de agir. Isso faz parte da liderança. Se reajo bem ao que dizem os meus críticos, analisando-me de maneira honesta e admitindo minhas fraquezas, então me coloco em condições de começar a efetuar mudanças positivas em minha vida.

> *Conhecereis a verdade e a verdade vos enlouquecerá.*
> ALDOUS HUXLEY

O escritor Aldous Huxley declarou o seguinte: "Conhecereis a verdade e a verdade vos enlouquecerá." Minha primeira reação natural às críticas geralmente não é boa — às vezes, fico magoado, mas costumo mesmo é me zangar. Porém, depois que minha ira inicial vai desaparecendo, tento determinar se a crítica é construtiva ou destrutiva. (Há quem diga que a crítica construtiva é quando eu critico você, e a destrutiva é quando você me critica!) Aqui estão as perguntas que faço para determinar o tipo de crítica que estou recebendo:

- Quem me criticou? Críticas adversas de uma pessoa sábia são mais desejáveis do que a aprovação entusiasmada dos tolos. A fonte geralmente faz diferença.
- Como essa crítica foi feita? Tento discernir se a pessoa fez um julgamento gratuito ou se me deu o benefício da dúvida e falou com ternura.
- Qual o motivo da crítica? É resultado de uma mágoa pessoal ou foi para meu benefício mesmo? Tem gente que sabe magoar os outros. Essas pessoas usam palavras duras ou fazem críticas numa tentativa de se sentirem melhor, e não para ajudar as outras.

Sendo a crítica legítima ou não, o que determina como vou receber essas palavras indesejáveis — se vou crescer a partir delas ou se permitirei que elas me façam sofrer — é a minha atitude. Meu amigo, o especialista em administração Ken Blanchard, tem toda a razão quando afirmam: "Alguns líderes são como gaivotas; quando alguma coisa dá errado, eles voam, fazem muito barulho e espalham sujeira por toda parte." As pessoas que adotam esse tipo de atitude não apenas se recusam a assumir a responsabilidade pela contribuição que podem dar ao problema, como também criam condições terríveis para as pessoas que trabalham com elas.

As pessoas só conseguem mudar para melhor quando abrem o coração para o aprimoramento pessoal. Por essa razão, quando recebo críticas, tento manter a atitude certa:

- Não fico na defensiva.
- Procuro os traços de verdade.
- Efetuo as mudanças necessárias.
- Assumo a atitude mais positiva.

Se faço essas coisas, ganho em aprendizado, em desenvolvimento como líder, e ainda, de quebra, preservo meus relacionamentos.

3. Aceite-se como é, seja maduro

Jonas Salk, o homem que desenvolveu a vacina Salk contra a poliomielite, tinha muitos críticos, apesar da incrível contribuição que ofereceu à medicina. Sobre isso, ele comentou: "Primeiro, as pessoas lhe dirão que você está errado. Depois, dirão que você está certo, mas que suas realizações não são tão importantes assim. Por fim, admitirão que você está certo e que fez algo muito importante, mas que, afinal de contas, elas já sabiam disso o tempo todo." Como os líderes que estão na linha de frente lidam com esse tipo de reação instável por parte dos outros? Eles aprendem a aceitar-se como são. Se você já se aventurou no autoconhecimento e trabalhou duro para mudar o que era necessário, então o que mais pode fazer?

O professor e escritor Leo Buscaglia dá este conselho: "A coisa mais fácil de ser neste mundo é você mesmo. A coisa mais difícil de ser neste mundo é aquilo que os outros querem que você seja. Não permita que coloquem você nessa situação". Para ser a melhor pessoa que pode — e o melhor líder possível — é preciso ser você mesmo. Isso não se equivale à ausência de disposição para se desenvolver e mudar; apenas significa que está trabalhando para se tornar o melhor que pode ser. E como observou o psicólogo Carl Rogers, "o paradoxo curioso é que, quando me aceito assim como sou, então posso mudar". Ser o que você realmente é consiste no primeiro passo para se tornar ainda melhor.

Por já ter escrito sobre a importância de trabalhar no escopo de seus pontos fortes — o que só é possível quando a pessoa se conhece e se aceita como é —, não preciso dizer muito mais sobre o assunto aqui, a não ser enfatizar que aceitar-se é um sinal de maturidade. Se você se preocupa demais com o que os outros pensam a seu respeito, é porque acredita mais na opinião deles do que na sua. A orientadora de executivos e consultora Judith Bardwick afirma: "A confiança verdadeira é resultado do autoconhecimento e da auto-aceitação — seus pontos fortes e seus limites. É o contraponto da dependência de palavras alheias.

4. Esqueça a si mesmo, seja firme

A última etapa nesse processo de lidar de maneira eficaz com as críticas é parar de se concentrar em si. Enquanto se aprimoram, muitos perdem tempo demais se preocupando com o que o mundo pensa. Hoje tenho sessenta anos, e percebo que o mundo nunca prestou muita atenção nisso.

Pessoas seguras se esquecem de si, e assim são capazes de se concentrar nos outros. Ao fazer isso, elas podem enfrentar praticamente todo tipo de crítica — e até mesmo servir aos que as criticam. Durante anos, enquanto fui pastor de igrejas, deixava de fazer o que queria para iniciar um contato pessoal com meus críticos todo domingo. Eu os procurava e cumprimentava. Queria que soubessem que eu os valorizava como pessoas, independentemente da atitude delas em relação a mim. Ter segurança em relação ao que sou e me concentrar nos outros permitiu-me assumir uma atitude mais positiva nos relacionamentos. Tento colocar em prática um sentimento que Parkenham Beatty expressou, ao aconselhar: "Aprenda a viver de acordo com a sua alma. E, se os homens se opuserem a você, não dê muita atenção: cante sua canção, sonhe seu sonho, alimente sua esperança e faça sua oração."

Ser o que você realmente é consiste no primeiro passo para se tornar ainda melhor.

Certa vez, Perry Noble, um jovem líder que tive o privilégio de mentorear, compartilhou comigo o sofrimento por que passou quando foi alvo de críticas. Eu conseguia me identificar com ele. Quando me pediu um conselho a respeito de como reagir a críticas, expliquei que um líder seguro de si nunca precisa se defender. Tempos depois, Perry me confidenciou: "Naquele dia, percebi que estava perdendo tempo demais tentando me defender de meus críticos, e não realizando aquilo que realmente precisava realizar." Mais uma vez, eu me identifiquei com ele.

Na condição de líderes, devemos sempre levar a sério as nossas responsabilidades, mas não é saudável nos levarmos a sério demais. Um provérbio chinês diz o seguinte: "Abençoados são aqueles que podem rir de si. A esses nunca faltará diversão." Devo dizer que me divirto há muitos anos.

Minha amiga Joyce Meyer afirma o seguinte: "Deus ajudará você a ser tudo quanto é capaz de ser, mas ele nunca permitirá que você seja bem-sucedido se tentar ser outra pessoa." Não podemos fazer mais do que tentar ser tudo quanto podemos ser. Se pudermos fazer isso como líderes, dedicaremos o melhor de nós aos outros. Às vezes, apanhamos por causa disso, mas não tem problema. Esse é o preço que se paga por estar na linha de frente.

> *Abençoados são aqueles que podem rir de si. A esses nunca faltará diversão.*
> PROVÉRBIO CHINÊS

NADA COMO UM CHUTE NO TRASEIRO PARA SABER QUE VOCÊ ESTÁ NA FRENTE

APLICAÇÃO PRÁTICA

1. Quais são os seus pontos fracos? Em que áreas tem deficiências, como pessoa e como líder? Se você não é capaz de responder a essa pergunta, este é um sinal de que não se conhece muito bem. E, se não se conhece, como será capaz de aceitar aquilo que não pode mudar ou mudar o que é necessário para ser um líder mais eficaz? Peça às cinco pessoas mais confiáveis que você conhece para lhe dizer onde estão seus pontos fracos. Em seguida, descubra o que precisa mudar e com que deve se resignar.

2. Até que ponto você sente segurança em sua liderança? A insegurança e a atitude defensiva são duas características que já vi impedir muitos líderes de alcançar seu potencial. Quando os outros criticam você, sua primeira reação é desprezar o que dizem, se defender ou contra-atacar? Se é assim que você age, suas reações podem ser obstáculos à sua liderança. Da próxima vez que receber críticas, tente agir com serenidade. Ouça tudo quanto for dito, diga à pessoa que pensará na crítica que ela fez e, em seguida, dedique algum tempo para processar a informação.

3. Como você poderia processar a crítica da maneira apropriada? Use as três perguntas deste capítulo para determinar se determinada crítica lhe pode ser útil:

- Quem me criticou?
- Como me criticou?
- Por que me criticou?

Quando responder a essas três perguntas, comece dando ao crítico o benefício da dúvida, de modo que você possa ser tão objetivo quanto possível. Se a crítica for bem fundamentada, você pode pensar numa maneira de promover mudanças para melhor.

MOMENTO DO MENTOR

Observe como as pessoas que você está mentoreando lidam com as críticas — com as que são feitas não apenas por você e outros líderes, mas também por quem trabalha com elas e para elas. Como reagem? Abrem o coração a aprimoramentos e mudanças quando a idéia não é delas? Agem com generosidade quando recebem um retorno negativo? Colocam a equipe à frente do próprio ego? Quando sabem que a visão está correta, tratam os críticos com generosidade e assumem uma atitude positiva com eles? Compartilhe suas impressões com elas e ofereça sugestões concretas para que se desenvolvam.

5

NUNCA TRABALHE UM DIA SEQUER EM SUA VIDA

As pessoas costumam me perguntar qual é o segredo de meu sucesso. Deixando de lado por um momento todas as especulações sobre o que significa ser bem-sucedido, minha resposta geralmente é muito simples: adoro o que faço! Todo mundo já ouviu aquele conselho: descubra alguma coisa da qual goste tanto que seja capaz de fazer de graça; em seguida, aprenda a fazer aquilo tão bem que as pessoas fiquem felizes em remunerar você. É isso que tenho feito em minha carreira. Sinto-me como Thomas Edison, que afirmou: "Nunca trabalhei um dia sequer em minha vida. Tudo sempre foi muito divertido".

SEGUINDO A MINHA PAIXÃO

Seguir a sua paixão é o segredo para alcançar o seu potencial. Você não consegue chegar ao melhor de seu potencial sem perseguir sua paixão. Lembro-me muito bem do incidente em minha vida que me levou a associar paixão e potencial. Foi em Hillham, no estado de Indiana, que assumi meu primeiro emprego como pastor da igreja de uma cidadezinha. Não havia muito para se ver. O prédio da igreja tinha mais de um século de existência. O telhado estava arqueado e as paredes, curvadas. No meu primeiro culto dominical naquele lugar, três pessoas compareceram — e duas delas eram eu e minha esposa, Margaret! A maioria dos líderes ficaria desencorajada com aquela situação, mas não eu.

Minha paixão por fazer a congregação crescer naquela comunidade rural não conhecia limites. Quando alguns amigos vieram visitar a mim e à minha esposa, na mesma hora os levei para conhecer minha igreja, num passeio que durou mais ou menos uns trinta segundos! Eu não estava preocupado com o lugar, com o prédio velho, com a baixa freqüência dos membros ou mesmo com a minha falta de experiência. Eu estava cheio de paixão. Queria ajudar as pessoas.

Durante os meses seguintes, minha paixão contagiou a comunidade. A igreja começou a ficar lotada aos domingos. O impulso estava aumentando, e eu podia sentir que estava na hora de realmente levar a congregação a alcançar seu potencial. Assim, eu desafiei a igreja a estabelecer uma meta de comparecimento aos cultos de trezentas pessoas no primeiro domingo de outubro. Embora todos os membros estivessem dispostos a ajudar, a maioria deles achava que a meta era inalcançável. Em nosso pequeno prédio só cabia uma centena de pessoas sentadas; o estacionamento comportava apenas 33 carros, e a maior platéia na história da igreja tinha sido de 135 pessoas.

Seguir a sua paixão é o segredo para alcançar o seu potencial.

Apesar de todas as dificuldades, todo mundo deu o melhor de si. Convidamos todas as pessoas que conhecíamos. Quando, finalmente, chegou o grande dia, o entusiasmo foi crescendo conforme as pessoas chegavam à igreja. Muitas sequer podiam entrar no prédio. Pouco antes do horário em que eu começaria a falar, o líder leigo anunciou o número de pessoas presentes: "Hoje temos 299 pessoas."

Todos vibraram com a informação. Era muito mais do que as expectativas mais otimistas, e ultrapassava com muita folga qualquer coisa que já tivessem feito antes. Mas eu ainda não estava satisfeito. Talvez mais por paixão do que por sabedoria, levantei-me e perguntei:

— Qual era a nossa meta para hoje?

— Trezentas pessoas — a multidão respondeu.

— Bem, se trezentos era a nossa meta, então serão trezentos que teremos. Cante mais algumas músicas enquanto vou lá fora procurar mais uma pessoa. Só então terminaremos o culto.

Conforme caminhava pelo corredor entre os bancos, na direção da porta, as pessoas vibravam e me davam tapinhas nas costas. Eu estava todo orgulhoso. Sentia-me como se estivesse saindo do túnel na direção do gramado do estádio para participar da final do campeonato... até que cheguei do lado de fora. Meu entusiasmo havia me levado a um novo território.

"E agora, o que vou fazer?", perguntei a mim mesmo. Eu estava confrontando a realidade da tarefa que precisava cumprir. Olhei e vi dois homens sentados em frente ao posto de gasolina do outro lado da rua: Sandy Burton, o dono, e Glenn Harris, que trabalhava para ele. Caminhei na direção deles.

— Você conseguiu cumprir sua meta? — Sandy perguntou antes mesmo que eu terminasse de atravessar a estrada, pois todo mundo na região sabia a respeito de minha meta.

— Ainda não — respondi, apontando para o prédio atrás de mim. — Temos 299 pessoas dentro do templo. Preciso de mais uma pessoa dentro da igreja para que possamos cumprir nossa meta. Qual de vocês gostaria de ser o herói desse vale todo?

Eles olharam um para o outro, até que Sandy respondeu:

— Nós dois vamos!

Sandy colocou uma placa escrita "fechado" na porta do posto de gasolina e nós três caminhamos na direção da igreja. Quando entramos no prédio, a festa foi enorme. O que todos queriam, mas ninguém esperava, havia acabado de acontecer.

GERANDO UMA RUPTURA

As pessoas naquela pequena cidade ao sul de Indiana mudaram naquele dia. E eu também mudei. Havíamos realizado o impossível. Naquela noite, ao pensar no que havia acontecido durante o dia, eu me dei conta de que fora a paixão que nos levara ao nível seguinte. O poder da paixão fizera a diferença: a paixão tornou um evento significativo em algo inesquecível, levou-me a agir de um modo que eu normalmente não agiria, motivou dois homens que nunca haviam entrado numa igreja a assistir ao culto e gerou uma vitória para um grupo de pessoas, melhorando sua auto-imagem e ampliando sua autoconfiança. Foi um dia no qual todos nós percebemos que nosso potencial era muito maior do que pensávamos.

Quando uma pessoa não tem paixão, a vida pode se tornar muito monótona. Tudo é na base do "tenho de fazer"; nada é feito por vontade ou disposição. Nessa circunstância, nos sentimos como o pequeno Eddie, cuja avó adorava ópera e comprava ingressos para a temporada inteira todos os anos. Quando Eddie completou oito anos, a avó decidiu que era hora de levá-lo com ela, e foi o que fez como presente de aniversário. Ela estava radiante, enquanto Eddie ficou aborrecido durante toda a apresentação de uma ópera alemã muito melancólica... e cantada em alemão!

No dia seguinte, a mãe de Eddie lhe pediu que escrevesse um bilhete de agradecimento à avó. Eis o que ele escreveu:

> Querida vovó,
> Obrigado pelo presente de aniversário. Era tudo o que eu queria, mas não muito.
> Com amor,
> Eddie

A paixão é um recurso inacreditável para qualquer pessoa, mas especialmente para os líderes, fazendo-nos prosseguir quando outros desistem, contagiando e atraindo parceiros, impulsionando-nos quando precisamos atravessar os momentos mais difíceis, dando-nos uma energia que até então não sabíamos possuir. A paixão nos estimula de maneiras que os recursos a seguir não conseguem:

- Talento: nunca é suficiente para nos capacitar a alcançar o nosso potencial. Há muita gente no mundo com grande talento natural que nunca alcançou sucesso pessoal ou profissional. Estou tão convicto disso que escrevi um livro a respeito, chamado *Talento não é tudo*. Para ser um líder bem-sucedido — e uma pessoa bem-sucedida —, você precisa mais do que apenas talento.
- Oportunidade: ela nunca nos levará ao topo sozinha. As oportunidades podem abrir a porta, mas a jornada do sucesso costuma ser longa e difícil. Sem a paixão que sustenta quando a situação fica difícil, as pessoas não aproveitam a maioria de suas oportunidades e nunca alcançam seu potencial. Como afirma meu amigo Howard Hendricks: "Não coloque ovos vivos debaixo de galinhas mortas." É por isso que as oportunidades são para as pessoas que não têm paixão.

- Conhecimento: pode ser um grande recurso, mas não fará de nós "tudo quanto podemos ser". Ser inteligente não faz de ninguém um líder. Ter credenciais ou graduações acadêmicas também não. Alguns dois piores presidentes dos Estados Unidois eram considerados os mais inteligentes. E alguns dos maiores, como Abraham Lincoln, dispunham de educação formal reduzida. A educação formal não faz de você um líder. Tenho três diplomas de faculdade, inclusive um doutorado, mas acredito que eles contribuíram pouco para meu sucesso como líder.

> *Não coloque ovos vivos debaixo de galinhas mortas.*
> HOWARD HENDRICKS

- Uma ótima equipe: pode ser insuficiente. É verdade que os líderes não podem ser bem-sucedidos se não puderem contar com uma boa equipe. Mas dispor de uma equipe de qualidade não garante o sucesso. Uma equipe que não coloca o coração no que faz e uma liderança fraca não alcançam o sucesso. Além disso, se uma equipe começa forte, mas é orientada por um líder fraco e sem paixão, ela também acaba ficando fraca e sem paixão. Como afirma a Lei do Magnetismo do livro *As 21 irrefutáveis leis da liderança*, "atraímos o que somos, não o que queremos".

Do que um líder precisa para ser bem-sucedido? Paixão. A paixão é o que distingue o extraordinário do comum. Quando relembro minha carreira, reconheço que a paixão me capacitou a fazer o seguinte:

- Acreditar no impossível.
- Sentir o inesperado.
- Tentar o inaudito.
- Realizar sonhos.
- Conhecer, motivar e liderar pessoas.

A paixão tem feito uma diferença incrível em minha vida. Como costuma afirmar o ex-diretor-executivo da General Electric, Jack Welch, "o mundo pertencerá a líderes resolutos e movidos pela emoção [...], a quem não apenas possui grandes reservas de energia, mas também for capaz de energizar seus liderados". Em todos esses anos observando pessoas, ainda estou para conhecer alguém que tenha alcançado seu potencial sem nunca demonstrar paixão.

ESQUEÇA O DINHEIRO — SIGA A SUA PAIXÃO

No livro *Making a Life, Making a Living* [Uma vida, uma existência], Mark Albion escreve sobre um estudo revelador a respeito de pessoas do mundo dos negócios que seguirem dois caminhos diferentes depois de se formarem na faculdade. Eis aqui o que ele diz:

> *O mundo pertencerá a líderes resolutos e movidos pela emoção [...], a quem não apenas possui grandes reservas de energia, mas também for capaz de energizar seus liderados.*
> JACK WELCH

> Um estudo realizado com universitários da área de negócios acompanhou a carreira de 1.500 pessoas de 1960 a 1980. Desde recém-formados, os profissionais puderam ser caracterizados em duas categorias. A categoria A era composta por quem dizia querer ganhar dinheiro primeiro, para fazer o que quisesse mais tarde depois de cuidar de todas as precupações relacionadas às finanças. Os da categoria B perseguiram primeiro seus verdadeiros interesses, confiantes de que ganhar dinheiro seria uma conseqüência.
> Qual o percentual de cada categoria?
> Das 1.500 pessoas da pesquisa, 83% correspondiam ao total incluído na categoria A, das que desejavam ganhar dinheiro agora, num total de 1.245 pessoas. Na categoria B, das pessoas que queriam assumir o risco, ficaram os demais 17%, ou 255 pessoas.
> Depois de vinte anos, havia 101 milionários entre os 1.500: um da categoria A e cem da categoria B.
> O autor do estudo, Srylly Blotnick, concluiu que "a maioria esmagadora dos estudantes que se tornaram prósperos deveu seu sucesso ao trabalho que considerava apaixonante [...]. Sua *sorte* surgiu da simples dedicação aplicada a uma área preferida".[1]

Perseguir sua paixão faz toda a diferença do mundo. A paixão nos abastece de energia e desejo, concedendo-nos vontade de vencer. E, como diz o escritor David Ambros, "se você tem vontade de vencer, já alcançou a metade do sucesso; se não tem, já alcançou a metade do fracasso". Se você deseja alcançar seu potencial, descubra sua paixão.

Acredito que sou uma pessoa afortunada, pois minha paixão tem sido meu chamado e minha carreira. Lá atrás, em Hillham, descobri a ligação que existe entre a paixão e o potencial. Por quase quarenta anos tenho me alimentado da energia que vem do amor pelo que faço.

Para a maioria das pessoas, há uma diferença enorme entre trabalho e diversão. O trabalho é o que precisam fazer para conquistar uma vida que lhes permita, um dia, fazer o que desejam. Não viva dessa maneira! Opte primeiro por fazer o que ama e depois vá efetuando os ajustes necessários para que isso dê certo em sua vida. Siga o conselho de Confúcio: "Escolha o trabalho que ama, e nunca terá de trabalhar um dia sequer em sua vida." O melhor dos empregos é aquele que você não tem muita certeza da linha que divide trabalho e diversão.

NUNCA TRABALHE UM DIA EM SUA VIDA

APLICAÇÃO PRÁTICA

1. Qual é a sua verdadeira paixão? O que você gosta tanto a ponto de fazer de graça, se necessário? Se nunca pensou a respeito disso antes, tente elaborar uma lista.

2. O quanto de paixão você dedica ao seu trabalho atual? Seu emprego se parece mais com trabalho ou diversão? Todo emprego tem suas características negativas, e não existe nenhum que seja divertido o tempo todo. Mas o emprego certo não pode dar a impressão de que se trata de um *bico*. Que percentual de tempo você consideraria agradável para realizar seu trabalho? Use a escala a seguir para avaliar o que está fazendo neste momento:

- 90% ou mais: você está no lugar certo; comemore!
- 75%-89%: faça alguns ajustes simples para equilibrar com sua paixão.
- 50%-74%: você precisa fazer ajustes muito importantes.
- 49% ou menos: você precisa mudar de emprego ou carreira.

3. Como fazer para seguir uma paixão? Se você não está na categoria de 90% ou mais, precisa avaliar que tipos de ajustes são necessários. Às vezes, assumir outro trabalho dentro da mesma empresa é o suficiente para colocar a pessoa na trilha certa. Em outras situações, mudanças na organização podem ajudar. Se você se situa na categoria de 50% ou menos, considere a possibilidade de tentar uma transição da carreira atual para uma atividade em que pensava quando respondeu à primeira pergunta. Não importa em qual categoria você se encaixe, pense e escreva, em detalhes, os passos necessários para que essa transição aconteça.

MOMENTO DO MENTOR

A maioria das pessoas no mercado de trabalho está acostumada a trabalhar para patrões que só se importam com as tarefas a serem cumpridas, e não com os seres humanos. Muitas nunca tiveram um líder que desejasse ajudá-las a encontrar sua paixão e seu propósito singular na vida. Você pode ser a pessoa responsável por essa mudança. Sente-se e converse com as pessoas que está mentoreando. Pergunte a elas o que lhes é mais importante. Fale também daquilo que tem observado. Abra o coração à possibilidade de ajudar essas pessoas na transição para outra posição, outro departamento ou outra organização, caso não estejam se adaptando ao lugar onde estão atualmente.

6

OS MELHORES LÍDERES SÃO AQUELES QUE SABEM OUVIR

No livro *The Contrarian's Guide to Leadership* [O guia de liderança do contestador], Steven Sample afirma: "Em média, as pessoas sofrem três tipos de desilusão quando descobrem: (1) que não dirigem tão bem; (2) que não possuem um senso de humor tão bom; e (3) que não aprenderam a escutar os outros." Eu confesso minha culpa nos três casos!

Nunca esquecerei da vez em que uma senhora com quem eu trabalhava me procurou para falar sobre minha pouca habilidade para ouvir os outros: "John", começou ela, "quando as pessoas falam alguma coisa, você geralmente parece distraído. Fica olhando em volta. Ninguém tem muita certeza se você está, de fato, ouvindo o que a outra pessoa está dizendo!"

Fiquei surpreso porque, assim como a maioria das pessoas, eu realmente achava que sabia ouvir os outros. A primeira coisa que fiz foi pedir desculpas. Confiei na opinião da pessoa que me procurou e falou do problema. Eu sabia que ela tinha se enchido de coragem para me falar aquilo (eu era chefe dela). A segunda coisa que fiz foi começar um processo de mudança. Durante muitos anos, adquiri o hábito de colocar uma letra "O" no canto de meu bloquinho de anotações toda vez que participava de alguma reunião. Era uma maneira de lembrar a mim mesmo de que deveria *ouvir* os outros. Às vezes, escrevia "OO" para não me esquecer de *olhar* para as pessoas enquanto estivesse ouvindo o que elas tinham a dizer. Isso fez uma enorme diferença em meu estilo de liderança.

Steven Sample afirma: "Muitos líderes são péssimos na hora de ouvir. Na verdade, eles pensam que falar é mais importante que ouvir. Mas os líderes contestadores sabem que é melhor ouvir primeiro e falar depois. E, quando param para ouvir, o fazem com grande habilidade." Os benefícios positivos de saber ouvir são muito mais valiosos do que costumamos reconhecer. Há pouco tempo, li uma história bem divertida que Jim Lange incluiu em seu livro *Bleedership*:

> Dois sujeitos do interior estão caçando na floresta quando um deles cai no chão. Vira os olhos e parece não conseguir respirar.
>
> O outro homem saca o celular e disca para o serviço de emergência. Nervoso, ele avisa à pessoa que o atende:
>
> — Bubba morreu! O que faço?
>
> A atendente, com voz calma e suave, responde:
>
> — Você só precisa ficar calmo. Eu vou ajudar. Primeiro, certifique-se de que ele está morto.
>
> Durante alguns segundos, não se ouve nada do outro lado da linha, até que a atendende escuta o som de um tiro. Então o homem volta a falar:
>
> — Tudo bem, o que a gente faz agora?
>
> Como essa história sobre esses dois interioranos sugere, podemos escutar o que as pessoas dizem sem realmente ouvir aquilo que está sendo comunicado. O caçador da narrativa escutou o que a atendente disse e, tecnicamente falando, certificou-se de que seu companheiro de caçadas estivesse morto. Mas, se tivesse ouvido o que ela falou, não acho que ele teria atirado no parceiro.[1]

Essa história pode parecer ridícula, mas contém uma verdade muito importante: quando escutamos sem, de fato, ouvir, nossa liderança está fadada ao sofrimento — e o mesmo acontecerá com aqueles que a seguem.

Certa vez, li a respeito de um estudo segundo o qual escutamos metade daquilo que nos é dito, ouvimos metade do que escutamos, entendemos metade do que ouvimos, acreditamos em metade do que entendemos e nos lembramos de metade das coisas em que acreditamos. Se nos dispusermos a aplicar esse princípio sobre uma jornada diária de trabalho de oito horas, veja como ele pode ser traduzido:

- Você passa metade do dia de trabalho (cerca de quatro horas) envolvido em atividades que exigem sua atenção em relação a outras pessoas.
- Você escuta aproximadamente duas horas do que elas dizem.
- Na prática, ouve mais ou menos uma hora.
- Entende apenas trinta minutos do que ouviu.
- Acredita em apenas quinze minutos.
- E se lembra de não mais do que oito minutos de tudo que disseram.

Trata-se de um índice muito baixo, que demonstra como todos precisamos nos dedicar muito mais a ouvir os outros de fato!

POR QUE OS LÍDERES QUE OUVEM SÃO MAIS EFICAZES

Exatamente pelo desejo de desenvolver minha capacidade de ouvir, há muitos anos tenho observado o comportamento de vários líderes e prestado atenção em como os mais eficazes sabem fazer isso. Cheguei a algumas conclusões sobre o impacto que essa prática — a de saber ouvir — exerce sobre a liderança:

1. Entenda as pessoas antes de começar a liderá-las

A principal fonte da liderança está na capacidade de entender as pessoas. Para se tornar digno da responsabilidade que cabe a um líder, é preciso conhecer o que se passa no coração dos liderados. A sensibilidade em relação às esperanças e aos sonhos dos membros de sua equipe é essencial para o estabelecimento de interação, assim como é primordial para motivá-las. No meu livro *As 21 irrefutáveis leis da liderança*, escrevo sobre a Lei da Conexão, segundo a qual "os líderes devem tocar o coração antes de pedir que o liderado lhe dê a mão". Não é possível estabelecer interação se você não se esforça para ouvir e compreender. Além de não ser justo pedir a ajuda de alguém com quem você não estabeleceu uma boa interação, isso também não tem nada de eficaz. Se você deseja mesmo criar uma relação eficiente de conexão com outras pessoas, assuma o objetivo de compreendê-las melhor.

> *A principal fonte da liderança está na capacidade de entender as pessoas.*

2. Ouvir é a melhor maneira de aprender

Não é por acaso que temos uma boca e duas orelhas. Quando deixamos de ouvir, bloqueamos uma parte considerável de nosso potencial para o aprendizado. É provável que você já tenha ouvido essa afirmação: "Só acredito vendo." Bem, o mesmo vale para o que ouvimos. O apresentador de *talk show* Larry King afirmou certa vez: "Toda manhã, procuro me lembrar do seguinte: nada do que eu disser hoje me ajudará a aprender coisa alguma. Portanto, se quero aprender, só posso fazer isso ouvindo."

Em 1997, mudamo-nos para Atlanta, no estado da Georgia. Na mesma hora percebi a influência da comunidade afro-americana sobre aquela cidade. Eu queria interagir com pessoas daquela comunidade e aprender a respeito da trajetória delas. Pedi a meu amigo Sam Chand que marcasse quatro almoços com alguns dos principais líderes afro-americanos.

Foi uma das maiores experiências de aprendizado da minha vida. O tempo que passamos juntos foi excelente para estreitarmos o relacionamento. Fiz muitas perguntas e ouvi histórias maravilhosas. Ao fim de cada almoço, eu angariava novos amigos na medida em que percebia crescer meu respeito por todos, bem como por seus relatos.

Em conversas, costumo receber um bom número de exclamações de surpresa pelo fato de eu, apesar de minha experiência, não tentar ensinar sobre liderança, mas me colocar na condição de ouvinte e aprendiz, como se meus interlocutores fossem os professores. Se eu não tivesse agido dessa maneira, não teria aprendido nada. Hoje em dia, continuo ouvindo e aprendendo com muitos daqueles líderes, que se tornaram meus amigos depois daqueles encontros.

3. Saber ouvir pode impedir que os problemas se avolumem

Um provérbio da tribo *cherokee* afirma: "Ouça os murmúrios para não ter de ouvir os gritos." Bons líderes atentam às pequenas questões. Eles prestam atenção à própria intuição. Também estão sempre muito atentos ao que não é dito. Isso exige mais do que apenas a habilidade de ouvir — requer uma boa compreensão do ser humano. Também significa ser suficientemente seguro de si para estabelecer uma relação de honestidade na comunicação com as pessoas, e não ficar na defensiva quando elas agirem assim. Para se tornar um líder eficaz, é importante deixar os outros dizerem o que você precisa ouvir, e não necessariamente o que gostaria de ouvir.

Gordon Bethune, ex-diretor-executivo da Continental Airlines, levou essa idéia mais além quando deu este conselho:

> Contrate apenas pessoas que se mostrem dispostas a meter o pé na porta para abri-la, caso você perca o bom senso e a feche. Você até consegue ignorar a opinião de uma pessoa se não gosta do que ela diz, mas se essa pessoa puder resgatar a informação, sua inteligência precisa ser capaz de superar sua vaidade.[2]

Um erro comum que costuma acontecer a quem tem autoridade é a impaciência. Líderes gostam de resultados. Infelizmente, esse jeito de agir faz com que deixem de ouvir. No entanto, um ouvido mouco é o primeiro sintoma de uma mente bitolada, e ter uma mente bitolada é um caminho infalível para atrapalhar sua liderança.

> *Ouça os murmúrios para não ter de ouvir os gritos.*
> PROVÉRBIO CHEROKEE

Quanto mais alto é o nível de liderança que se atinge, maior é a autoridade que se tem nas mãos e menor é a disposição de ouvir o que os outros têm a dizer. Contudo, a necessidade de ouvir também se torna maior do que nunca! Quanto mais se afastam das linhas de frente, mais os líderes dependem de outras pessoas para adquirir dados precisos. Se não formaram o hábito de ouvir — de maneira atenciosa e inteligente —, não conseguirão dispor das informações de que necessitam. E quando um líder permanece sem saber de nada, os problemas da organização tendem a piorar cada vez mais, sejam eles quais forem.

4. Saber ouvir estabelece uma relação de confiança

Líderes eficazes são sempre bons comunicadores, mas isso significa muito mais do que apenas falar bem. David Burns, médico e professor de Psiquiatria da Universidade da Pensilvânia, explica:

> O maior erro que alguém pode cometer ao tentar falar de modo convincente é priorizar a expressão das próprias idéias e dos próprios sentimentos. O que as pessoas mais desejam é ser ouvidas, respeitadas e compreendidas. A partir do momento que elas percebem que estão sendo compreendidas, sentem-se mais motivadas para entender o seu ponto de vista.

O escritor e orador Brian Tracy afirma: "Saber ouvir estabelece um vínculo de confiança, que é o fundamento de todos os relacionamentos duradouros." Quando minha funcionária me falou sobre minha dificuldade para ouvir os outros, o que ela estava realmente me dizendo era que eu não era uma pessoa confiável. Ela não sabia se as suas idéias, suas opiniões e seus sentimentos estavam seguros comigo. A partir do momento em que me tornei uma pessoa mais apta a ouvir, passei a conquistar a confiança dessa minha funcionária.

Quando um líder ouve as pessoas que o seguem e usa o que elas dizem para promover aprimoramentos que beneficiam a todos e à organização, os liderados ficam à vontade para depositar sua confiança nele. No entanto, o líder faz o contrário (ou seja, deixa de ouvir) prejudica o relacionamento entre ele e aqueles que o seguem. Quando os liderados deixam de acreditar que seu líder os ouve, começam a procurar por alguém que o faça.

5. *Saber ouvir fortalece a organização*

A conclusão é que, quando o líder é capaz de ouvir, a organização fica ainda melhor. O ex-presidente da Chrysler, Lee Iacocca, afirmou: "Saber ouvir pode fazer a diferença entre uma empresa grande e outra medíocre." Isso significa dar ouvidos a todas as pessoas que ocupam todos os níveis da organização: clientes, funcionários e outros líderes também.

> *Saber ouvir estabelece um vínculo de confiança, que é o fundamento de todos os relacionamentos duradouros.*
> BRIAN TRACY

A rede de restaurantes Chili's, uma das maiores dos Estados Unidos, sediada em Dallas, orgulha-se em ter uma liderança que sabe ouvir. Norman Brinker, que já foi proprietário e presidente da Chili's, acredita que a comunicação em duas vias — falar e ouvir — é o segredo para manter boas relações com os funcionários, assim como em relação aos clientes. Ele também aprendeu que esse tipo de comunicação gera muitos dividendos. Quase 80% do cardápio da Chili's foram elaborados a partir de sugestões dadas por gerentes de unidades da rede de restaurantes.

Saber ouvir sempre gera bons resultados. Quanto mais você sabe, melhor você se torna — desde que mantenha a perspectiva e continue pensando como um líder. Nicolau Maquiavel, autor de *O príncipe*, escreveu:

> Há três tipos de mente. Uma é capaz de pensar por conta própria; outra consegue entender o que os outros pensam; e há uma terceira incapaz de

pensar por si ou compreender o pensamento dos demais. A primeira alcança o grau máximo de excelência; a segunda é excelente; a terceira não tem valor algum.

Para ser um bom líder, você precisa ser capaz de não apenas pensar por si, mas também entender o que os outros pensam e aprender com isso.

É possível ser um líder sem saber ouvir? A resposta é "sim". Funcionários de empresas de todo o mundo trabalham para pessoas que não os ouvem. Mas é possível ser um *bom* líder sem saber ouvir? A resposta é "não". Ninguém pode chegar ao nível mais alto e levar junto sua organização se não é capaz de ouvir os outros. Isso simplesmente não acontece, pois você nunca consegue extrair o melhor de sua equipe se não sabe quem são as pessoas que a compõem, aonde elas querem chegar, com que se preocupam, como pensam e que tipo de contribuição podem oferecer. Só dá para descobrir essas coisas quando há disposição de ouvir.

> *Um dos maiores presentes que se pode dar a uma pessoa é a atenção.*
> JIM ROHN

O escritor e orador Jim Rohn afirma: "Um dos maiores presentes que se pode dar a uma pessoa é a atenção." Acredito que isso seja mesmo verdade. Mas ouvir os liderados não consiste apenas em um presente para eles. Essa atitude também beneficia o líder. Quando os líderes ouvem, eles têm acesso ao conhecimento, às percepções, à sabedoria e ao respeito dos outros. Saber ouvir aciona todos os recursos da organização, que se torna apta a cumprir a visão e atingir suas metas. Que presente maravilhoso.

OS MELHORES LÍDERES SÃO AQUELES QUE SABEM OUVIR

APLICAÇÃO PRÁTICA

1. Teste sua capacidade de ouvir. Das próximas vezes em que participar de reuniões, peça a seu assistente ou a um colega de trabalho que registre quantos minutos você gasta falando e quantos minutos passa ouvindo os outros. Se você não estiver dedicando, pelo menos, 80% de seu tempo a ouvir as pessoas, é preciso se aprimorar nessa área. Tente escrever um "O" em algum lugar visível de seu bloco de anotações.

2. Quem não se sente ouvido? Se as pessoas com quem trabalha ou convive acham que você não as ouve, não será difícil reparar no semblante delas. Pense naquelas que são mais importantes em sua vida. Da próxima vez que conversar com elas, pare tudo quanto estiver fazendo, concentre nelas sua atenção e olhe nos olhos dessas pessoas enquanto estiverem falando. Se reparar surpresa, evasiva ou hostilidade na expressão, pode ser porque acham que você não prestou atenção a elas no passado. Dê início a um diálogo sobre o assunto, perguntando se já demonstrou negligência para ouvi-las, e em seguida permita que elas se manifestem. Não tente se defender. Procure apenas esclarecer a questão e, se necessário, peça perdão.

3. Que pessoas você tem negligenciado, deixando de procurá-las? Líderes eficientes sabem ouvir. Com isso quero dizer que eles fazem mais do que simplesmente escutar as pessoas que se aproximam com algo a dizer. Procuram saber o que os outros pensam e sentem, e quais são suas opiniões — a começar pelos líderes que trabalham *para* e *com* eles. Se você não tem recebido notícias a respeito de alguns de seus principais liderados recentemente, procure-os e dê-lhes atenção.

MOMENTO DO MENTOR

Dê tarefas envolvendo saber ouvir a cada pessoa que você mentoreia. Peça-lhes que assumam o papel de "ouvinte focado" numa reunião da qual vocês participem. Diga que ela está incumbida de (1) tomar nota do que está sendo discutido; (2) prestar atenção e registrar sugestões e respostas dos participantes da reunião; e (3) tomar nota de qualquer coisa que perceba e escute na sala. Depois da reunião, peça que fale a respeito de suas percepções e conclusões. Em seguida, converse sobre toda a dinâmica que você observou.

7

ENTRE NA ÁREA E NÃO SAIA DELA

Você consegue se lembrar da primeira lição que aprendeu sobre liderança? Eu consigo. Meu pai foi o professor. Ele costumava dizer ao meu irmão, à minha irmã e a mim: "Descubra o que você sabe fazer bem e insista nisso." Aquele não foi um conselho casual. Ele e minha mãe assumiram a missão de nos ajudar a descobrir nossos pontos fortes e começar a desenvolvê-los antes de chegarmos à idade de deixar a casa e viver a vida por conta própria.

Meu pai também reforçava aquele conselho colocando-o em prática. Uma de suas frases favoritas era: "Isso eu sei fazer." Ele tinha uma habilidade fantástica de se concentrar nas áreas em que era mais forte. Essa característica, adicionada à sua determinação de levar tudo o que começava até o fim, lhe foi de boa serventia ao longo da carreira e além dela. Ele permanece no território em que é mais forte. Essa é uma das razões de ele sempre ter sido a maior fonte de inspiração para minha vida.

EM BUSCA DOS PONTOS FORTES

Quando comecei minha carreira, assumi o compromisso de descobrir qual era a área em que eu era mais forte e trabalhar para permanecer nela. Contudo, nos meus primeiros anos de atividade profissional, me senti frustrado. Tal como acontece com muitos líderes inexperientes, tentei fazer várias coisas diferentes até descobrir em qual delas me sairia melhor. Além disso, as expectativas das pessoas em relação ao que eu poderia fazer e à minha maneira de liderar nem sempre correspondia às minhas habilidades. Às vezes, minhas responsabilidades e obrigações exigiam que eu me dedicasse a tarefas para as quais eu não tinha nenhum talento ou capacidade. Por causa disso, era muito comum eu não dar conta daquelas incumbências. Levei muitos anos para dar conta de tudo isso, encontrar a área em que eu era mais forte e recrutar e preparar outras pessoas que pudessem compensar minhas fraquezas em termos de habilidade.

Se você é um jovem líder e ainda não tem certeza a respeito de seus pontos fortes, não se sinta desencorajado. Seja paciente e continue resolvendo isso aos poucos. O que sei é isto: não importa se você está começando agora ou se está no auge de sua carreira — quanto mais trabalhar na área em que é mais forte, mais bem-sucedido será.

UMA DEFINIÇÃO DE SUCESSO PESSOAL

Ao longo dos anos, já ouvi muitas definições do sucesso. Na verdade, adotei várias delas em diferentes estágios de minha vida. Mas, nos últimos quinze anos, fechei com uma definição que, acredito, capta a essência do sucesso independentemente de quem seja a pessoa ou do que ela deseja fazer. Acredito que o sucesso consiste em...

> Conhecer seu propósito na vida;
> Desenvolver-se até chegar ao máximo do seu potencial; e
> Lançar sementes que beneficiem os outros.

Se você é capaz de fazer essas três coisas, pode se considerar uma pessoa bem-sucedida. No entanto, nenhuma das três é possível, a não ser que você descubra e permaneça na área em que é mais forte.

Gosto da história de um grupo de garotos da mesma vizinhança que construiu uma casa na árvore e formou um clube. Quando os adultos ficaram sabendo quem havia sido escolhido para qual função, ficaram espantados ao descobrir que um menino de apenas quatro anos fora eleito presidente.

— Esse garoto só pode ser um daqueles líderes natos —, comentou um dos pais. — O que aconteceu para todos os meninos mais velhos votarem nele?

— Bem, papai, sabe como é — respondeu o filho —, ele não pode ser um bom secretário porque ainda não sabe ler nem escrever. Também não pode ser tesoureiro, pois não aprendeu a contar. Nunca conseguiria ser nosso segurança porque é pequeno demais para expulsar alguém. Se não o escolhêssemos para alguma função, ele ficaria muito triste. Assim, resolvemos nomeá-lo presidente.

Na vida real, é claro que a coisa não funciona desse jeito. Ninguém se torna um líder eficaz por determinismo. É preciso trabalhar para isso, e a melhor maneira de fazê-lo é usando os pontos mais fortes.

Toda vez que mentoreio pessoas e as ajudo a descobrir seu propósito, sempre as incentivo a iniciar o processo identificando seus pontos mais fortes, e não explorando as fraquezas. Qual o motivo? Porque o propósito das pessoas na vida está sempre ligado aos dons que elas possuem. Sempre funciona assim. Ninguém é chamado para fazer alguma coisa para a qual não tem talento. Você descobrirá seu propósito quando identificar e permanecer na área em que é mais forte.

O propósito das pessoas na vida está sempre ligado aos dons que elas possuem.

Da mesma forma, não dá para se desenvolver e alcançar o melhor de seu potencial se você trabalha o tempo todo fora da área em que é mais forte. Quanto maior for sua habilidade natural, maior será seu potencial para se aprimorar. Conheci pessoas que pensavam assim: para alcançar o melhor de seu potencial, elas teriam de desenvolver as áreas em que eram mais fracas. Mas você sabe o que acontece quando alguém gasta todo o tempo de que dispõe trabalhando nas deficiências, sem jamais desenvolver os pontos fortes? Se essa pessoa trabalhar muito, conseguirá pavimentar uma bela estrada rumo à mediocridade! Mas nunca passará disso. Ninguém admira ou recompensa a mediocridade.

A última peça do quebra-cabeça — viver de modo a beneficiar os outros — sempre depende de nosso esforço por fazer o melhor que podemos, e não o pior. Não dá para mudar o mundo oferecendo apenas as sobras ou um desempenho medíocre. Só o melhor que você tem a oferecer é capaz de agregar valor a outras pessoas e elevá-las.

COMO DESCOBRIR A ÁREA EM QUE VOCÊ É MAIS FORTE

O poeta e dicionarista Samuel Johnson afirmou: "Quase todo homem desperdiça parte da vida tentando demonstrar qualidades que não possui." Se, em sua mente, você acalenta uma imagem dos talentos que as pessoas deveriam possuir, mas não é o seu caso, então encontrará dificuldades para identificar quais são suas verdadeiras habilidades. É preciso descobrir e desenvolver a pessoa que você é. Aqui estão algumas sugestões que lhe podem ser úteis:

1. Pergunte-se: "O que sei fazer bem?"

As pessoas que alcançam o melhor de seu potencial gastam menos tempo se perguntando "O que estou fazendo certo?" e se dedicam mais a outro questionamento: "O que estou fazendo bem?" A primeira questão é de ordem moral; a segunda é de talento. Você deve sempre se esforçar para fazer a coisa certa, mas isso não ajudará em nada a descobrir o seu talento.

> *Quase todo homem desperdiça parte da vida tentando demonstrar qualidades que não possui.*
> SAMUEL JOHNSON

2. Seja específico

Quando meditamos em nossos pontos fortes, tendemos a ser vagos. Peter Drucker, o pai da adminsitração moderna, escreveu:

> O maior mistério não é as pessoas fazerem certas coisas de maneira ruim, e sim o fato de, vez por outra, fazerem outras coisas muito bem. O único conceito universal é o da incompetência. A força é sempre específica! Ninguém jamais comentou, por exemplo, que o grande violinista Jascha Heifez provavelmente seria incapaz de tocar bem o trompete.

Quanto mais específico você for em relação a seus pontos fortes, maior será a chance de descobrir sua especialidade. Por que viver nas fronteiras de sua área de especialidade quando tem a oportunidade de ficar bem no centro dela?

3. Ouça os elogios que os outros fazem

Muitas vezes, menosprezamos nossos talentos. Acreditamos que, como somos capazes de fazer algo muito bem, todo mundo também é. Geralmente, isso não corresponde à verdade. Como detectar quando estamos negligenciando uma habilidade ou um talento? Ouça o que os outros dizem. Seus pontos fortes atrairão a atenção dessas pessoas e as farão se aproximar. Por outro lado, quando você está trabalhando em áreas de fraqueza, pouca gente demonstra interesse. Se elas não páram de elogiar você numa área específica de sua habilidade, comece a desenvolvê-la.

4. Fique de olho na concorrência

Você não vai querer passar a vida inteira se comparando aos outros; isso não é nada saudável. Mas também não deseja desperdiçar seu tempo fazendo algo que outras pessoas fazem muito melhor. O ex-diretor-executivo da General Electric, Jack Welch, afirma: "Se você não tem uma vantagem sobre a concorrência, não entre na competição." As pessoas não pagam pela mediocridade. Se você não tem talento para fazer alguma coisa melhor que a concorrência, concentre-se em outro tipo de atividade.

Para ter uma idéia mais precisa a respeito de sua posição em relação à concorrência, pergunte-se:

- Alguém mais faz o que faço?
- Essas pessoas estão se saindo bem?
- Elas estão se saindo melhor do que eu?
- Posso ser melhor do que elas nessa atividade?
- Se eu conseguir melhorar, qual será o resultado?
- Se eu não conseguir melhorar, qual será o resultado?

A resposta à última pergunta é: "Você perde." Quer saber o motivo? Por que sua concorrência está trabalhando na área em que ela é mais forte, e você não.

O ex-jogador de beisebol Jim Sundberg aconselhava: "Descubra sua singularidade; em seguida, discipline-se para que possa desenvolvê-la." É isso que tenho tentado fazer. Há muitos anos, percebi que um de meus pontos fortes era a comunicação. As pessoas sempre se sentiam motivadas quando me ouviam falar. Depois de certo tempo, muitas oportunidades surgiram para que eu falasse em eventos ao lado de outros oradores especializados em motivação. A princípio, eu me sentia bastante intimidado, pois eles eram muito bons. Mas, conforme eu os ouvia, passei a me fazer a seguinte pergunta: "O que posso fazer para me destacar em relação a eles?" Eu sentia que não seria possível tornar-me melhor que eles, mas tinha total condição de ser diferente.

Com o tempo, descobri e desenvolvi essa diferença: eu me esforçaria para ser um mestre em motivação, e não apenas um orador. Meu desejo era o de que as pessoas não apenas desfrutassem aquilo que eu dizia, mas também fossem capazes de colocar aquilo que eu ensinava em prática na vida. Por mais de duas décadas, disciplinei-me para desenvolver essa singularidade. Esse é meu nicho — minha área de especialidade.

PARA SER UM LÍDER DE SUCESSO, DESCUBRA E DESENVOLVA AS ÁREAS EM QUE SUA EQUIPE É MAIS FORTE

Ao encontrar pessoas bem-sucedidas no que fazem, podemos ter a certeza absoluta de que estão trabalhando na área em que são mais fortes. Mas isso não é suficiente quando alguém deseja ser bem-sucedido como líder. Os bons líderes ajudam os outros a descobrir em que áreas são mais fortes e os estimula a buscar o desenvolvimento pessoal. Na verdade, os melhores líderes se caracterizam pela capacidade de reconhecer habilidades especiais e limitações, encaixando as pessoas nas funções em que se sairão melhor.

> *Descubra sua singularidade; em seguida, discipline-se para que possa desenvolvê-la.*
> JIM SUNDBERG

Infelizmente, a maioria não trabalha em sua área de especialidade. Por causa disso, não pode alcançar o melhor de seu potencial. O Instituto Gallup realizou uma pesquisa com 1,7 milhão de pessoas no ambiente profissional. De acordo com os resultados desse estudo, apenas 20% dos funcionários acham que colocam em prática seus pontos fortes todos os dias no exercício de sua função.[1] Em minha opinião, isso acontece, principalmente, por culpa dos líderes, que fracassaram em seu dever de ajudar as pessoas a descobrir seus pontos fortes e encontrar seu lugar correto na organização, com frutos para a empresa.

No livro *Hesselbein on Leadership* [Hesselbein fala sobre liderança], Frances Hesselbein, presidente do conselho do Leader to Leader Institute, fundado por Peter F. Drucker, escreve o seguinte:

> Peter Drucker nos lembra de que as organizações existem para maximizar os pontos fortes das pessoas e minimizar suas fraquezas. E é exatamente esse o trabalho dos líderes eficazes. Drucker também nos diz que há líderes natos, mas bem poucos que dependam deles.

Se você deseja se tornar um líder eficaz, precisa ajudar as pessoas a se desenvolverem nas áreas em que elas são mais fortes. Como fazer isso?

Analise e conheça cada membro de sua equipe

Quais são os pontos fortes e fracos dos membros de sua equipe? Com quem se identificam? Estão progredindo na área em trabalham? Consegue ver neles o potencial para se desenvolver ainda mais? A atitude que demonstram é um recurso ou uma desvantagem? Amam o que fazem e se saem bem nas respectivas atividades? Essas perguntas devem ser respondidas pelo líder.

> *As organizações existem para maximizar os pontos fortes das pessoas e minimizar suas fraquezas. E é exatamente esse o trabalho dos líderes eficazes.*
> FRANCES HESSELBEIN

Mostre a cada membro como se ajustar à equipe

Qual o ponto forte de cada um? Em que situações essas qualidades são especialmente valiosas, complementando os outros membros da equipe? O que cada membro identifica como fraqueza a ser complementada pelos outros membros, e de que natureza é esse complemento? Quanto mais a pessoa se sente ajustada à equipe, maior será o desejo de se empenhar e maximizar sua contribuição.

Mostre aos integrantes da equipe como eles se ajustam para fazê-la funcionar

É evidente que não dá para formar uma equipe vencedora sem um bom entrosamento. No entanto, nem todos os líderes cumprem as etapas necessárias para entrosar os membros. Se você mostra a todos como se ajustam quando trabalham em equipe e de que forma a contribuição de um completa a do outro, então eles passam a valorizar e respeitar um ao outro.

Enfatize que é mais importante se completar do que competir um com o outro

A concorrência saudável entre membros da equipe é positiva. Ela os pressiona a se empenhar ao máximo. Mas, no fim, os integrantes precisam trabalhar juntos pelo bem da equipe, e não apenas por eles.

Para alguns líderes, a idéia de se concentrar quase totalmente nos pontos fortes parece um contra-senso. Há muitos anos, passei um dia com líderes de várias empresas, e um dos assuntos de que tratei foi a importância de se manter na área em que a pessoa é mais forte. Repetidamente os incentivei a não trabalhar nas áreas de deficiência, no que dizia respeito à habilidade. Durante a sessão de perguntas e respostas, um diretor-executivo rejeitou essa idéia. Ele usou como exemplo o golfista profissional Tiger Woods.

— Quando Tiger joga mal uma partida — comentou ele —, vai direto para a área de treinamento no campo de golfe e treina durante horas. Veja bem, John, nesse momento, ele está trabalhando em suas deficiências.

— Nada disso — respondi. — Ele está trabalhando em seus pontos fortes. Tiger é o melhor jogador de golfe do mundo. Ele está treinando tacadas. Não está treinando contabilidade, música ou basquete. Tiger Woods está trabalhando numa fraqueza dentro de sua área de especialidade. Isso sempre gera resultados positivos.

Trabalhar numa deficiência dentro da área onde se é mais forte sempre produzirá resultados melhores do que trabalhar num ponto forte dentro de uma área em que a pessoa demonstra deficiência. Adoro jogar golfe, mas se eu treino tacadas, nunca alcançarei grandes progressos. Quer saber o motivo? Simples: é porque sou um jogador mediano. O treinamento não leva à perfeição, e sim à permanência! Se quero fazer progressos, preciso continuar trabalhando em minha capacidade de liderança e de comunicação. Essas são minhas áreas de especialidade.

Quais são as áreas em que você é mais forte? Dedicar-se a elas é investir no próprio sucesso.

ENTRE NA ÁREA E NÃO SAIA DELA

APLICAÇÃO PRÁTICA

1. Você já identificou sua área de especialidade? Se você e eu pudéssemos sentar e conversar, você seria capaz de me dizer quais são os seus pontos fortes, citando-os do modo mais específico possível? Quanto mais velho e experiente, mais específico você deve ser. Se ainda não tem certeza a respeito de seus pontos fortes, siga as sugestões oferecidas neste capítulo: pense naquilo que está fazendo bem, ouça o que os colegas de trabalho dizem a respeito de seus talentos e analise onde você leva vantagem sobre sua concorrência.

2. Você utiliza seus pontos fortes no trabalho? Faça uma lista de três grandes habilidades. Agora faça a si mesmo essas três perguntas:

- O tempo em que as utiliza no trabalho tem aumentado ou diminuído?
- Você tem investido nessas habilidades?
- Você está se cercando de pessoas que possam complementá-las?

Se a sua resposta for "não" para qualquer uma dessas perguntas, você precisa tomar a decisão consciente de entrar e permanecer na área em que é mais forte.

3. Você tem conduzido os membros de sua equipe às áreas em que são mais fortes? Se é um líder, sua equipe depende de você para descobrir e permanecer nessas áreas. O que tem feito com cada pessoa para facilitar esse processo? Se não consegue citar ações específicas, você precisa logo adotar as sugestões deste capítulo para ajudar os integrantes de sua equipe.

MOMENTO DO MENTOR

Converse com cada um de seus liderados sobre o assunto, pedindo-lhes que descrevam seus pontos fortes. Ofereça um retorno com base no desempenho que apresentaram no passado e em suas observações. Ajude-os a abandonar qualquer tipo de juízo falso que façam a respeito de si. E comece a lhes atribuir responsabilidades que ajudarão a potencializar seus pontos fortes. Se eles já identificaram essas habilidades e têm trabalhado para desenvolvê-las, ajude-os a elaborar, por sua vez, uma estratégia para detectar, incentivar e desenvolver os pontos fortes de seus liderados e cobre deles o engajamento nesse processo.

8

A PRIMEIRA RESPONSABILIDADE DE UM LÍDER É DESCREVER A REALIDADE

Ouvi pela primeira vez do especialista em liderança e escritor Max DePree sobre essa responsabilidade do líder: descrever a realidade. Na mesma hora concordei com ele. Porém, minha reação entusiasmada não significava, na época, que eu era naturalmente bom nisso.

De todas as lições que aprendi a respeito de liderança, essa foi a mais difícil. Eu poderia ser considerado um garoto-propaganda do pensamento positivo. Estou sempre pronto para oferecer esperança e incentivo às pessoas. Não consigo evitar. Por causa disso, minha filosofia tem sido um pouco parecida com a do humorista Garrinson Keillor, que afirmou: "Às vezes, é preciso olhar a realidade nos olhos e negá-la." De fato, minha aversão a ser realista e minha relutância em assimilar o fato de que descrever a realidade é responsabilidade do líder já me custaram um preço muito alto. No entanto, aos 54 anos de idade, finalmente aprendi minha lição!

NÃO É POSSÍVEL DESCREVER AQUILO QUE NÃO SE VÊ

Costumo ensinar que as pessoas só mudam quando sofrem tanto a ponto de precisar de mudanças, quando aprendem tanto a ponto de querer mudanças ou recebem tanto a ponto de serem capazes de mudar. No meu caso, foi o sofrimento que me levou ao aprendizado. Em 2001, fiquei face a face com uma realidade dolorosa: uma de minhas empresas estava dando prejuízo sistematicamente, e os esforços para resolver aquela situação pareciam seguir direções completamente diferentes.

O problema não havia surgido de uma hora para a outra. Durante cinco anos, havia indicações de que eu teria de tomar providências, mas não estava nem um pouco disposto a promover mudanças. Era necessário mexer em minha equipe de liderança, mas eu não queria. Gostava demais de meu círculo de confiança. Assim, ano após ano, eu me dispunha a absorver as pequenas perdas da empresa. Mas, depois de cinco anos, essas perdas começaram a se acumular e cobrar seu alto preço.

Meu irmão Larry, que é ótimo nos negócios e tem sempre uma noção muito sólida da realidade, continuou a me avisar que eu deveria encarar os fatos e tomar algumas decisões difíceis. Como líder, sei que a primeira regra da pessoa vitoriosa é: "Não derrote a si mesmo." Por não encarar a realidade e deixar de promover algumas mudanças bastante desconfortáveis, eu estava me derrotando. Comecei a me sentir desmotivado.

Assim, quando eu e Margaret viajamos em visita a Londres por duas semanas, resolvi enfrentar aquelas questões e tomar algum tipo de decisão. Para me ajudar a pensar em tudo aquilo, li um livro que acabara de ser publicado, *Jack: Straight from the Gut* [Jack: direto das entranhas], de Jack Welch. Chamaram-me a atenção as seis regras da liderança bem-sucedida:

1. Controle seu destino, caso contrário outra pessoa o fará.
2. Encare a realidade como é, e não como era ou como você gostaria que fosse.
3. Seja franco com todos.
4. Não administre, lidere.
5. Tome a iniciativa de mudar antes que seja obrigado a fazê-lo.
6. Se você não possui uma vantagem sobre a concorrência, não entre na competição.

Quando li esse item, que era um conselho do mais ilustre dos diretores-executivos, percebi que cinco de suas seis regras para a liderança de sucesso incluíam encarar a realidade. Foi como se jogassem um balde de água fria no meu rosto. Quando voltei para casa, reuni as pessoas mais importantes de minha equipe, li as seis regras para elas e anunciei as mudanças que faria na empresa.

Durante os três anos seguintes, mantive as seis regras de Welch em minha valise. Costumava pegá-las para reler, especialmente quando estava diante de outra decisão difícil envolvendo minha liderança.

VISÃO ≠ FANTASIA

Uma das armadilhas que podem bloquear o desenvolvimento de líderes em potencial é o desejo de focar na visão, em detrimento da necessidade de enfrentar a realidade. Mas os bons líderes são tão visionários quanto realistas. A Lei do Placar, presente em meu livro *As 17 incontestáveis leis do trabalho em equipe*, declara: "A equipe pode fazer ajustes quando sabe em que situação está." Em outras palavras, a realidade é o fundamento para a realização de mudanças positivas. Se você não encarar a realidade, não será capaz de promover as mudanças necessárias.

> *Líderes realistas são suficientemente objetivos para minimizar as ilusões. Eles compreendem que enganar a si mesmos pode lhes custar a própria visão.*
> BILL EASUM

Bill Easum, presidente e sócio-gerente da Easum, Bandy and Associates, afirma: "Líderes realistas são suficientemente objetivos para minimizar as ilusões. Eles compreendem que enganar a si mesmos pode lhes custar a própria visão." Isso se aplicava a mim. Minha alta confiança nas pessoas e meu desejo de proteger aqueles a quem eu amava estavam no meio do caminho, impedindo a visão da realidade — e da sinceridade que me obrigava a lhes dizer que seu desempenho estava comprometendo a empresa.

Se você é uma pessoa otimista, tal como eu, e incentiva as pessoas naturalmente, como também faço, então é provável que precise tomar um cuidado extra para encarar a realidade e manter os pés no chão. Não deixe de lançar um olhar realista sobre:

- A situação: geralmente, é pior do que você imagina.
- O processo: geralmente, leva mais tempo do que você imagina.
- O preço: sempre custa mais caro do que você imagina.

Se falta realismo a você hoje, isso pode levar à falta de credibilidade no futuro. Como diz meu amigo Andy Stanley, "encarar a realidade atual costuma ser desagradável, mas é necessário".

CHECANDO A REALIDADE

No livro *Managing in Turbulent Times* [Administração em períodos de turbulência], Peter Drucker escreve: "Um período de turbulência é muito perigoso, mas o maior perigo é a tentação de negar a realidade."[1] Para evitar esse perigo, há alguns anos elaborei as perguntas a seguir. Elas me ajudam a lidar com fatos desagradáveis. Talvez possam ajudar você também:

As perguntas que me faço para descrever a realidade

1. *Qual é a realidade dessa situação?* Outros concordam com minha avaliação?
2. *Sou capaz de identificar cada questão envolvida?* Posso destrinchar a realidade para compreendê-la melhor?
3. *As questões podem ser resolvidas?* Separe o que pode ser resolvido do que não pode.
4. *Quais são minhas opções?* Estabeleça um plano de ação.
5. *Estou disposto a seguir o plano de ação?* Meu compromisso como líder é essencial.
6. *Minha equipe seguirá o plano de ação que elaborei?* O compromisso dos membros da equipe, na condição de líderes, também é essencial.

> *Um período de turbulência é muito perigoso, mas o maior perigo é a tentação de negar a realidade.*
> PETER DRUCKER

Essas perguntas me obrigam a olhar realisticamente para as questões, em vez de evitá-las, e encará-las de uma maneira positiva.

Como líderes, as coisas que fazemos (ou deixamos de fazer) sempre geram conseqüências. Podemos tentar manter uma imagem ou um estilo de vida irreal, mas, um dia, teremos de pagar um preço real por isso. Não dá para evitar. Esse foi o meu caso. Depois de anos de perdas em minha empresa, tive de vender uma parte considerável dos dividendos de um investimento para cobrir esse prejuízo. Cada centavo saiu de meu bolso. Alguém já disse: "Você pode enganar algumas pessoas o tempo todo e todas as pessoas por algum tempo, e isso deveria ser suficiente." Como líder, eu era a pessoa enganada. E o pior de tudo era que o culpado era eu mesmo! O maior tolo do mundo é aquele que engana a si mesmo.

Descrever a realidade significa adotar um raciocínio realista que permita ao líder discernir melhor, e com maior clareza em relação às pessoas que nos rodeiam, as conseqüências de nossas ações. Por que isso é tão importante? Quando se é um líder, há quem dependa de você. Em última análise, minha incapacidade de definir corretamente a realidade em minha organização causou sofrimento não apenas a mim, mas também a outras pessoas, que perderam o emprego e tiveram suas equipes e seus sonhos desfeitos. E o mais triste de tudo é que algumas amizades chegaram ao fim.

COMO SE PROTEGER DO RACIOCÍNIO FANTASIOSO

Embora eu finalmente tenha aprendido essa lição, continuo não confiando muito em mim nessa área. Meus vínculos mentais e emocionais sempre me levarão a querer pensar no melhor e negligenciar os pontos negativos das pessoas. Por isso, preciso me proteger dessa tendência natural. Não basta fazer a mim mesmo as perguntas que ajudam a definir a realidade. Preciso ir além. Aqui estão quatro hábitos que procuro manter:

1. Admitir meus pontos fracos

Assim como quem enfrenta problema com a bebida recebe ajuda quando vai a uma reunião dos Alcoólicos Anônimos, declarando "Sou dependente da bebida", eu preciso confessar aos outros: "Sou uma pessoa fora da realidade." Admitir essa minha fraqueza é o primeiro passo em direção à recuperação. Não há como descrever a realidade se você não a encara.

2. Unir-me a pessoas realistas

Aquele velho ditado que afirma: "Dize-me com quem andas e te direi quem és" é uma realidade. Gosto de estar perto de pessoas iguais a mim. Isso pode até ser uma coisa boa na hora da diversão, mas também pode ser muito ruim para a boa liderança. Preciso de pessoas que me completem, que sejam fortes nos pontos em que sou fraco. Os membros de uma equipe de liderança eficaz se complementam.

3. Pedir que os outros sejam honestos comigo

Todos os líderes precisam se cercar de grupos de pessoas que lhes digam o que realmente pensam. Líderes não precisam de um bando de gente que concorda com tudo quanto ouve. E a única maneira de conseguir opiniões honestas é pedir por elas e tratar bem as pessoas que se propõem a usar de franqueza. Contudo, muitos líderes não são suficientemente seguros de si para pedir essa honestidade ou para reagir a ela sem ficar na defensiva. Às vezes, não queremos ouvir a verdade, embora precisemos disso. A verdade é que muita gente não se interessa por encarar a realidade. É por isso que pedir a ajuda dos outros é uma idéia interessante.

4. Convidar pessoas de fora para me avaliar

É impressionante constatar tudo o que deixamos de perceber quando estamos num ambiente que nos é familiar. Quanto mais lidero, mais percebo como preciso de pessoas de fora para avaliar a mim e à minha organização. Costumo pagar consultores para isso e valorizo suas observações.

A essa altura, você deve estar pensando: "São muitas providências: observar as regras de Jack Welch, fazer a si mesmo as perguntas necessárias para descrever a realidade, observar os quatro hábitos! Não é um pouco de exagero?" Talvez seja um exagero para você, mas não é o meu caso. Como o raciocínio realista é um ponto de fraqueza para mim, preciso abordar essa questão a partir de vários ângulos e dispor de mais de um sistema para corrigir meu modo de fazer as coisas.

Os bons líderes à frente de grandes empresas encaram a realidade e promovem mudanças de acordo com os fatos.

Descrever a realidade é o ponto de partida para a boa liderança. É como encontrar uma indicação do tipo "você está aqui" num mapa antes de tentar chegar ao destino. Como explica Jim Collins no livro *Good to Great* [De bom a excelente], os bons líderes à frente de grandes empresas encaram a realidade e promovem mudanças de acordo com os fatos. "É absolutamente impossível tomar uma série de boas decisões sem antes confrontar os fatos."[2] Nunca se esqueça: sua descrição da realidade é o que determina as circunstâncias de sua liderança; e, por sua vez, as circunstâncias de sua liderança determinam o destino de seus liderados. Em outras palavras, há muita coisa em jogo que depende de você.

A PRIMEIRA RESPONSABILIDADE DE UM LÍDER É DESCREVER A REALIDADE

APLICAÇÃO PRÁTICA

1. Você é realista ou otimista? Numa escala de 1 (realismo) a 10 (otimismo), em que ponto acha que está? Costuma se reportar naturalmente aos melhores cenários possíveis (tal como eu) ou só pensa nos piores? Agora peça a amigos, colegas de trabalho e a seu cônjuge que classifiquem você. Se for altamente otimista (outros podem chamar "fora da realidade"), você precisa criar sistemas em sua vida que o impeçam de orientar seus liderados a seguir na direção errada.

2. Quem fala a verdade em sua vida? Todos os líderes precisam se cercar de pessoas que estejam dispostas a falar as verdades mais duras. Quem dirá aquilo que você precisa ouvir? Se já há pessoas que se prontificam a fazer isso, reforce essa iniciativa e peça que continuem agindo assim. Se ainda não há, encontre algumas. Você não precisa de gente para arrasar — só de pessoas capazes de ajudar a manter seus pés no chão.

3. Em que áreas você precisa, de fato, de uma avaliação? Se não consegue ver resultados positivos numa área em que esteja exercendo liderança, use aquela lista de perguntas mencionadas neste capítulo para ajudar a identificar se você está analisando a situação de modo realista. Pergunte-se:

- Qual é a realidade dessa situação? Outras pessoas concordam com minha avaliação?
- Sou capaz de identificar cada questão? Posso destrinchar a realidade para compreendê-la melhor?
- As questões podem ser resolvidas? Separe o que pode ser resolvido do que não pode.
- Quais são minhas opções? Estabeleça um plano de ação.
- Estou disposto a seguir o plano de ação? Meu compromisso como líder é essencial.
- Minha equipe seguirá o plano de ação que elaborei? O compromisso dos membros da equipe, na condição de líderes, também é essencial.

MOMENTO DO MENTOR

Peça a pessoas a quem você esteja mentoreando para fazer perguntas difíceis sobre as realidades de sua liderança. Seja objetivo e sincero em suas respostas. Depois, inverta os papéis; pergunte a elas sobre as realidades relacionadas à situação atual da liderança que elas exercem. Ao fazer essas perguntas e falar de impressões obtidas em função de sua experiência, ajude essas pessoas a determinar aquilo que não pode ser mudado e as coisas que podem ser redefinidas por meio de uma liderança eficaz. Ajude-as a elaborar um plano de mudança nas áreas onde isso é possível para o benefício das pessoas da organização.

9

PARA AVALIAR O DESEMPENHO DE UM LÍDER, OBSERVE SEUS LIDERADOS

Em meados da década de 1970, assisti a uma conferência de Lee Roberson. Uma de suas declarações durante o evento me inspirou e mudou minha vida: "Tudo começa e termina na liderança." Isso significa que os líderes inevitavelmente melhoram ou complicam a vida das pessoas que o seguem. Onde quer que exista um bom líder, a equipe melhora, a organização melhora, o departamento ou a divisão melhora. E onde houver um mau líder, todo mundo que recebe a influência dessa pessoa passará por uma situação muito difícil. A liderança pode fazer qualquer empreendimento melhorar ou piorar.

A partir do momento em que ouvi aquela declaração, intuitivamente compreendi que era uma verdade, e logo essa verdade se tornou o tema de minha vida. Tem sido minha principal inspiração e a maior motivação por mais de trinta anos. Foi o fundamento do livro *As 21 irrefutáveis leis da liderança*, incluindo a Lei do Limite, segundo a qual "a capacidade de liderança determina o nível de eficácia de uma pessoa". É dessa forma que tendo a interpretar tudo o que se passa à minha volta.

O LÍDER É O RESPONSÁVEL

Quanto mais entendemos o que é a liderança, mais evidente fica como os líderes são uma influência determinante. Alguns anos depois de ouvir a palestra de Roberson, eu e milhões de norte-americanos assistimos a um debate entre Jimmy Carter e Ronald Reagan que antecedeu a eleição presidencial de 1980. Foi consenso que o debate esquentou quando Reagan se dirigiu ao povo dos Estados Unidos desta maneira:

> Terça-feira é o dia das eleições. Nesse dia, todos vocês entrarão nas cabines, face a face com as urnas, e tomarão uma decisão. Creio que, antes de tomar essa decisão, seria importante questionar: está melhor agora do que estava há quatro anos? Será que ficou mais fácil adquirir bens? O nível de desemprego aumentou ou diminuiu no país em relação aos índices de quatro anos atrás? Se você responder "sim" a todas essas questões, a escolha de seu candidato, penso eu, será muito óbvia. Se não concorda, se não acha que deveríamos nos manter no mesmo curso que este país tem seguido ao longo dos últimos quatro anos, então posso sugerir outra escolha.[1]

Por que aquela pergunta — "Será que está melhor agora do que estava há quatro anos?" — foi tão importante? Porque as pessoas compreenderam que a situação pela qual estavam passando era resultado da liderança que tinham. Elas não aprovavam a situação, por isso mudaram de líder. Foi isso que elegeu Reagan. E é essa a razão pela qual insisto: para avaliar o desempenho de um líder, analise as pessoas que o seguem. Veja o que afirma o especialista em liderança Max Depree: "Os sinais de uma liderança extraordinária se verificam primordialmente entre os liderados."

> *Os sinais de uma liderança extraordinária se verificam primordialmente entre os liderados.*
> MAX DEPREE

As pessoas costumam atribuir o sucesso das organizações e das equipes a vários fatores: oportunidades, economia, pessoal envolvido, trabalho de equipe, recursos, *timing*, química, sorte. E, ainda que todos esses elementos sejam importantes, a única coisa que todas as boas organizações têm em comum é uma boa liderança.

Você já reparou que, toda vez que procura um médico diferente, precisa preencher formulários e responder a um monte de perguntas? Embora elas possam parecer banais ou irrelevantes, as mais importantes são aquelas relacionadas ao histórico familiar. Sabe qual é o motivo disso? É porque sua saúde física é determinada, em grande parte, pela saúde de seus pais.

Se um deles tem algum problema de coração, sofre de diabetes ou enfrenta um câncer, há uma probabilidade considerável de que você, um dia, possa apresentar o mesmo quadro. Sua saúde foi herdada deles.

A liderança também funciona mais ou menos da mesma maneira. Quando os líderes são saudáveis, seus seguidores são igualmente sadios. As pessoas podem ensinar o que sabem, mas refletem aquilo que são. Há pouco tempo, falei numa conferência da qual também participou Larry Bossidy, ex-diretor-executivo da empresa de engenharia AlliedSignal e autor do livro *Execution* [Execução]. Ele abordou essa dinâmica entre líderes e liderados, e comentou sobre o papel importante que os líderes exercem sobre quem os segue. Bossidy afirmou:

> O desenvolvimento de novas lideranças não é apenas o segredo para a lucratividade; é, também, muito gratificante porque dá a sensação de que você deixou um legado, não só um relatório financeiro. A pergunta mais freqüente é esta: "Como estou me saindo como líder?" A resposta está em como as pessoas sob sua liderança estão se saindo. Elas aprendem? Elas sabem administrar os conflitos? Elas desencadeiam mudanças? Quando você se aposentar, não se lembrará do que fez no primeiro trimestre de 1994, mas se lembrará de quantas pessoas ajudou a se desenvolver.

Os melhores líderes são aqueles que conscientemente promovem o desenvolvimento de suas equipes. No entanto, tanto os bons quanto os maus líderes têm capacidade de influência. E se você deseja saber se um líder é bem-sucedido e eficiente, não olhe para ele, nem ouça o que ele diz. Olhe apenas para quem ele lidera.

PERGUNTAS REVELADORAS A RESPEITO DOS LIDERADOS

Earl Weaver, ex-gerente do time de beisebol do Baltimore Orioles, era conhecido por atormentar e discutir com os árbitros dos jogos o tempo todo. Uma das perguntas clássicas que ele fazia aos juízes logo no início das partidas era: "Isso aqui vai melhorar ou não vai passar disso?" Trata-se de uma pergunta que todo líder deveria fazer a si mesmo. Sabe por que razão? Porque o desempenho do líder influencia, em grande medida, o desempenho do time.

Se você deseja saber como está se saindo como líder (ou se quer analisar a liderança de qualquer outra pessoa da organização), faça as quatro perguntas a seguir:

Pergunta número 1: As pessoas seguem sua liderança?

Todos os líderes possuem duas características em comum: primeiro, estão indo a algum lugar; segundo, são capazes de persuadir outras pessoas a acompanhá-los. Num sentido muito prático, a segunda característica é o que separa os verdadeiros líderes daqueles que fingem sê-lo. Se alguém que ocupa uma posição de liderança não consegue formar seguidores, então essa pessoa tem um cargo, mas não é um líder de fato. Não existe líder sem liderados!

Todos os líderes possuem duas características em comum: primeiro, estão indo a algum lugar; segundo, são capazes de persuadir outras pessoas a acompanhá-los.

É importante salientar que ter seguidores não torna alguém necessariamente um bom líder; significa apenas que essa pessoa é um líder. O pastor Stuart Briscoe conta a história de um jovem colega de ministério que estava dirigindo um culto fúnebre de um veterano de guerra. Os amigos militares do morto queriam participar de alguma forma daquele culto, por isso pediram ao pastor que os levasse para perto do caixão, ficasse com eles durante um período memorial e, em seguida, os conduzisse pela saída lateral.

O jovem pastor fez exatamente o que eles pediram. Só havia um problema: ele escolheu a porta errada. Com precisão militar, ele marchou com aqueles homens na direção da despensa, onde as vassouras estavam guardadas. Desconcertado, o grupo todo teve, então, de bater em retirada rapidamente diante de todas as pessoas que participavam do velório.[2]

Quando um líder sabe aonde vai e as pessoas também sabem que ele conhece o destino, começa a se desenvolver entre eles uma relação sadia de confiança. Esse relacionamento crescerá conforme o líder demonstrar cada vez mais competência. Toda vez que um bom líder toma uma atitude correta a partir de motivações corretas, o relacionamento se fortalece e a equipe se torna ainda melhor.

Clarence Francis, que dirigiu a empresa General Foods nas décadas de 1930 e 1940, afirmou:

> Você pode comprar o tempo de um homem; pode comprar sua presença física em determinado lugar; pode até comprar certa medida de seus hábeis movimentos musculares por hora. No entanto, não pode comprar o entusiasmo [...] não pode comprar a lealdade [...] não pode comprar a dedicação do coração, da mente e da alma. Essas coisas devem ser conquistadas.

Na condição de líder, você nunca deve esperar a lealdade dos outros antes de construir um relacionamento e conquistar a confiança. Exigir antes de oferecer raramente dá certo. A lealdade dos seguidores é a recompensa do líder que a conquista, e não daquele que só anseia por ela. A disposição de ser liderado não se baseia no cargo, mas no desempenho e nas motivações. Líderes bem-sucedidos colocam o bem de sua equipe em primeiro lugar, conquistando o respeito das pessoas, que os seguem com disposição ainda maior. E, quando um líder toma a iniciativa, a lealdade que conquista supera todos os limites.

Pergunta número 2: Os liderados estão mudando?

A disposição de mudar, em nome do próprio desenvolvimento, é outro critério fundamental para detectar o sucesso de um líder. Não é possível progresso pessoal sem mudanças. O presidente Harry S. Truman comentou: "São os homens que fazem a história, e não o contrário. Em períodos nos quais não há liderança, a sociedade pára. O progresso ocorre quando líderes corajosos e habilidosos aproveitam a oportunidade para promover mudanças positivas."

Líderes só são capazes de aproveitar as oportunidades quando suas equipes estão dispostas a mudar. Uma parte considerável da liderança consiste em cultivar nas pessoas essa disposição de seguir o líder rumo ao desconhecido com base na promessa de algo muito grande. Isso não pode acontecer sem mudanças. Ironicamente, os líderes não mudam as pessoas. Eles são, na verdade, agentes de mudança, promovendo suporte externo para a decisão.

E como conseguem fazer isso? Primeiro, inspiram os outros. Todos os bons líderes inspiram seus seguidores a confiar neles, mas os grandes líderes inspiram seus liderados a confiar em si mesmos. Essa autoconfiança eleva o moral da equipe e lhe proporciona a energia necessária para efetuar os tipos de mudança que levam a crescimento pessoal, estendendo-se às demais áreas da vida.

Outra tática dos líderes eficazes para promover mudanças é criar um ambiente de expectativa. Jimmy Johnson, que levou o time de futebol americano da Universidade de Miami a um campeonato nacional e o Dallas Cowboys a duas vitórias no Super Bowl, explicou a importância de se criar o ambiente adequado:

> *Todos os bons líderes inspiram seus seguidores a confiar neles, mas os grandes líderes inspiram seus liderados a confiar em si mesmos.*

> Meu papel como treinador era fazer três coisas: primeiro, levar as pessoas comprometidas com a equipe a dar o melhor de si; segundo, eliminar aqueles que não estavam dispostos a assumir esse compromisso; terceiro, que era a mais importante de minhas responsabilidades criar uma atmosfera na qual todos pudessem cumprir os objetivos próprios e aqueles que havíamos definido para nosso time. Eu queria envolvê-los no ambiente mais adequado e delegar responsabilidade, de modo que eles pudessem desenvolver-se ao máximo.

Só se pode alcançar o melhor de seu potencial se houver abertura para mudanças. E a mudança é pouco provável se não houver a direção de um líder eficaz para facilitar o processo.

Pergunta número 3: As pessoas estão se desenvolvendo?

A disposição de mudar pode ajudar uma organização a se aperfeiçoar, mas para que essa organização alcance o melhor de seu potencial, é necessário algo mais. As pessoas precisam continuar crescendo.

O escritor Dale Galloway afirma: "Promover crescimento e desenvolvimento pessoal é o maior chamado de um líder." Não há como deixar de concordar. Há muita conversa no mundo dos negócios sobre os processos de descoberta e recrutamento de bons profissionais, e reconheço que isso é mesmo importante. Mas, ainda que você descubra o melhor profissional do mundo, se ele não se desenvolver, a concorrência que está promovendo o crescimento de seu pessoal logo estará na frente.

> *Promover o crescimento e o desenvolvimento pessoal é o maior chamado de um líder.*
> DALE GALLOWAY

A responsabilidade pelo desenvolvimento das pessoas recai sobre o líder. E isso significa mais do que apenas ajudá-las a adquirir habilidades profissionais. Os melhores líderes ajudam os liderados não só em relação à carreira, mas também em relação à vida pessoal. Eles os ajudam a se tornar pessoas melhores, e não apenas melhores profissionais. Os líderes potencializam os liderados. E isso é muito importante, pois promover o crescimento das pessoas gera crescimento para a organização.

Walter Bruckart, ex-vice-presidente da Circuit City, rede de lojas especializada em produtos eletrônicos, afirmou que os cinco fatores mais importantes para alcançar a excelência em uma empresa são as pessoas, as pessoas, as pessoas, as pessoas e as pessoas. Acredito que isso seja verdade, mas só quando se ajuda essas pessoas a crescer e alcançar seu potencial. E isso nem sempre é fácil para um líder. Pode cobrar um preço muito alto. Como líder, meu sucesso no desenvolvimento das pessoas dependerá do seguinte:

- Alta avaliação das pesoas — é uma questão de atitude.
- Alto comprometimento com elas — é uma questão de tempo.
- Integridade nos relacionamentos — é uma questão de caráter.
- O melhor padrão em relação a elas — é uma questão de estabelecimento de metas.
- Influência positiva — é uma questão de liderança.

Esses princípios fundamentais para o desenvolvimento das pessoas são reforçados pela fé que o líder deposita nelas. Se os líderes não acreditam em sua equipe, ela não acreditará em si mesma. E, se ela não acredita em seu potencial, não tem como crescer. Isso pode soar como um fardo pesado sobre a liderança, mas é assim mesmo que funciona. Se as pessoas não crescem, isso é reflexo da liderança.

Pergunta número 4: As pessoas estão no caminho do sucesso?

O treinador de basquete Pat Riley, que conduziu dois times ao campeonato da National Basketball Association (NBA), fez o comentário a seguir:

> Acho que os parâmetros para um líder medir se está fazendo ou não um bom trabalho são os seguintes: (1) as vitórias e as derrotas; (2) os resultados finais; (3) a análise visual objetiva e subjetiva de como as pessoas estão se aperfeiçoando e crescendo. Se elas estão alcançando melhores resultados, acredito que o produto inteiro está ficando melhor.

O melhor critério de avaliação de uma liderança é sempre o resultado de seu trabalho. Um líder pode impressionar os outros quando faz sucesso, mas ele os influencia quando seus liderados também são bem-sucedidos. Se uma equipe, um departamento ou uma organização não está alcançando o sucesso, a responsabilidade é, em última análise, do líder.

> *Um líder pode impressionar os outros quando faz sucesso, mas ele os influencia quando seus liderados também são bem-sucedidos.*

Por experiência própria, sei que as pessoas bem-sucedidas que não são naturalmente hábeis em termos de liderança passam por dificuldades ao fazer essa transição de empreendedoras a líderes. Estão acostumadas com um desempenho de alto nível — realizando tarefas com excelência, alcançando suas metas, realizando-se financeiramente —, por isso julgam o processo a partir desses critérios. Quando se tornam líderes, elas geralmente esperam que todos os demais façam o mesmo, que se sintam motivados. Ao perceber como as pessoas que lideram enfrentam dificuldades para alcançar o desempenho esperado, perguntam: "O que há de errado com elas?"

Líderes pensam de maneira diferente. Eles compreendem que têm um papel a desempenhar nas realizações de seus seguidores, e que o sucesso pessoal de um líder é medido pelo desempenho de sua equipe. Se olham para as pessoas e notam que elas não os estão seguindo, mudando, crescendo e alcançando o sucesso, perguntam: "O que há de errado comigo?" e "O que posso fazer de diferente para ajudar a equipe a alcançar a vitória?"

Adoro ajudar os outros a alcançar o sucesso porque considero isso muito gratificante. Recentemente, recebi um bilhete de Dale Bronner, um líder talentoso que mentoreei. No texto, ele dizia:

> John, você me agregou valor quando me expôs a situações pelas quais eu ainda não havia passado, capacitando-me com recursos que expandiram minha mente, ensinando princípios que servem como parâmetros para minha vida e fornecendo uma via através da qual posso demonstrar ser digno da confiança de meu mentor. John, você fez algo em minha mente, meu coração e minhas mãos que me tornou uma pessoa mais valiosa no serviço ao próximo.

É por essa razão que lidero e mentoreio as pessoas. A liderança existe para elevar as pessoas. Peter Drucker afirmou: "A liderança é o ato de erguer a visão para vislumbrar cenários mais elevados; é o desenvolvimento do desempenho de uma pessoa até alcançar um padrão mais alto; é a construção de uma personalidade que supera as limitações naturais." Em outras palavras: "Para avaliar o desempenho de um líder, olhe para os liderados." É dessa maneira que sua equipe avalia você. E como você se avalia?

PARA AVALIAR O DESEMPENHO DE UM LÍDER, OLHE PARA OS LIDERADOS

APLICAÇÃO PRÁTICA

1. Sua equipe segue você? Vamos começar do princípio: as respostas a quaisquer outros questionamentos relacionados à liderança não importam se a sua resposta a essa pergunta é "não". Quando lidera, sua equipe segue você? Quando tem uma idéia, as pessoas se engajam? Se você deseja que sua equipe assuma riscos ou alcance um nível mais elevado de desempenho, os membros reagem de modo positivo? Se não tem certeza, tente fazer o seguinte: faça um pedido (apropriado, é claro) que ultrapasse a autoridade que sua posição de liderança permite. Se sua equipe não o fizer, é sinal de que você não está mesmo na liderança. É preciso estabelecer um relacionamento com seus liderados e desenvolver confiança por meio de uma demonstração ampla de caráter e competência. Comece logo.

2. Como você se avalia? Você mede seu sucesso em termos de eficácia pessoal ou em relação à sua equipe? Se não tem certeza, dê uma olhada em suas metas anuais, em seus objetivos mensais ou semanais e na lista de afazeres diários. Qual é a percentagem concentrada nas realizações pessoais? E o quanto está concentrado nas realizações da equipe ou da empresa? Se suas metas são primordialmente individuais, isso significa que você ainda não fez a transição de empreendedor a líder. Reformule seus objetivos e suas metas em todos os níveis de forma a refletir metas mais amplas e permitir à sua equipe que mude, cresça e alcance o sucesso.

3. Você leva fé na sua equipe? Não dá para promover o desenvolvimento das pessoas se você não acreditar nelas. Dê uma olhada nos princípios de crescimento pessoal e avalie-se em relação a cada item, numa escala de nível 1 (baixo) a 10 (alto).

- Alta avaliação das pessoas — é uma questão de atitude.
- Alto comprometimento com elas — é uma questão de tempo.
- Integridade nos relacionamentos — é uma questão de caráter.
- O melhor padrão em relação a elas — é uma questão de estabelecimento de metas.
- Influência positiva — é uma questão de liderança.

Se você marcar menos do que 8 em qualquer um desses princípios, elabore um plano para corrigir esse problema (atitude, tempo, caráter, metas ou liderança).

MOMENTO DO MENTOR

Em última análise, a medida da liderança é saber se os liderados estão sendo bem-sucedidos. Converse com os líderes que estão mentoreando sobre o sucesso e o moral de seus liderados. Compare o que eles dizem com suas observações. Avalie-os com base no sucesso daqueles a quem lideram. (Se você não teve a oportunidade de observar esses liderados, procure saber como eles estão se saindo.) Se as equipes não estão tendo um desempenho tão bom quanto deveriam, oriente seus líderes segundo os cinco princípios para o desenvolvimento pessoal mencionados.

10

NÃO MANDE PATOS PARA UMA ESCOLA DE ÁGUIAS

Eu e minha esposa, Margaret, adoramos rosquinhas Krispy Kreme. Quando passamos por alguma loja, sempre procuramos por aquele letreiro em néon vermelho escrito: "Rosquinhas quentinhas agora"; ele indica aos consumidores que as rosquinhas acabaram de ficar prontas e estão saindo da linha de produção bem quentinhos, fresquinhos e deliciosos. Embora não nos permitamos essa extravagância calórica com freqüência, de vez em quando não resistimos e caímos na tentação. Se vemos o néon vermelho ligado, um de nós diz: "É um sinal divino. Precisamos parar e comprar uma rosquinha!"

Certa noite, quando estávamos nos aproximando de uma loja da Krispy Kreme, podíamos ver com clareza que a luz do néon estava desligada, mas decidimos parar mesmo assim. Para nossa alegria e surpresa, as rosquinhas estavam acabando de sair do forno, quentinhas e suculentas.

— Vocês se esqueceram de ligar o néon para os clientes saberem que as rosquinhas estão quentinhas e frescas — avisei à jovem senhora que nos atendia.

— Ah, eu não costumo ligar muito esse néon — respondeu ela. — Toda vez que faço isso, as pessoas entram correndo na loja e nós não conseguimos dar conta do movimento. Se mantenho o aviso luminoso desligado, fica muito menos agitado aqui dentro.

Fiquei chocado e pensei: "Por que ela tem esse tipo de raciocínio?" A princípio, não fazia o menor sentido para mim. Mas então, conforme assimilava aquela informação, percebi que a questão envolvia a influência que o cargo dela exercia sobre sua percepção do negócio. Ela era uma funcionária sem a menor disposição de ser incomodada. Com certeza, se os proprietários estivessem ali, teriam ligado o néon! A expectativa deles não seria pela conveniência própria — teriam o sucesso de toda a empresa e dos funcionários em mente.

POR QUE ALGUMAS PESSOAS NÃO VOAM MAIS ALTO

Por mais de três décadas, fui anfitrião de conferências e escrevi livros com o propósito de agregar valor às pessoas. A experiência me ensinou uma lição valiosa: não importa o que eu faça ou o quanto me esforce para ajudar as pessoas, nem todas reagirão da mesma maneira. Algumas assistirão a uma conferência e mudarão completamente sua perspectiva de vida. Outras comparecerão e não assimilarão uma palavra sequer. Algumas passarão por transformações; outras não. Isso sempre foi motivo de frustração para mim. Meu desejo é o de que todos aprendam, mudem, cresçam e se aprimorem!

Passei por um momento de descoberta não faz muito tempo, quando li alguma coisa escrita pelo orador e consultor Jim Rohn. O artigo foi muito esclarecedor em relação a essa questão. O autor me deu permissão para reproduzir parte do texto:

> A primeira regra da administração é esta: não mande seus patos para uma escola de águias. Quer saber o motivo? Porque não vai dar certo. Pessoas competentes são descobertas, e não transformadas. Elas podem tomar a iniciativa de mudar, mas você não conseguirá mudá-las. Se você deseja se cercar de gente competente, é preciso descobrir primeiro. Se quer gente motivada, precisa encontrá-la, e não motivá-la.
>
> Não faz muito tempo, li em uma revista em Nova York um anúncio de página inteira de uma rede de hotéis. Na primeira linha da chamada estava escrito: "Não ensinamos nossos funcionários a serem simpáticos." Aquilo chamou a minha atenção. A segunda linha dizia: "Contratamos gente simpática." Pensei: "Que sacada inteligente!"

> A motivação é um mistério. Por que algumas pessoas estão sempre motivadas e outras não? Por que um vendedor detecta seu primeiro cliente em potencial às sete da manhã enquanto os outros só começam a vender a partir das onze? Qual a razão de um começar às sete e outro às onze? Não sei. Chamemos isso "os mistérios da mente".
> Ministro palestras para mil pessoas ao mesmo tempo. Uma sai dali e diz: "Vou mudar minha vida." A outra sai bocejando e dizendo: "Já ouvi toda essa bobagem antes." Por que isso acontece?
> O homem próspero diz a mil pessoas: "Li esse livro, e isso me conduziu pela estrada da prosperidade." Adivinhe quantas pessoas entre aquelas mil sairão e comprarão o livro? A resposta: poucas. Isso não é incrível? Por que razão nem todos compram o livro? Mistérios da mente.
> A uma pessoa é preciso dizer: "Pegue mais leve. Você não pode trabalhar tantas horas por dia assim, fazer tantas coisas e assim por diante. Um dia, pode ter um ataque do coração e morrer." E a outra devemos dizer: "Quando é que você vai levantar e sair desse sofá?" Qual é a diferença entre as duas? Por que nem todos se esforçam para alcançar a prosperidade e a felicidade?
> Credite isso aos mistérios da mente, e não perca seu tempo tentando transformar patos em águias. Contrate pessoas que já possuem a motivação e o impulso para se tornarem águias. Depois, permita que elas batam asas e voem.

A perspectiva de Jim explica por que a funcionária da Krispy Kreme não ligava o sinal luminoso quando a rosquinha ficava pronta, assim como explica minha surpresa com a atitude daquela mulher. Enquanto eu pensava em geração de receita e aumento de lucratividade, ela estava pensando numa maneira de evitar o excesso de trabalho.

TRÊS RAZÕES PARA NÃO ENVIAR PATOS A UMA ESCOLA DE ÁGUIAS

Durante anos, meu problema foi o de acreditar que, se trabalhasse duro e ensinasse as coisas certas, poderia transformar patos em águias. Isso simplesmente não funciona assim. Devo admitir, foi uma lição muito dura de aprender. Valorizo demais as pessoas. Acredito, com toda a sinceridade, que todo mundo tem seu valor. E por muitos anos achei que qualquer um pudesse aprender qualquer coisa. Por causa disso, eu continuava tentando enviar meus patos para a escola das águias. Eis aqui por que não faço mais isso.

1. Se você manda patos para uma escola de águias, eles se sentirão frustrados

Encaremos a realidade: até onde se sabe, patos não são águias, nem pretendem ser. Eles são o que nasceram para ser. Patos possuem suas peculiaridades, e devem ser apreciados por isso. São excelentes nadadores. São capazes de trabalhar juntos numa impressionante gama de atividades, e viajam juntos por longas distâncias. Peça a uma águia para nadar ou para viajar por milhares de quilômetros em migração, e verá a dificuldade que ela enfrentará.

A liderança está relacionada com a colocação das pessoas no lugar certo para alcançar o sucesso.

A liderança está relacionada com a colocação das pessoas no lugar certo para alcançar o sucesso. Como líder, você precisa conhecer e valorizar sua equipe pelo que ela é, permitindo que trabalhe de acordo com seus pontos mais fortes. Não há nada de errado com os patos. Só não peça a eles para voar muito alto, nem para enxergar a longa distância. Eles não sabem fazer isso.

O escritor, pastor e chanceler do Seminário Teológico de Dallas, Charles Swindoll, ilustra esse princípio em seu livro *Growing Strong in the Seasons of Life* [Fortalecendo-se nas estações da vida], onde escreve:

> Certa vez, os animais decidiram fazer alguma coisa significativa para resolver os problemas do novo mundo. Assim, organizaram uma escola. Eles adotaram um currículo de atividades que incluía corrida, escalada, natação e vôo. Para tornar a administração mais fácil, todos os animais deveriam assistir a todas as aulas.
>
> O pato era excelente na natação. Na verdade, era melhor do que o próprio instrutor! No entanto, ele só tirou notas boas em vôo. Na corrida, foi muito mal. Considerando sua lentidão na corrida, teve de parar com a natação para treinar e ficar mais veloz. Por causa disso, sua pata achatada ficou em mau estado, e ele ficou apenas na média nas aulas de natação. Como a média era o mínimo aceitável, ninguém se preocupou com aquilo — a não ser o pato.
>
> O coelho começou como o primeiro aluno da classe de corrida, mas teve uma contração muscular na perna porque tinha de fazer um esforço muito grande para passar na prova de natação. Já o esquilo era ótimo em escaladas, mas encontrava sempre muita dificuldade nas aulas de vôo, pois o professor exigia que ele começasse do chão, em vez de partir do alto da árvore. Por

causa do esforço excessivo, ele tinha cãibras o tempo todo, e não conseguiu passar da média "C" em escalada e de um "D" em corrida.

A águia era um aluno problemático, e foi duramente disciplinada por não se conformar com os métodos. Nas aulas de escalada, chegava no alto antes de todos, mas insistia em fazê-lo à sua maneira!

Todo mundo possui habilidades que podem ser úteis. Em *As 17 incontestáveis leis do trabalho de equipe*, ensino a Lei do Nicho, que afirma: "Há um espaço determinado em que cada pessoa pode agregar seu melhor valor." Pessoas bem-sucedidas descobriram seu nicho. Líderes de sucesso as ajudam a encontrar seu lugar. Como líder, você deve sempre desafiar seus liderados a sair da zona de conforto, mas nunca da área em que são mais fortes. Se eles saem dessa área, logo estarão fora de todas as demais, inclusive a de conforto e eficiência.

2. Se você manda patos para uma escola de águias, elas se sentirão frustradas

Minha mãe costumava dizer: "Dize-me com quem andas e te direi quem és." Essa é uma grande verdade. As águias não gostam de andar com os patos. Elas não querem viver num sítio nem se interessam por nadar em lagoas. O potencial que possuem as torna impacientes em relação àqueles que não sabem voar alto.

Como líder, você deve sempre desafiar seus liderados a sair da zona de conforto, mas nunca da área em que são mais fortes.

Pessoas acostumadas a se mover com rapidez e alçar grandes vôos ficam facilmente frustradas por causa daquelas que tentam impedi-las de se aventurar. Ouvi uma história a respeito de Christian Herter, ex-governador do estado de Massachusetts, quando ele concorria ao segundo mandato. Certo dia, depois de uma manhã agitada em plena campanha, sem tempo sequer de almoçar, ele chegou faminto a um churrasco que estava sendo realizado em determinada igreja. Quando o governador entrou na fila, ergueu o prato diante da mulher que servia o frango. Ela colocou um pedaço no prato dele e virou-se para a pessoa que estava logo atrás.

— Por favor — pediu Herter —, será que a senhora se importaria de me servir outro pedaço de frango?

— Perdoe-me — respondeu a mulher —, mas fui orientada a servir apenas um pedaço de frango para cada pessoa.

— Mas é que estou faminto — insistiu.

— Sinto muito, um para cada pessoa.

O governador era uma pessoa muito simples, mas também estava com muita fome, por isso decidiu usar sua autoridade.

— Senhora, sabe quem sou eu? — perguntou ele. — Sou o governador deste estado.

— E você sabe quem sou eu? — replicou ela. — Sou a pessoa encarregada de servir o frango. Então, siga em frente que a fila precisa andar.

Não há dúvida de que Herter se sentiu como uma águia conversando com um pato.

Bill Hybels, um amigo maravilhoso, foi a Atlanta para passear alguns dias comigo. Na primeira manhã, ele propôs: "John, vamos dar uma corrida no campo de golfe." Bill corre muito bem. Ele é esguio, está em forma e costuma correr de oito a onze quilômetros de uma só vez, sem parar. Eu, porém, gosto de caminhar. (É possível ser gordo e gostar de caminhar.) Por isso, fizemos um acordo: caminharíamos na subida do campo de golfe e desceríamos correndo.

Tudo combinado, saímos. Calmamente, demos uma volta inteira no campo. Quando nos aproximamos do fim, eu não pensava em outra coisa além da alegria de chegar logo em casa e descansar. "Só falta mais um pouquinho", pensei. "Estamos quase lá." Eu estava exausto, mas não queria que Bill soubesse. Ao chegarmos em minha casa, Bill comentou: "Foi muito bom. Vamos dar outra volta!" Foi o que fizemos — e quase morri. Acho que nunca mais quero fazer exercícios ao lado de Bill. E tenho certeza de que a recíproca é verdadeira. Ele é uma águia, e eu sou um pato!

3. Se você manda patos para uma escola de águias, também se frustrará

Você já liderou pessoas que nunca *decolaram* nem atingiram suas expectativas? Não importa quanto tempo gasto com motivação e treino, ou quantas ofertas de recursos ou oportunidades; elas simplesmente não alcançavam o desempenho esperado. Isso aconteceu comigo muitas vezes. Talvez o problema não esteja com elas. É possível que o problema seja você! Há uma rima muito conhecida entre os contos de Mamãe Gansa, e que diz assim:

Gatinho, gatinho, por onde você andava?
Fui a Londres ver onde a rainha estava.
Gatinho, gatinho, o que foi que você fez?
Assustei um ratinho que fugiu de vez.

Por que o gato começou a perseguir um rato em Londres, se havia viajado para visitar a rainha — uma oportunidade raríssima, aliás? Porque ele era um gato! O que mais se poderia esperar dele?

Gatos fazem coisas de gato, patos fazem coisas de pato e águias fazem coisas de águia. Se você pegar um pato e pedir a ele que faça o trabalho de uma águia, o resultado será vergonhoso. Como líder, sua função é ajudar seus patos a se tornar patos ainda melhores, assim como transformar suas águias em águias ainda mais excelentes. Ou seja, você tem o dever de colocar as pessoas em seus devidos lugares e ajudá-las a alcançar o melhor de seu potencial.

Como já disse, ao longo dos anos, cometi o erro de tentar transformar patos em águias. Tudo o que consegui foi frustração, tanto para eles quanto para mim. Não dá para pedir a uma pessoa que se desenvolva em áreas para as quais elas não possuem talento natural. Quer saber o motivo? Porque a capacidade de crescer e mudar é muito diferente de uma pessoa para a outra, dependendo da disposição que cada uma demonstra diante da perspectiva de mudança. Permita-me explicar: em áreas nas quais temos opções, nosso potencial de crescimento é ilimitado. Atitude é uma questão de escolha. Caráter também é, assim como responsabilidade. Sendo assim, se, por exemplo, minha atitude for muito ruim — digna de uma nota 1 —, posso melhorar até chegar ao 10. Basta fazer as escolhas certas. Posso optar por assumir uma ótima atitude.

Já a capacidade natural não é uma questão de escolha. É um dom. Você tem o que tem, seja o que for. A única escolha verdadeira da qual você dispõe é se tentará ou não desenvolver a capacidade. E, se o fizer, o crescimento naquela área não será nada extraordinário. Depois de treinar e mentorear pessoas durante quarenta anos, descobri que elas podem melhorar apenas dois pontos numa escala de dez quando se trata do talento que receberam. Por essa razão, se uma pessoa nasceu com uma nota 3 em determinada área, ela será capaz de chegar a um 5, mas nunca alcançará um 10. Por isso, se você conhece alguém que nada muito bem e adora viajar em formação, envie para a escola de patos. Não importa quão motivada ou inteteligente seja essa pessoa, ela nunca se tornará uma águia. É impossível introduzir algo que Deus deixou de fora.

SAIBA O QUE VOCÊ ESTÁ PROCURANDO

Há alguns anos, quando fui convidado para falar na conferência nacional da rede de restaurantes Chick-fil-A, um dos gerentes me fez esta pergunta:

— Como você faz para desenvolver os bons líderes?

— Encontre pessoas que apresentem bom potencial para a liderança — foi a minha resposta.

— Como encontrar líderes potencialmente bons? — insistiu ele.

— Aprenda a reconhecer os bons líderes em potencial.

Eu não estava tentando ser evasivo ou sarcástico. Como líder, é sua a responsabilidade de saber o que está procurando. Precisa saber que qualidades e características estão presentes nos líderes bem-sucedidos de seu ramo de negócios. Estude a trajetória dos líderes de sucesso. Entreviste pessoas que você admira. Pergunte a elas sobre o processo de desenvolvimento pelo qual passaram. Descubra como eram quando estavam começando. Quanto mais souber sobre liderança, mais fácil será reconhecer um líder quando o encontrar por aí.

É muito importante para um líder ter as pessoas certas ocupando as posições certas dentro da organização. Poucas atribuições de um líder são mais importantes do que essa. Se você precisa de águias em sua organização, assuma a missão de procurar por pessoas que possuam algumas qualidades próprias de outras águias. Olhe para cima e para baixo. Se não conseguir encontrar águias em potencial dentro de uma organização, procure por elas do lado de fora. Em outras palavras, se você precisa de uma grande águia, busque uma águia em potencial. Só assim terá a possibilidade de desenvolver aquela pessoa para que ela se torne uma águia de fato. Não se contente com um pato. Por mais que essa pessoa seja treinada, o máximo que ela conseguirá fazer será um "quac".

NÃO MANDE PATOS PARA UMA ESCOLA DE ÁGUIAS

APLICAÇÃO PRÁTICA

1. Quem você colocou no lugar errado? Se você é o líder de alguma organização, um departamento ou uma equipe, então é sua a responsabilidade de garantir que as pessoas estejam trabalhando de acordo com suas habilidades. Tem procurado transformar patos em águias, causando frustração geral? Separe um tempo para avaliar os talentos naturais de sua equipe. Converse com os membros sobre suas paixões, suas esperanças e seus sonhos. É impossível liderar bem quando não se conhece os liderados.

2. Você está precisando liberar algumas águias para voar e alguns patos para nadar? Se você já tentou prender um águia dentro de sua organização ou transformar os patos naquilo que eles não são, está na hora de fazer duas coisas: primeiro, reposicioná-los para que possam trabalhar de acordo com seus pontos mais fortes; segundo, reconquistar a confiança dessas pessoas. Reconheça os talentos naturais que elas possuem, ajude-as a desenvolver essas habilidades e mostre como podem contribuir para com a organização.

3. Sabe como reconhecer os líderes potenciais? Estou para encontrar uma organização que disponha de todos os líderes de que precisa. Por essa razão, os bons líderes estão sempre em busca de líderes em potencial. Se você já fez sua pesquisa sobre as características da liderança de que precisa, use-a para criar uma descrição do que está procurando em líderes potenciais. Se ainda não o fez, pode achar útil usar uma das listas que elaborei. A que apresento a seguir foi tirada de meu livro *O líder 360º*. Descobri que os líderes bons e os potenciais demonstram possuir as seguintes características:

- Capacidade de adaptação — ajustam-se rapidamente às mudanças.
- Discernimento — compreendem quais são as questões mais importantes.
- Perspectiva — enxergam além do ponto em que estão.
- Comunicação — interagem com as pessoas de todos os níveis da organização.
- Segurança — confiam no que são, e não no cargo que ocupam.
- Disposição para servir — fazem o que for necessário.
- Iniciativa — encontram maneiras criativas de fazer as coisas acontecerem.
- Maturidade — colocam a equipe em primeiro lugar.
- Persistência — mantêm consistência em termos de caráter e competência a longo prazo.
- Confiabilidade — são dignos de confiança naquilo que é mais importante.

Se você encontra gente que possui a maioria dessas características, é provável que esteja diante de pessoas com grande potencial para a liderança.

MOMENTO DO MENTOR

Um dos mais difíceis processos de transição é quando alguém deixa de liderar seguidores para se tornar líder de outros líderes. Ofereça assistência às pessoas que está mentoreando. Nessa transição, ajude-as a encontrar, recrutar e desenvolver líderes potenciais. Peça que falem sobre o potencial de cada um a partir da lista de características mencionada. Em seguida, incentive-as a começar a investir naqueles que apresentam maior potencial.

11

MANTENHA O FOCO NAS PRIORIDADES

Todas as lições contidas neste livro me capacitaram a crescer; mas, de todas elas, aprender como manter o foco nas prioridades foi o que mais mudou a minha vida. Lembro-me muito bem da frustração de trabalhar duro quando ocupei minha primeira posição de liderança como pastor, mesmo sabendo que eu não era um líder eficaz. Passei a maior parte do tempo aconselhando as pessoas e cuidando de tarefas administrativas secundárias. Dedicava muitas horas a isso, mas via poucos resultados positivos daquele esforço. Foi um período de muita insatisfação.

Meu momento de descoberta aconteceu numa das aulas da faculdade onde eu estudava Administração de Empresas. O professor estava ensinando a Lei de Pareto, também conhecida como o Princípio 80-20, segundo o qual 80% das conseqüências são resultado de 20% das causas. Quando ele explicou o impacto desse princípio, meus olhos se abriram. Ele comentou que...

- 80% dos engarrafamentos ocorrem em 20% das estradas.
- 80% da cerveja produzida é consumida por 20% das pessoas que bebem.
- 80% da participação na aula é creditada a 20% dos alunos.
- 80% das vezes você usa 20% de suas roupas.

- 80% dos lucros são gerados por 20% dos consumidores.
- 80% dos problemas são causados por 20% dos funcionários.
- 80% das vendas são resultado do trabalho de 20% dos vendedores.
- 80% de todas as decisões podem ser tomadas com 20% da informação disponível.

Que descoberta impressionante! Aquilo significava que 20% de minhas atividades eram dezesseis vezes mais produtivas do que os 80% restantes. Se eu quisesse reduzir a complexidade de minha vida e aumentar a produtividade, então precisaria focar no melhor, que estava incluído nos 20%. Naquele dia, eu e o restante da turma nos demos conta de duas coisas: (1) eu estava com excesso de atribuições e (2) minhas tarefas, de maneira geral, eram as tarefas erradas. E não existe melhor receita para uma vida ineficaz!

DESCOBRINDO O QUE É PRIORIDADE

Na mesma hora, comecei a avaliar como estava investindo meu tempo. Sabia que precisava priorizar minha agenda, por isso comecei a fazer a mim mesmo essas três perguntas: "O que me oferece mais retorno?"; "O que é mais gratificante?"; "O que exige de mim?". Nem sempre conseguia responder a essas perguntas com facilidade. Quando se está no início da carreira, a pergunta mais fácil de responder geralmente é aquela concernente às exigências. Se você dispuser de uma descrição de sua função, é capaz de exercê-la sem dificuldade. No entanto, a maioria das pessoas só começa a compreender de fato o que proporciona maior retorno ao esforço empreendido depois que chega na casa dos trinta anos — às vezes, até mais tarde na vida. E o que é mais gratificante para uma pessoa geralmente muda de acordo com o período da vida.

Conforme continuava trabalhando, pensando e me desenvolvendo, aos poucos descobria as respostas àquelas três perguntas. O princípio a me nortear era o de que o propósito de todo trabalho é gerar resultados. Se eu quisesse, de fato, cumprir meus objetivos e me tornar uma pessoa produtiva, precisava trabalhar com previsões, estrutura, sistemas, planejamento, inteligência e um propósito sincero.

Mas eu também sabia que devia manter a simplicidade das coisas. Li sobre um estudo realizado com 39 empresas de médio porte, segundo o qual a característica que diferenciava as empresas de sucesso das demais era a simplicidade. As empresas que vendiam menos produtos a menos clientes e trabalhavam com menos fornecedores em relação às demais do mesmo ramo de negócios eram mais lucrativas. Ações simples e focadas geravam melhores resultados. Como observa o investidor Warren Buffett, "as escolas de administração valorizam mais o comportamento complicado e difícil do que a simplicidade, mas o simples é o mais eficiente". Quando me esforcei para manter a simplicidade, fui capaz de manter o foco nas prioridades.

Durante aquele período de minha vida, deixei de fazer muitas coisas para me tornar líder de poucas. Para processar essa mudança, foi necessário tomar cinco decisões que me ajudaram ser mais focado e produtivo.

1. Decidi que não precisava saber de tudo

Algumas pessoas acreditam que os grandes líderes dispõem de todas as respostas. Isso não é verdade. Líderes de sucesso não sabem tudo, mas conhecem pessoas que possuem as respostas. Se você me fizer uma pergunta relacionada a uma de minhas organizações cuja resposta desconheço, sei indicar a pessoa certa para responder. Se me perguntar alguma coisa sobre minha profissão, é possível que eu não saiba a resposta, mas basta ligar para uma ou duas pessoas e consigo falar com alguém que tem a informação necessária. E se a questão envolve detalhes de minha vida e de minha agenda, mesmo quando não sei responder, posso garantir que há uma pessoa capaz de dar a resposta: minha assistente.

> *As escolas de administração valorizam mais o comportamento complicado e difícil do que a simplicidade, mas o simples é o mais eficiente.*
> WARREN BUFFETT

A decisão mais importante que já tomei no sentido de manter o foco e simplificar minha vida foi a de contratar assistentes de primeira linha. Nos últimos 24 anos de minha vida, passei a contar com duas assistentes maravilhosas: Linda Eggers e Barbara Brumagin. Elas têm sido de grande valor para mim.

Minhas assistentes são a principal fonte de informações relacionadas a minha vida. Tudo o que acontece comigo passa pelas mãos delas. Confio que elas saibam tudo o que é necessário para que eu não precise saber. Mais importante ainda é o fato de elas terem aprendido como selecionar informações e reunir os detalhes mais importantes. Lembre-se de que apenas 20% de todas as informações fornecem 80% do necessário para tomar boas decisões.

Quando nos comunicamos, Linda Eggers me fornece as informações principais, o que me permite ver o que devo fazer a seguir, me ajuda a saber por que aquilo é tão importante e me capacita a acionar os recursos mais apropriados para suprir a necessidade que surge. Para os líderes, é melhor saber as coisas mais importantes do que saber tudo.

Para os líderes, é melhor saber as coisas mais importantes do que saber tudo.

Se você é lider e não dispõe de um bom assistente, então está em apuros. Essa é a primeira e mais importante decisão, em termos de contratação de pessoas, que todo executivo precisa tomar. Se já tem a pessoa certa para ocupar essa posição, então pode focar nas prioridades enquanto seu assistente pensa nas outras coisas.

Quando deixo de concentrar tudo, muita gente em minha organização pode achar que minha importância diminui, mas isso me permite fazer as coisas que considero mais importantes. Também significa que as coisas nem sempre são feitas "à minha maneira", mas descobri que a maioria delas pode ser realizada a contento de outros modos.

2. Decidi que não precisava saber tudo antes dos outros

A maioria das pessoas possui o desejo forte e natural de estar "por dentro de tudo". É por isso que as revistas de fofocas e os jornais sensacionalistas vendem tanto. Quando se trata de suas organizações, os líderes também querem estar "por dentro de tudo". Nenhum deles gosta de ser pego de surpresa. No entanto, os bons líderes não podem querer dominar tudo quanto acontece na organização, e nos menores detalhes. Se agirem assim, perdem a perspectiva e a capacidade de liderar. Qual é a solução? Chegar à conclusão de que não há problema algum em não ser o primeiro a saber de tudo.

Em qualquer organização, os problemas devem sempre ser resolvidos nos níveis mais básicos. Se todo problema demandar primeiro a decisão dos líderes, levará uma eternidade até se chegar à solução. Além disso, as pessoas na linha de frente geralmente são as indicadas para oferecer as melhores soluções, seja numa fábrica, numa guerra ou numa instituição de caridade.

Minha assistente sabe praticamente tudo o que acontece em minhas organizações antes de eu receber as informações. Por ser o centro de informações de minha vida, ela sabe o que é bom, o que é ruim, o que é desagradável, e geralmente é a pessoa que me comunica todas essas coisas. Isso funciona bem porque confio totalmente nela. E quando minha assistente me dá alguma notícia ruim, tomo cuidado para não "atirar no mensageiro". Despejar a raiva nas pessoas que trazem as informações desagradáveis é um jeito rápido de interromper o fluxo da comunicação.

3. Decidi escolher alguém para me representar

Todo líder aprende a importância de não se limitar a agir para cumprir a visão e começar a selecionar e capacitar outras pessoas a fazê-lo. (Quem não aprende essa lição nunca chega a ser um líder eficaz.) Contudo, nem todos os líderes dão o passo seguinte (e difícil), que é permitir a outros assumir esse papel de representante da liderança. Por que isso acontece? Porque essa iniciativa exige um nível ainda mais profundo de confiança nas pessoas. Se alguém não representa bem seu líder, não cumpre bem esse papel ou toma alguma atitude antiética em nome daquele a quem representa, essa atitude se reflete na vida pessoal do líder e pode manchar sua reputação.

> *Em qualquer organização, os problemas devem sempre ser resolvidos nos níveis mais básicos.*

Há pouco tempo, um empresário que conheço descobriu que um líder contratado por ele para cuidar de uma divisão de sua organização estava envolvido em práticas comerciais duvidosas. Quando esse empresário ficou sabendo disso, o prejuízo causado pelo executivo que contratara chegava a 2 milhões de dólares. Ele despediu aquele líder — que negou todas as acusações —, mas àquela altura a reputação da empresa já havia sido irreparavelmente prejudicada. Em termos financeiros, não havia como recuperar o prejuízo. No papel, as credenciais do executivo eram boas; quanto ao caráter, porém, a história era bem diferente.

A decisão de permitir a outros que representem você é algo que exige muito tempo e confiança. Não pode ser tomada de maneira inconseqüente. É preciso conhecer as pessoas em quem você deposita sua confiança, e elas só podem conquistar essa confiança ao longo do tempo, provando serem capacitadas para tal. Quanto mais você investe em gente assim, menor é o risco e maior o potencial de retorno. Tendo alcançado esse nível de confiança em relação às pessoas com quem trabalha, você se sentirá mais à vontade para manter o foco nas prioridades.

Considero-me uma pessoa abençoada por ter tanta gente em minha vida para fazer isso. Linda Eggers, minha assistente, me representa em reuniões, organiza minha agenda e lida com minhas finanças e minha correspondência. Quando ela fala em meu nome, está investida de minha autoridade. Charlie Wetzel, meu redator, representa minha voz e comunica minhas idéias por meio dos livros nos quais trabalhamos juntos. John Hull, presidente e diretor-executivo da EQUIP e da INJOY Serviços de Assessoria, fala em meu nome a líderes e organizações de vários países. E Doug Carter, vice-presidente de Desenvolvimento da EQUIP, compartilha a visão e conta a história da organização melhor do que eu.

> *Metade da inteligência de uma pessoa é ela saber em que área é ignorante.*

Como você decide se outra pessoa pode ser sua representante, mesmo quando há muita pressão e as barreiras são grandes? Primeiro, é preciso conhecer o coração dessa pessoa tão bem a ponto de confiar em seu caráter. Segundo, é necessário ter um histórico de convivência, de modo que ela conheça o seu coração e a sua mente. Terceiro, você precisa confiar na competência dessa pessoa. Se ela é capaz de cumprir a tarefa com 80% da eficiência daquele que a lidera, então está pronta.

4. Decidi focar em meus pontos fortes, e não dispender energia nos meus pontos fracos

Metade da inteligência de uma pessoa é ela saber em que área é ignorante. Considerando que já me aprofundei nessa questão no capítulo intitulado "Entre na área e não saia dela", não preciso fazer o mesmo aqui. Mesmo assim, permita-me dizer o seguinte: para ser um bom líder, você precisa se conhecer, bem como seus pontos fortes e suas fraquezas. Li o texto a seguir no Gallup Management Journal:

> A descoberta mais reveladora *[sobre os grandes líderes pesquisados]* é a de que os mais eficazes são dotados de uma forte noção de seus pontos fortes e de suas fraquezas. Eles *sabem quem são* — e quem não são. Não procuram ser tudo para todos. A personalidade e o comportamento deles são os mesmos tanto em casa quanto no trabalho. São pessoas autênticas. É essa ausência de fingimento que os ajuda a interagir com os outros tão bem.[1]

Sempre faço um esforço para me concentrar em meus pontos fortes. Talvez eu tenha aprendido bem essa lição porque trabalhar focado é uma tendência pessoal. Não gosto de remendar nada. Quero fazer tudo com excelência, usando todo o meu poder de concentração, ou então delego a tarefa. Devo admitir que não sou um sujeito tão versátil assim, e só consigo fazer bem algumas coisas. Mas, no fim das contas, nessas áreas em que sou mais forte costumo alcançar bons resultados porque continuo focado.

5. Decidi assumir o controle das coisas que ocupavam meu tempo e minha atenção

O último grande passo que dei para me manter focado nas prioridades foi assumir o controle de minha agenda. Não foi uma tarefa fácil. Gosto de ajudar as pessoas, e nos primeiros anos de minha carreira, outras pessoas costumavam determinar minha agenda e enchê-la de compromissos. Então, certo dia, percebi que não poderia cumprir meu propósito se tivesse de cumprir o propósito dos outros para sempre.

Todo líder é muito ocupado. A questão não é se a agenda dele ficará lotada ou não, mas quem se encarregará disso. Se você não assumir o controle de sua agenda, outros sempre o farão em seu lugar.

> *A questão não é se a agenda dele ficará lotada ou não, mas quem se encarregará disso.*

Se você agir da maneira como agi, terá de mudar a forma de escolher o que faz. Comecei minha carreira fazendo coisas que me ensinaram na faculdade, independentemente de terem algum valor ou não. Em seguida, passei a fazer as coisas que os outros queriam que eu fizesse. Quando me tornei mais proativo, procurando o sucesso pessoal, fazia as coisas que via os outros líderes fazerem. Por fim, comecei a fazer as coisas que deveria — aquelas que proporcionavam maior retorno e gratificação.

C. W. Ceran comentou: “Genialidade é a capacidade de reduzir o complicado até a simplicidade.” Focar nas prioridades exige capacidade de simplificação. Se for possível simplificar sua vida, você se tornará uma pessoa mais focada, terá mais energia e passará por menos situações de estresse. Tal como todas as decisões da vida, a simplificação exige barganhas. Você não consegue fazer tudo, e optar por uma coisa implica deixar de fazer as demais. Significa dizer “não” até mesmo a certas coisas que você deseja fazer. Mas pense na alternativa: se você não escolher as barganhas, alguém o fará em seu lugar.

Certa vez, numa convenção de treinadores, perguntaram ao ex-treinador do time de futebol americano do Green Bay Packers, Vince Lombardi, quais eram suas estratégias de defesa e ataque para vencer as partidas. Outros técnicos tinham acabado de descrever seus esquemas muito bem elaborados. Lombardi, que ficou famoso por começar os treinamentos todo ano mostrando uma bola e dizendo "Isso aqui é uma bola de futebol americano", respondeu: "Só tenho duas estratégias. A ofensiva é simples: quando estamos de posse da bola, precisamos derrubar os adversários! A defensiva é parecida: quando o outro time tem a posse da bola, precisamos derrubar os adversários!"[2] Pode parecer simples demais, mas é, de fato, o segredo para se vencer jogos na National Football League (NFL).

> *Genialidade é a capacidade de reduzir o complicado até a simplicidade.*
> C. W. CERAN

A estratégia da simplificação funcionou com Vince Lombardi e os Packers. Funcionou comigo. Eu a transmito porque acredito que também funcionará com você.

MANTENHA O FOCO NAS PRIORIDADES

APLICAÇÃO PRÁTICA

1. O que ocupa sua mente? Dê uma boa olhada em sua agenda e na lista de afazeres do mês passado. Pense no modo como tem usado seu tempo. Para cada período de tempo, classifique suas atividades de acordo com a lista a seguir:

- Algo que aprendi na escola ou na faculdade que deveria fazer.
- Algo que os outros querem que eu faça.

- Algo que vejo pessoas bem-sucedidas fazerem.
- Algo que sei que deveria fazer.

Lembre-se: seu tempo deve ser gasto com coisas que sejam exigidas, que tragam algum retorno ou que se revelem muito gratificantes.

2. Está focando em seus pontos fortes? Dedique algum tempo para refletir sobre isso. Se precisa de ajuda para determinar suas habilidades, converse com outras pessoas que conheçam você muito bem. Sabendo quais são as atividades que combinam com seus pontos fortes, responda as seguintes perguntas:

- Estou fazendo mais coisas em que sou forte ou não?
- Até que ponto estou desenvolvendo essas habilidades?
- Estou atraindo pessoas que possam me complementar?
- Estou recrutando gente que possa compensar meus pontos fracos?

Gente que faz sucesso se concentra em seus pontos fortes, e não nas fraquezas.

3. Você parou no meio do caminho? Quer mesmo saber tudo o que se passa em sua organização ou em seu departamento? Ser a primeira pessoa a saber das coisas é algo que causa ansiedade? Você vive segundo aquela filosofia que diz: "Se quer uma coisa bem-feita, faça você mesmo"? Se age assim, está limitando seu potencial como líder. Comece a cultivar a confiança em outras pessoas. Se ainda não tem um assistente em quem possa confiar, então procure ou treine alguém para cumprir esse papel.

MOMENTO DO MENTOR

Separe um tempo e procure observar de modo objetivo as pessoas a quem mentoreia. Em que área cada uma delas demonstra possuir maior potencial para oferecer uma contribuição não apenas à empresa ou ao departamento, mas à própria vida? Compartilhe sua perspectiva com essas pessoas e pergunte o que elas estão fazendo para manter o foco nas prioridades do trabalho que executam. Peça-lhes para descrever os passos específicos que deram para delegar a outras pessoas as responsabilidades menos produtivas. Se ainda não fizeram isso, oriente-as ao longo desse processo.

12

O MAIOR ERRO É NÃO PERGUNTAR ONDE VOCÊ ESTÁ ERRANDO

Há pouco tempo, depois de dar uma aula sobre solução de conflitos, um jovem me procurou durante o intervalo e anunciou:

— Vou criar minha própria organização.

— Bom para você — respondi.

— Sim — prosseguiu ele —, quero estabelecer um negócio do jeito certo, de um modo que eu não tenha de lidar com problemas.

— Quer saber uma coisa? — comentei quando ele se preparava para sair. — Você está cometendo o erro de achar que nunca cometerá erros.

A IGNORÂNCIA NÃO É UMA BÊNÇÃO

Quando alguém é jovem e idealista, pensa que pode liderar melhor do que muitas das pessoas que lideraram outros no passado. Sei porque isso também aconteceu comigo. Quando comecei minha carreira, eu era um sujeito positivo, arrojado, otimista — e completamente ingênuo. Costumava liderar por suposições. Com isso quero dizer que, em meu zelo juvenil, geralmente acreditava que tudo estava indo muito bem. Não procurava pelos problemas porque não achava que teria. Sabe qual foi o resultado? Fui pego de surpresa. Quando os problemas surgiram, eu estava desnorteado. "Como aquilo foi acontecer?", eu me perguntava.

Depois de ser surpreendido pela quarta ou quinta vez, desesperado, comecei a pedir a ajuda de líderes experientes. Um deles fez uma observação que mudou meu estilo de liderança: "John, o maior erro que você pode cometer é o de não perguntar quais erros está cometendo".

Aquele breve conselho mudou o rumo de minha liderança. Era minha introdução ao raciocínio realista — algo a que eu não estava muito acostumado. Quando fiz uma introspecção, descobri algumas coisas interessantes:

- Eu dava pouca importância a coisas que poderiam dar errado.
- Eu supunha que o "jeito certo" de fazer as coisas era à prova de erros.
- Não reconhecia os erros que cometia em relação a mim e aos outros.
- Não estava aprendendo nada com esses erros.
- Não estava ajudando os outros a partir das lições que poderia aprender com meus erros.

Se a minha intenção era mesmo a de me tornar um líder melhor, precisaria mudar. Teria de parar de cometer o erro de não querer saber que erro estava cometendo.

RECEITA PARA O SUCESSO EM MEIO AO FRACASSO

Ninguém jamais avaliou as pessoas com mais precisão do que aquela que inventou o lápis com borracha para apagar. Todo mundo comete erros, sejam eles grandes ou pequenos. Para chamar o máximo de atenção, cometa um erro bem grande. Para provocar o maior estrago possível, não admita esse erro! Isso impedirá seu crescimento como líder. Quando se trata de sucesso pessoal, o que importa não é o número de erros que se comete, mas o número de vezes que se repete o erro. Se quer aprender como se valer dos fracassos para produzir sucesso e tirar o melhor proveito dos erros que vier a cometer, é necessário fazer as cinco coisas a seguir:

> *Para chamar o máximo de atenção, cometa um erro bem grande. Para provocar o maior estrago possível, não admita esse erro!*

1. Admita seus erros e suas fraquezas

Há pouco tempo, falando a uma platéia de muitos diretores-executivos numa conferência, eu os encorajei a tratar abertamente de seus erros e suas fraquezas com as pessoas a quem lideravam. O clima no salão começou a ficar muito tenso, e minha impressão era a de que eles demonstravam certa resistência ao meu conselho.

> *Quando se trata de sucesso pessoal, o que importa não é o número de erros que se comete, mas o número de vezes que se repete o erro.*

Durante o intervalo seguinte, enquanto eu autografava alguns livros, o líder de uma empresa pediu para falar comigo em particular. Quando consegui parar um pouco, nos afastamos dos demais e ele me confidenciou:

— Discordo de sua sugestão para que falemos abertamente aos outros sobre os erros que cometemos.

Em seguida, ele começou a me dizer como era importante manter uma fachada de solidez e confiança diante das pessoas da organização. Eu fiquei ouvindo. Quando aquele homem terminou, avaliei:

— Você está liderando a partir de uma suposição equivocada.

— E qual seria essa suposição? — ele quis saber, ansioso.

— Você está presumindo que sua equipe não conhece suas fraquezas. Confie em mim quando digo que eles conhecem. Quando você admite os erros que comete, isso não é nenhuma surpresa para eles; na verdade, é apenas uma confirmação. Eles podem olhar um para o outro e dizer: "Veja só! Ele sabe. A partir de agora, não precisaremos continuar fingindo!"

A primeira etapa para quem deseja se antecipar aos erros e aprender com aqueles já cometidos é olhar de maneira realista para si e reconhecer suas fraquezas. Não é possível aprimorar sua liderança se você está ocupado demais tentando fingir que é uma pessoa perfeita.

Michael Abrashoff, capitão reformado da marinha dos Estados Unidos, escreve em seu livro *Este barco também é seu*:

> Toda vez que eu deixava de alcançar os resultados que desejava, engolia minha raiva e fazia uma introspecção para ver se eu não era parte do problema. Fazia três perguntas a mim mesmo: "Articulei as metas com clareza? Dei às pessoas tempo e recursos suficientes para cumprir a tarefa? Treinei as pessoas o suficiente?" Descobri que, em

90% das situações, eu era, no mínimo, tão responsável pelo problema quanto meus subordinados.[1]

Admitir nossos erros e assumir a responsabilidade por eles nos faz passar à etapa seguinte.

2. Encare os erros como o preço que se paga pelo progresso pessoal

A psicóloga Joyce Brothers afirma: "A pessoa interessada no sucesso precisa aprender a ver o fracasso como uma parte saudável e inevitável do processo de ascensão." Nada é perfeito nesta vida — nem você! A melhor coisa a fazer é começar a se acostumar com isso. Se pretende progredir, você certamente cometerá erros.

O jogador Joe Montana, cujo nome está inscrito na Galeria da Fama do futebol americano profissional, declarou:

> Como se não fosse suficiente estragar tudo em campo, na frente de milhões de pessoas que assistiam ao jogo pela televisão, eu tinha de rever meus erros todas as segundas-feiras seguintes às partidas — vez após vez, em câmera lenta, e ainda ouvindo os comentários dos treinadores! Até quando vencíamos, sempre separávamos um tempo para rever os erros que cometíamos. Quando você se vê forçado a confrontar os erros com tanta freqüência, acaba aprendendo a não olhar para eles como algo pessoal. Não demorei muito a aprender com os fracassos, tirar proveito de meus erros e seguir em frente. Por que se martirizar por causa disso? Apenas procure não errar da próxima vez.

A pessoa interessada no sucesso precisa aprender a ver o fracasso como uma parte saudável e inevitável do processo de ascensão.
JOYCE BROTHERS

Nem todo mundo está disposto a confrontar os erros que comete sem tomá-los como algo pessoal. Por ter aprendido a fazer isso, Montana se tornou um dos melhores jogadores da história da NFL. Sua liderança e a capacidade de lidar com a adversidade renderam a ele o apelido *Joe Frieza*. Essas qualidades também o ajudaram a vencer quatro Super Bowls e ser escolhido como o melhor jogador por três vezes. Se você deseja alcançar seu potencial como líder, conte com os fracassos e erros, pois eles virão.

3. Insista em aprender com seus erros

O escritor e especialista em liderança Tom Peters escreveu: "Desde a base até os níveis mais elevados da corporação, não existe nada mais inútil do que a pessoa que diz, no fim do dia, a respeito de seu trabalho: 'Bem, cheguei ao fim do dia sem ter feito absolutamente nada de errado'."

> *As pessoas boas são boas porque alcançaram a sabedoria por meio do fracasso. O sucesso nos proporciona pouco em termos de sabedoria.*
> WILLIAM SAROYAN

As pessoas costumam reagir de duas maneiras no que diz respeito ao fracasso. Enquanto uma hesita por se sentir inferior, a outra está ocupada cometendo erros, aprendendo com eles e elevando o próprio nível. As pessoas podem tanto fugir dos erros e se magoar quanto aprender com eles e se ajudar. Quem tenta evitar o fracasso a qualquer preço nunca aprende e acaba repetindo os erros o tempo todo.

Mas aqueles que estão dispostos a aprender com os fracassos nunca precisam repeti-los. Como afirmou o escritor William Saroyan, "as pessoas boas são boas porque alcançaram a sabedoria por meio do fracasso. O sucesso nos proporciona pouco em termos de sabedoria". Quem está na liderança precisa seguir o exemplo dos cientistas. Na Ciência, os erros sempre precedem a descoberta da verdade.

4. Pergunte a si mesmo e aos outros: "O que estamos deixando de enxergar?"

Algumas pessoas vivem esperando por confusão. São pessimistas, por isso não se importam em procurar por nada de bom. Outras, como eu, possuem uma tendência natural de supor que tudo é bom. Mas esses dois tipos de raciocínio podem trazer decepções para um líder. Elizabeth Elliot, autora de *All That Was Ever Ours* [Tudo o que sempre foi nosso], explica:

> Todo tipo de generalização é falso, incluindo esta, e ainda assim continuamos com essa prática. Criamos imagens e as gravamos de tal modo que não podem ser modificadas; repudiamos ou aceitamos as pessoas, os produtos, os programas e a propaganda de acordo com os rótulos colocados sobre eles; sabemos um pouco a respeito de determinada coisa, e agimos como se soubéssemos tudo.

Os líderes precisam ser mais perspicazes. É fácil tomar decisões baseadas naquilo que sabemos, mas sempre há coisas que desconhecemos. Não é difícil escolher uma direção a partir daquilo que vemos, mas e quanto ao que está fora de nosso campo de visão? Ler as entrelinhas é essencial para exercer uma boa liderança, e estamos mais capacitados a fazer isso quando nos perguntamos: "O que estamos deixando de enxergar?"

Nos anos 1990, durante a chamada "bolha" das empresas *pontocom*, parecia que todo mundo queria entrar em algo que dava a impressão de ser muito grande. Naquela época, a equipe de liderança de uma de minhas empresas cultivou a idéia de criar uma empresa *pontocom* para líderes. Toda vez que alguém falava sobre o assunto, era possível sentir uma forte energia dentro da sala. Todos ficaram muito entusiasmados com o potencial de tal empreendimento. No entanto, a cada vez que a questão era discutida, meu irmão Larry fazia uma pergunta simples que obrigava todos a colocar os pés de volta no chão: "Como essas empresas geram receita além dos investimentos iniciais?" Ninguém oferecia uma resposta satisfatória.

Tal questionamento — "O que estamos deixando de enxergar?" — é valioso por nos obrigar a parar e pensar.

Será que Larry é um desmancha-prazeres, alguém que se deleita em *detonar* as idéias dos outros e jogar fora boas oportunidades? Não, ele é um realista. A pergunta que ele fazia era nada menos do que outra versão para a questão: "O que estamos deixando de enxergar?" E quando a realidade chegou para as empresas *pontocom*, ficamos felizes por ter questionado aquela onda.

Tal questionamento — "O que estamos deixando de enxergar?" — é valioso por nos obrigar a parar e pensar. Muita gente pode ver o que é óbvio. Poucos, porém, enxergam aquilo que não está diante de si. Fazer perguntas difíceis induz as pessoas a pensar de modo diferente. Não questionar é o mesmo que presumir que um projeto é potencialmente perfeito e que, se for conduzido com cuidado, não acarretará problemas. Algo fora da realidade.

5. Dê espaço para divergências

Há pouco tempo, vi um cartaz num escritório de vendas onde as pessoas trabalhavam sob forte pressão. Dizia assim: "Você gosta de viajar? Quer conhecer novos amigos? Que tal ter tempo livre no futuro? Tudo isso pode ser seu — é só cometer mais um erro". O medo de errar impede muita gente de alcançar seu potencial. O medo de ser sincero com os líderes sobre os problemas potenciais inerentes a determinado curso de ação causam prejuízo a muitas equipes. Os melhores líderes pedem a opinião das pessoas que compõem suas equipes.

Quando os líderes não recebem informações das pessoas que lideram, podem estar no caminho do desastre. Michael Abrashoff aborda essa questão no livro *Este barco também é seu*. Ele escreve:

> A partir do momento que fiquei sabendo daquilo *[o trágico naufrágio de um barco pesqueiro japonês em Honolulu, causado pelo submarino USS Greeneville]*, lembrei que, como é comum no caso de acidentes, alguém percebe o perigo iminente, mas nem sempre se manifesta. Durante o desdobramento da investigação sobre o Greeneville, li um artigo no *New York Times* dizendo que a tripulação do submarino "respeitava demais o comandante para questionar seu julgamento". Se isso é respeito, então não quero. Você precisa de gente em sua organização que seja capaz de chegar, dar um tapinha em seu ombro e perguntar: "Essa é a melhor maneira de fazer isso?"; ou: "Vá mais devagar com isso"; ou: "O que estamos fazendo justifica matar ou ferir as pessoas?"
>
> Há incontáveis registros históricos de incidentes nos quais os capitães de navios ou administradores de organizações permitiram a criação de um clima de intimidação dentro do ambiente de trabalho, silenciando os subordinados cujos alertas poderiam ter ajudado a prevenir um desastre. Mesmo quando a relutância em falar é resultado da admiração pela capacidade e pela experiência do comandante, é necessário criar um clima que permita o questionamento das decisões para propiciar um reexame.[2]

Ter muitas mentes brilhantes trabalhando juntas é sempre melhor do que uma trabalhando sozinha. Por ter aprendido essa lição, deixei de ser uma pessoa que evitava as notícias potencialmente ruins para alguém que abre espaço para questionamentos. Há muitos anos permito que os membros de meu círculo de confiança me façam perguntas difíceis e ofereçam sua opinião quando discordam de mim. Não quero cometer um erro para depois ter de ouvir um integrante da equipe dizer: "Eu sabia que aquela decisão tinha sido muito ruim." Quero gente que me diga as coisas antes de elas acontecerem, e não depois que seja tarde demais para ouvir um bom conselho. Divergências antes de uma tomada de decisão nunca podem ser encaradas como falta de lealdade. Contudo, questionar uma decisão depois de ela ter sido tomada não é aquilo que eu consideraria um bom trabalho de equipe.

> *Se uma pessoa começa com certezas, termina em dúvidas; mas se ela estiver disposta a começar com dúvidas, acabará em certezas.*
> FRANCIS BACON

Se você lidera, precisa dar aos liderados permissão para fazer perguntas difíceis e divergir de suas opiniões. Essa permissão deve ser concedida pelo líder. Vários líderes preferem se cercar de pessoas que fingem não ver nada, em vez de gente que fala com franqueza. No entanto, se uma decisão é tomada sob o silêncio total dos liderados, provavelmente o resultado será um sonoro fracasso. O filósofo e estadista inglês *sir* Francis Bacon comentou: "Se uma pessoa começa com certezas, termina em dúvidas; mas, se ela estiver disposta a começar com dúvidas, acabará em certezas." Eu diria que são as palavras de um líder sempre pronto a perguntar: "Que erro estou cometendo?"

O MAIOR ERRO É NÃO PERGUNTAR ONDE VOCÊ ESTÁ ERRANDO

APLICAÇÃO PRÁTICA

1. Qual é a sua atitude em relação aos erros cometidos? É uma pessoa otimista, pessimista ou realista? Um otimista tem medo de procurar os possíveis problemas. Um pessimista tem certeza de que há problemas por toda parte. Nenhuma dessas duas atitudes é benéfica. Você precisa se esforçar para ser realista. Durante essa semana, no trabalho, pergunte a si mesmo, aos colegas e aos subordinados: (1) "O que pode dar errado?"; e (2) "O que estamos deixando de enxergar?"

2. Você admite seus erros? Faz deles seus companheiros ou seus inimigos? A prova de que um líder transformou os erros em amigos pode ser determinada pela freqüência com que os comete e admite. Peça às pessoas que trabalham com você para classificar sua disposição de admitir os erros numa escala de 1 (relutante) a 10 (dedicado). Se a sua nota foi inferior a 8, é necessário se esforçar mais em admitir seus pontos fracos diante de todos, reconhecer os erros, aprender com eles e encarar o fracasso como parte do processo que conduz ao sucesso.

3. Você está assimilando as melhores idéias de seus subordinados? Com que freqüência costuma pedir às pessoas que lidera para oferecer opiniões sobre quaisquer questões? Com que freqüência os inclui nos processos de coleta de informações e tomada de decisão? Como líder você é quem tem, em última análise, a responsabilidade pela tomada de decisão final. É você quem deve assumi-la. No entanto, se não estiver tirando o melhor proveito das idéias e das experiências de sua equipe, significa que está limitando a eficiência de sua liderança. Comece hoje mesmo a pedir opiniões.

MOMENTO DO MENTOR

Se você é o supervisor imediato das pessoas a quem mentoreia e elas não estão assumindo riscos nem cometendo erros, então você pode ser parte do problema. Como líder e mentor, é preciso criar um ambiente no qual os erros não apenas são permitidos, como incentivados e aceitos como o preço a se pagar pelo progresso. Abra espaço para os erros entre as pessoas que mentoreia. Identifique as áreas onde deseja que assumam riscos ou façam experiências, e permita que cometam erros. Marque uma reunião com sua equipe depois, durante a qual possam avaliar até que ponto esse processo mudou o estilo de liderança de cada um.

13

NÃO ADMINISTRE SEU TEMPO — ADMINISTRE SUA VIDA

Bem no início de minha carreira, nos primeiros anos, percebi que minha capacidade de maximizar o tempo seria essencial para minha produtividade e para a eficácia de minha liderança. Como Peter Drucker dizia, "nada distingue melhor os executivos eficazes do que o cuidado e o carinho que dispensam ao tempo".

> *Nada distingue melhor os executivos eficazes do que o cuidado e o carinho que dispensam ao tempo.*
> PETER DRUCKER

Por saber que eu precisava me aprimorar nessa área, participei de um seminário sobre administração do tempo. Aprendi muitas lições valiosas naquele dia. Uma delas, que mexeu comigo e guardei por mais de trinta anos, foi a analogia que o palestrante usou para descrever o tempo. Ele afirmou que nossos dias são como valises idênticas. Embora sejam do mesmo tamanho, algumas pessoas são capazes de guardar mais coisas dentro delas do que outras. Quer saber a razão? É porque elas sabem como organizar o conteúdo. Passamos a maior parte daquele dia aprendendo como organizar o tempo disponível.

MUDANÇA DE PERSPECTIVA

Saí daquele seminário com dois conceitos marcantes. O primeiro: o tempo é um patrão que oferece oportunidades iguais para todos; todo mundo tem direito a 24 horas por dia — nem mais, nem menos —, mas nem todos conseguem tirar o mesmo proveito delas. O segundo conceito: de fato, não existe esse negócio de "administração do tempo". Trata-se de uma contradição. O tempo não pode ser administrado. Não há como controlá-lo de forma alguma. Ele continua seguindo sua marcha, não importa o que façamos, não interessa se o taxímetro está correndo nem se você está caminhando ou resolveu parar.

Todo mundo tem direito ao mesmo quinhão de horas e minutos diários. Ninguém, por mais esperto que seja, é capaz de economizar alguns minutos de um dia para usar no seguinte. Nenhum cientista, mesmo o mais brilhante de todos, consegue criar novos minutos. Mesmo com toda a sua fortuna, Bill Gates não poderia comprar horas adicionais para tornar seu dia maior. E embora algumas pessoas mencionem o desejo de "achar tempo" para fazer as coisas, sua busca é em vão. Não há tempo sobrando por aí. Vinte e quatro horas é o melhor que qualquer pessoa pode conseguir.

Você não pode administrar o tempo. Sendo assim, o que fazer? Administre-se! Não existe nada melhor para distinguir as pessoas bem-sucedidas das demais do que a maneira como utilizam o tempo disponível. Gente de sucesso entende que o tempo é a *commodity* mais preciosa da terra. Por essa razão, essas pessoas sabem em que devem investir o tempo. Elas analisam o tempo todo como estão usando o tempo, e se perguntam: "Estou usando meu tempo da melhor maneira possível?"

Embora muitos reconheçam que o tempo é finito, acredito que a maioria não entende, de fato, o seu valor. No livro *A arte de crescer*,[1] Charles Spezzano escreve:

> Na verdade, você não usa dinheiro para pagar pelas coisas; você paga com tempo. Em cinco anos, terei economizado o suficiente para comprar aquela casa de campo que tanto queríamos. Aí poderei descansar. Isso quer dizer que a casa me custará cinco anos — a décima-segunda parte de sua vida adulta. Transforme esse valor monetário da casa, do carro ou de qualquer outra coisa em tempo, e depois veja se ainda vale a pena.

BONS LÍDERES NÃO PODEM SER MAUS ADMINISTRADORES DE SI

As pessoas perdem tempo quando fazem coisas que promovem pouco ou nenhum retorno. Já é suficientemente ruim quando os liderados fazem isso, pois desperdiçam a vida e seu potencial. Contudo, quando os líderes é que gastam tempo em vão, o prejuízo não é apenas deles: o potencial daqueles que o seguem também está sendo desperdiçado.

Tenho percebido que as pessoas que se administram mal geralmente incorrem nos três erros a seguir:

1. Desvalorizam sua singularidade fazendo aquilo que os outros desejam que elas façam

O poeta Carl Sandburg deu este conselho: "O tempo é a moeda mais valiosa de sua vida. Você, e só você, pode determinar como essa moeda será usada. Tome cuidado para não permitir que outras pessoas a usem em seu lugar." Como mencionei no capítulo 7, no início de minha carreira, eu permitia que os outros influenciassem minha maneira de usar essa "moeda". Por causa disso, vivia ocupado, mas minha eficiência era terrível. Eu cumpria a expectativa dos outros, em vez de fazer as coisas nas quais tinha maior habilidade!

> *O tempo é a moeda mais valiosa de sua vida. Você, e só você, pode determinar como essa moeda será usada. Tome cuidado para não permitir que outras pessoas a usem em seu lugar.*
> CARL SANDBURG

Como líder, desejo fazer diferença. Quero impactar. Você também não quer? Minha liderança passou a outro nível quando comecei a focar mais no cumprimento de minha visão do que em atender as expectativas dos outros. Acredito que fui colocado nesta terra para fazer algumas coisas específicas. Não tenho como fazê-las se tento ser aquilo que os outros querem — no que me sairei muito mal, aliás. Preciso oferecer minha contribuição singular. Ninguém pode fazer isso em meu lugar.

Às vezes, as pessoas não entendem por que protejo minha agenda com tanto empenho e qual a razão de eu recusar certos convites. Não é uma questão de apenas me opor. Sou um sujeito que tem sempre a missão em mente. Sei o que faço bem e o que não faço. Meu tempo é limitado, e quero aproveitá-lo da melhor maneira. Não posso permitir que outras pessoas me coloquem na posição de ter de cumprir as expectativas que elas possuem. Se você deseja ser um líder eficaz, precisa evitar que isso aconteça.

2. Acabam com sua eficácia dedicando-se a coisas que não têm importância

> *Já basta ser ocupado. A questão é: com o que estamos ocupados?*
> HENRY DAVID THOREAU

O ensaísta Henry David Thoreau escreveu: "Já basta ser ocupado. A questão é: com o que estamos ocupados?" Como você avalia se alguma coisa vale seu tempo e sua atenção? Durante anos, usei a fórmula a seguir para me ajudar a analisar a importância de uma tarefa para, dessa maneira, me administrar com eficiência. Trata-se de um processo em três etapas:

Primeira etapa: classifique a tarefa em termos de importância.

- Fundamental = 5 pontos.
- Necessária = 4 pontos.
- Importante = 3 pontos.
- Útil = 2 pontos.
- Secundária = 1 ponto.

Segunda etapa: decida qual é o grau de urgência da tarefa.

- Este mês = 5 pontos.
- Mês que vem = 4 pontos.
- Este trimestre = 3 pontos.
- Próximo trimestre = 2 pontos.
- Fim do ano = 1 ponto.

Terceira etapa: multiplique a nota da importância pela da urgência — por exemplo 5 (fundamental) × 4 (mês que vem) = 20.

Em seguida, avalie quando deve completar aquela tarefa de acordo com a escala a seguir:

- A = 16 a 25: uma tarefa fundamental que precisa ser completada até o fim do mês.
- B = 9 a 15: uma tarefa importante que precisa ser completada até o fim do trimestre.
- C = 1 a 8: uma tarefa de baixa prioridade que precisa ser completada até o fim do ano.

Uma das coisas que você perceberá em relação a esse sistema é a ausência de tarefas a serem completadas até o fim do dia ou da semana. Sabe o motivo? É porque estou sempre tentando planejar meu tempo com, no mínimo, um mês de antecedência. Líderes devem sempre olhar bem mais à frente do que os outros membros de sua organização. Se eles sempre deixam para reagir às crises só no momento em que elas acontecem, as pessoas e a organização sofrem.

3. Reduzem o próprio potencial dedicando-se a tarefas para as quais não foram treinadas

Qualquer coisa que valha a pena pode ser feita de um jeito melhor. Fico sempre impressionado ao ver pessoas tentando realizar certas coisas sem se beneficiar da sabedoria de outras que estão um passo à frente naquela jornada. Treinamento, orientação ou mentoria podem fazer uma diferença enorme na produtividade de alguém em relação ao tempo de que se dispõe.

> *A única coisa pior do que treinar os funcionários e os perder é não treiná-los e os manter.*
> ZIG ZIGLAR

Robert Zemsky e Susan Shaman, da Universidade da Pensilvânia, realizaram um estudo entre 3,2 mil empresas dos Estados Unidos. Eles descobriram que um aumento de 10% nas despesas com bens de capital produzia apenas 3,8% de aumento em produtividade. No entanto, um aumento de 10% em despesas com treinamento produzia um aumento de 8,5% em produtividade.[2]

Se você deseja aproveitar seu tempo da melhor maneira possível, precisa se administrar da melhor maneira possível. Encontre alguém que ajude você a aprimorar suas habilidades, assim como as de sua equipe. Como diz meu amigo, o comunicador Zig Ziglar, "a única coisa pior do que treinar os funcionários e os perder é não treiná-los e os manter".

Existe, de fato, uma arte de administrar a vida e aproveitar o tempo da melhor maneira. É algo que precisa ser desenvolvido. Não encontro muita gente por aí que comece a vida dominando essa arte. A maioria das pessoas sequer consegue aprendê-la. Quem consegue desenvolver essa habilidade, o faz ao longo do tempo. A administração da vida começa com a noção adequada do tempo e das escolhas que precisamos fazer para nos tornarmos bons nessa arte. As pessoas que administram a vida fazem coisas que...

- Potencializam seu propósito geral na vida — isso propicia o crescimento pessoal.
- Enfatizam seus valores — isso proporciona realização pessoal.
- Maximizam seus pontos fortes — isso as torna eficazes.
- Aumentam sua alegria — isso as torna mais saudáveis.
- Capacitam e orientam outras pessoas — isso contribui para sua produtividade.
- Agregam valor a outras pessoas — isso aumenta sua influência.

Elas compreendem que não existe essa história de "administração de tempo", e sim, administração da vida.

Dwight Bain, amigo de longa data, enviou-me recentemente uma história que me impressionou bastante, e que está relacionada à administração da vida. É uma parábola escrita por Jeffrey Davis. Eis aqui o que ele diz:

> Quanto mais velho fico, mais gosto das manhãs de sábado. Talvez seja por causa da quietude e da sensação de solitude por ser o primeiro a levantar, ou — quem sabe? — a alegria desmedida de não ter de ir trabalhar. De um jeito ou de outro, as primeiras horas de uma manhã de sábado são mais alegres.
>
> Há algumas semanas, eu estava me arrastando na direção do porão [...] com uma xícara de café bem quentinho em uma das mãos e o jornal na outra. O que começou como uma típica manhã de sábado se transformou numa daquelas lições que a vida parece ensinar de tempos em tempos. Permita-me contar como aconteceu.
>
> Sou radioamador, e sintonizei na faixa de comunicação por telefone para ouvir uma comunicação em rede que costumava ocorrer nas manhãs de sábado. No caminho, passei por um velho companheiro radioamador, que transmitia num sinal bem forte e com uma voz perfeita. Você sabe como é, aqueles sujeitos que poderiam ser locutores de televisão. Ele estava conver-

sando com alguém e comentando algo sobre "mil bolinhas de gude". Fiquei curioso e parei para ouvir o que ele dizia.

— Bem, Tom, parece mesmo que voê está muito ocupado com seu trabalho. Tenho certeza de que eles pagam muito bem, mas é um absurdo você precisar se afastar tanto de sua casa e de sua família. É difícil acreditar que uma pessoa tão jovem tenha de trabalhar sessenta ou setenta horas por semana para poder se sustentar. Foi muito ruim você ter perdido a apresentação de dança de sua filha. Vou contar uma coisa a você, Tom, algo que tem me ajudado a manter uma boa perspectiva em relação a minhas prioridades.

Foi quando ele começou a explicar a teoria das "mil bolinhas de gude".

— Veja bem, um dia me sentei e fiz um breve cálculo. Uma pessoa vive, em média, cerca de 75 anos. Sei que alguns vivem mais e outros vivem menos, mas, em média, a vida de uma pessoa dura cerca de 75 anos. Aí multipliquei 75 por 52 e cheguei a 3.900, que é o número de sábados que a pessoa vive, em média, durante toda a vida. Agora, continue acompanhando meu raciocínio, Tom; estou chegando na parte mais importante. Levei 55 anos de minha vida para começar a pensar sobre tudo isso em detalhes, e naquela época eu já havia vivido 2.800 sábados. Calculei que, se eu vivesse até os 75 anos, só teria pouco mais de mil sábados restantes para aproveitar. Então fui a uma loja de brinquedos e comprei mil bolinhas de gude. Levei-as para casa e coloquei dentro de uma caixa grande de plástico que fica aqui [...] perto de meu equipamento. Desde então, todo sábado eu tiro uma bolinha de gude e jogo longe. Descobri que, conforme via o número de bolinhas de gude diminuir, eu me concentrava mais nas coisas realmente importantes da vida. Não há nada como perceber o tempo de vida nesta terra indo embora para ajudar a pessoa a focar nas prioridades. Mas permita-me dizer mais uma coisa antes de finalizarmos nossa conversa e desligarmos o rádio para eu poder levar minha adorável esposa para tomar café: esta manhã tirei a última bolinha de gude da caixa. Fiquei pensando que, se eu continuar vivo até o próximo sábado, significa que ganhei um tempo extra na vida. E a única coisa que todos podemos desfrutar é um pouquinho mais de tempo. Foi um prazer falar com você, Tom, e espero que passe mais tempo com sua família. Tomara que voltemos a nos falar pelo rádio um dia desses.

O silêncio era total no rádio quando aquele homem desligou. Acho que ele tinha nos fornecido material para um bocado de reflexão. Eu havia pla-

> nejado trabalhar na antena do rádio naquela manhã, e depois me encontraria com alguns amigos radioamadores para elaborar o próximo boletim do clube. Em vez disso, subi as escadas e acordei minha esposa com um beijo.
>
> — Vamos lá, meu bem, vou levar você e as crianças para tomar café.
>
> — Por que essa novidade? — ela perguntou, sorrindo.
>
> — Ah, nada de especial. É que já faz muito tempo desde a última vez que passei um sábado inteiro com você e as crianças. Ei, daria para parar numa loja de brinquedos quando sairmos? Preciso comprar umas bolas de gude.[3]

Escrevo este livro aos sessenta anos de idade. Se eu viver até os 75, terei mais 780 bolinhas de gude restantes. Ter essa noção me dá ainda mais motivação para administrar minha vida de maneira adequada e tirar o melhor proveito do tempo que ainda me resta. Para me lembrar da natureza finita do tempo, guardo um cartão o tempo todo comigo. Nele estão escritas as palavras do escritor e naturalista John Burroughs:

> Continuo achando cada dia muito curto [...]
> Para todos os pensamentos que quero ter,
> Para todas as caminhadas que desejo fazer,
> Para todos os livros que desejo ler,
> Para todos os amigos que desejo ver.

Quando você tem uma forte noção de propósito, aproveita a vida e tem ciência de quão breve é seu tempo na terra; os dias sempre parecem muito curtos. É por isso que se torna tão necessário administrar-se bem. Tudo quanto você faz — em sua carreira, na vida pessoal e na liderança — depende disso. Desejo que você possa aprender essa lição o mais cedo possível.

NÃO ADMINISTRE SEU TEMPO — ADMINISTRE SUA VIDA

APLICAÇÃO PRÁTICA

1. Você está desperdiçando seu tempo? Analise as coisas que faz atualmente com regularidade. Alguma delas é motivada pelas expectativas inapropriadas que os outros têm em relação a você? Alguma é irrelevante? Ou tudo quanto você faz é motivado por suas prioridades e em função de seus pontos fortes? Se não é, você precisa mudar o que está fazendo. Se sua posição atual ou sua profissão impede a mudança de atividades, então considere a hipótese de mudar de empresa ou cargo.

2. Você tem obtido ajuda no que precisa? Se cumpre tarefas importantes, mas não recebe ajuda ou treinamento para aprimorar seu desempenho, significa que não está administrando seu tempo tão bem quanto deveria. Separe algum tempo para pensar naquilo de que precisa: treinamento, mentoria ou orientação. Stephen Covey chama a esse processo "afiar o machado". Se seu patrão está disposto a ajudar você, ótimo. Caso contrário, invista por sua conta. Aprimorar suas habilidades em áreas de alta prioridade é sempre um bom investimento, e que compensa a longo prazo.

3. Como você faz para decidir como investir seu tempo? De que critérios se vale? Faz qualquer coisa que apareça? Ou cria uma lista de afazeres diários? Quero desafiar você a planejar seu tempo com mais eficiência e antecedência. Pense nas coisas que deseja fazer no mês que vem e no ano que vem. Em seguida, use a fórmula apresentada a seguir para classificá-las. Para cada tarefa, multiplique o grau de importância (Fundamental = 5 pontos; Necessária = 4 pontos; Importante = 3 pontos; Útil = 2 pontos; Secundária = 1 ponto); Pela urgência (Este mês = 5 pontos; Mês que vem = 4 pontos; Este trimestre = 3 pontos; Próximo trimestre = 2 pontos; Fim do ano = 1 ponto). Em seguida, determine para quando a tarefa deve ser agendada:

- A = 16 a 25: uma tarefa fundamental que precisa ser completada até o fim do mês.
- B = 9 a 15: uma tarefa importante que precisa ser completada até o fim do trimestre.
- C = 1 a 8: uma tarefa de baixa prioridade que precisa ser completada até o fim do ano.

MOMENTO DO MENTOR

Quanto treinamento focado ou orientação especializada você está oferecendo à sua equipe? Identifique uma área específica da habilidade de cada pessoa que está mentoreando na qual ela possa se aprofundar. Crie um plano para essa área e agende reuniões regulares para transmitir o que você aprendeu. Sua meta deve ser a de tornar essa pessoa capaz de substituir você naquela área específica.

14

CONTINUE APRENDENDO PARA CONTINUAR LIDERANDO

Eu e Kurt, um vendedor que acabara de conhecer, estávamos tomando café da manhã no hotel Holiday Inn de Lancaster, em Ohio. Ele se inclinou e me fez uma pergunta que mudaria meu modo de viver e liderar.

— John, qual é o seu plano de crescimento pessoal?

Fiquei desnorteado. Eu não tinha um plano de crescimento pessoal. Naquela época, nem mesmo sabia que precisava de algo assim!

Para não ficar mal para mim, comecei a contar a Kurt tudo sobre minha agenda de trabalho. Por quinze minutos, tentei convencê-lo (e a mim mesmo) de que trabalhar duro estava me ajudando a crescer e alcançar meu potencial. Não é assim que deveria acontecer? Você trabalha duro, ascende profissionalmente e, um dia, se realiza, não é?

Minha vã tentativa de impressionar Kurt era como um avião circulando perto de um aeroporto, à espera da liberação para aterrissar. Eu ficava dando voltas até que, finalmente, acabou o combustível.

— Você não tem um plano de crescimento pessoal, tem? — ele perguntou.

— Não — acabei admitindo —, acho que não tenho.

O que ele disse a seguir mudou minha vida.

— Sabe, John, as pessoas não se desenvolvem automaticamente. Para crescer, você precisa tomar a iniciativa.

Aquela conversa aconteceu em 1973, embora ainda esteja tão clara em minha lembrança como se tivesse acontecido na semana passada. Ela me impeliu à ação. Na mesma hora, adotei um plano de crescimento para minha vida. E todo ano, desde então, reforço meu compromisso com um plano de desenvolvimento pessoal estratégico e deliberado.

Durante décadas, tenho falado às pessoas em várias conferências sobre a questão do crescimento pessoal. Às vezes, sou criticado por isso. Lembro-me de uma pessoa que me procurou certa ocasião para se queixar:

— Não gosto de seu plano para crescimento pessoal.

— Tudo bem — respondi. — E qual é o seu?

— Não tenho.

— Bem, gosto mais do meu.

Acho que ele acreditava que a única razão de eu falar sobre meu plano de crescimento era para vender livros. Ele só não sabia é que eu já falava sobre ter um plano de crescimento pessoal muito antes de ter um livro ou uma gravação para vender. Sei que as pessoas não alcançam seu melhor potencial por acidente. O segredo para o sucesso pode ser encontrado na agenda diária: se as pessoas fizerem alguma coisa deliberadamente para se desenvolver a cada dia, elas se aproximarão cada vez mais de seu potencial. Caso contrário, esse potencial desaparece aos poucos no curso da vida.

Para crescer, você precisa tomar a iniciativa.

Se você quer ser um bom líder, precisa saber aprender. Escrevi meu livro *O sucesso de amanhã começa hoje* para tentar ajudar as pessoas com esse conceito. No capítulo "Momentos de definição definem sua liderança", compartilhei as "Doze doses diárias" que uso para crescimento pessoal. Podem servir também para você como uma rota de desenvolvimento pessoal a ser trilhada. Se não servir, descubra outra. O ponto principal é este: se você não tem um plano de crescimento pessoal, não espere alcançar crescimento!

COMO ESSE CRESCIMENTO ACONTECE?

Nesta sua procura por aprendizado e crescimento em liderança, permita-me oferecer alguns conselhos sobre como passar por esse processo. Depois de mais de três décadas de esforço e dedicação contínuos para aprender e crescer, apresento as sugestões a seguir:

1. Invista primeiro em você

A maior parte dos líderes deseja que seu negócio ou sua organização cresça. Qual é o fator — mais do que qualquer outro — que determinará o crescimento dessa organização? O crescimento das pessoas que trabalham nela. E o que determina o desenvolvimento das pessoas? O crescimento do líder! Considerando que as pessoas seguem o líder, elas só terão condições de ir até onde ele for. Se o líder não cresce, os liderados também não se desenvolverão — a alternativa é que eles o abandonem, indo para algum lugar onde possam crescer.

Quando jovem, gastei o que considerava muito dinheiro em livros e conferências. Eu e minha esposa, Margaret, achávamos isso muito complicado porque nossa renda era muito limitada. Sempre postergamos outras despesas importantes para poder investir em nós mesmos. Embora isso fosse difícil, aqueles investimentos iniciais compensaram, e ao longo dos anos eles me trouxeram um grande retorno em termos de aprimoramento de minha liderança.

Investir primeiro em você pode parecer uma atitude egoísta para algumas pessoas. Você pode até ser alvo de críticas por isso. Mas, se isso ocorrer, é porque elas não compreendem, de fato, como funciona o processo de crescimento. Quando as aeromoças que explicam os procedimentos de emergência antes dos vôos dizem aos passageiros para colocar a própria máscara de oxigênio antes de colocar nos filhos, podemos considerar essa orientação egoísta? É claro que não! A segurança e o bem-estar das crianças dependem da capacidade dos pais para cuidar delas. Como líder, você é responsável por sua equipe. As pessoas dependem de você! Caso não esteja em condições de liderar bem, onde sua equipe vai parar?

Se olhar em volta, verá um padrão funcionando em todas as áreas da vida. Os funcionários melhoram depois que o supervisor melhora. As crianças melhoram depois de os pais melhorarem. Os estudantes melhoram quando os professores melhoram. Os clientes melhoram conforme os vendedores melhoram. Da mesma maneira, os seguidores melhoram quando os líderes melhoram. Trata-se de um princípio universal. O presidente Harry Truman declarou: "É impossível liderar os outros enquanto você não aprender a se liderar." Isso só acontece se a pessoa investe nela primeiro.

2. Nunca deixe de aprender

Quando um líder alcança a posição que almeja ou um nível de treinamento, ele é tentado a relaxar. Isso é muito perigoso. Rick Warren, autor de

Uma vida com propósitos, afirma: "A partir do momento em que você pára de aprender, também pára de liderar." Se quer liderar, precisa aprender. Se pretende continuar liderando, não pode parar de aprender. Isso garantirá sua disposição de continuar buscando realizações cada vez maiores, e ajudará a manter a credibilidade diante das pessoas que seguem sua liderança.

Se quer liderar, precisa aprender. Se pretende continuar liderando, não pode parar de aprender.

Uma das pessoas mais influentes no mundo do golfe, durante muitos anos, foi Harvey Penick. Autor do livro *O pequeno livro vermelho do golfe*, ele ensinou a jogadores profissionais como Ben Crenshaw, Tom Kite, Kathy Wentworth, Sandra Palmer e Mickey Wright como aprimorar suas habilidades. Quando Crenshaw venceu o Masters, em 1995, chorou depois da conquista porque Penick, que o mentoreou durante a vida inteira, havia morrido pouco antes.

Você pode se surpreender ao saber que Penick era um autodidata. Durante décadas, ele carregou consigo um livrinho vermelho no qual tomava notas e fazia observações que o ajudassem a aprimorar seu jogo. Não parava nunca de aprender. E conforme melhorava, as pessoas a quem ensinava melhoravam também. Ironicamente, Penick nunca quis publicar suas anotações. Simplesmente planejava passar o livrinho para seu filho. Mas as pessoas o convenceram a publicar todas as lições que ele havia aprendido ao longo dos anos. Por causa disso, as pessoas continuam aprendendo com ele e se beneficiando de sua sabedoria.

Em meu livro *Vencendo com as pessoas*, escrevo sobre o Princípio do Aprendizado, que diz assim: "Todas as pessoas que conhecemos possuem potencial para nos ensinar alguma coisa." Manter essa atitude é essencial para quem deseja continuar liderando. Ao contrário da crença popular, o maior obstáculo à descoberta não é a ignorância ou a falta de inteligência, mas a ilusão do conhecimento. Um dos maiores perigos da vida é acreditar que já se chegou lá. Se isso acontecer com você, é mau sinal.

O maior obstáculo à descoberta não é a ignorância ou a falta de inteligência, mas a ilusão do conhecimento.

Gente de sucesso não vê o aprendizado ou a realização pessoal como um destino a se chegar e, uma vez alcançado, estabelecer-se ali, como se a jornada estivesse completa e finalizada. Nunca ouvi nenhuma dessas pessoas que estão em contínuo processo de aprendizado falando sobre a expectativa de chegar ao fim dos desafios da vida. Elas continuam demonstrando entusiasmo, curiosidade ou uma certa sensação de admiração. Uma de suas características mais atraentes é o desejo contagiante de continuar seguindo rumo ao futuro, criando novos desafios e vivendo com a noção de que há mais para aprender e alcançar. Elas compreendem que não é possível conquistar o mundo quando se opta por não sair do refúgio.

Que tipo de atitude você demonstra quando se trata de aprendizado? Tenho observado que as pessoas costumam se enquadrar em uma das categorias a seguir. Elas vivem em uma destas três áreas:

- Zona do desafio: "Tento fazer o que não fiz antes."
- Zona do conforto: "Faço o que já sei que posso fazer."
- Zona costeira: "Não faço nem o que fazia antes."

Todo mundo começa na zona do desafio. Tal como bebês, precisamos aprender a comer, a falar e a andar. Aí vamos para a escola e continuamos a aprender. Mas então chega um momento na vida em que não precisamos mais tentar coisas novas. Trata-se de um momento fundamental. Para algumas pessoas, ele ocorre bem cedo na vida. Para outras, chega depois de elas alcançarem determinado grau de sucesso. É quando decidem em qual zona viverão: na do desafio, onde continuarão a tentar coisas novas e explorar — e, eventualmente, fracassar; na do conforto, onde nunca mais correrão riscos; ou na costeira, onde deixam até de tentar. É triste o dia em que uma pessoa opta por deixar a zona do desafio e pára de crescer. Como afirmou Philips Brooks, o pastor que falou no funeral de Abraham Lincoln:

> Triste é, para qualquer homem, o dia no qual ele se considera absolutamente satisfeito com a vida que leva, com os pensamentos que cultiva e com as coisas que faz; quando nunca mais bate à porta de sua alma um desejo de fazer algo maior que ele busca e sabe ser o motivo e o objetivo de ter sido criado.

Não existe substituto para o aprendizado contínuo. Ao longo dos anos, desenvolvi um método de crescimento altamente disciplinar:

- Leio diariamente para desenvolver minha vida pessoal.
- Ouço diariamente para ampliar minha perspectiva.
- Penso diariamente para aplicar o que aprendo.
- Arquivo diariamente para preservar o que aprendo.

Procuro adotar o conselho do filósofo alemão Goethe: "Nunca permita que se passe um dia sequer sem admirar uma obra de arte perfeita, sem ouvir uma grande peça musical e sem ler alguma parte de um grande livro."

> *Liderança e aprendizado são indispensáveis um ao outro.*
> JOHN F. KENNEDY

Assumir esse tipo de método exigiu de mim uma mudança de mentalidade. Durante meus primeiros anos de liderança, eu queria ser "o homem das respostas", o especialista a quem os outros procurariam quando tivessem alguma dúvida ou questionamento. Depois de minha conversa com Kurt, em 1973, passei a querer ser "o homem de mente aberta", alguém que demonstrasse disposição contínua de aprender e vontade de crescer a cada dia. Meu desejo é o de continuar me desenvolvendo e aprendendo até o dia de minha morte, não apenas para benefício próprio, mas para ajudar os outros também. Nunca esqueço o que o presidente John F. Kennedy declarou: "Liderança e aprendizado são indispensáveis um ao outro."

3. Crie um ambiente de crescimento para as pessoas a quem lidera

Logo depois de me dedicar a ser uma pessoa disposta a crescer, percebi que a maior parte dos ambientes de trabalho não contribuem para esse processo de desenvolvimento. Muitos de meus amigos não quiseram continuar crescendo. Em sua cabeça, eles já haviam cumprido seu papel ao freqüentar e completar a faculdade. No que lhes concernia, já sabiam o suficiente. Estavam satisfeitos. Em vários sentidos, eram como a garotinha que pensava saber tudo sobre a matemática ao aprender a tabuada de multiplicação por dez. Então o avô lhe perguntou, com uma piscadela:

— Quanto é onze vezes onze?

Com jeito zombeteiro, ela respondeu:

— Não seja bobo, vovô, esse número não existe.

A pessoa medíocre tentará puxar para baixo qualquer outra que esteja trabalhando para viver acima da média. A estrada que conduz ao sucesso é uma longa subida, e a maioria não está disposta a pagar o preço. Muita gente prefere lidar com os problemas antigos em vez de descobrir novas soluções. Para aprender sempre, tive de sair de um ambiente de estagnação e me distanciar das pessoas que não tinham desejo de crescer. Procurei os lugares onde o crescimento era valorizado e as pessoas estavam se desenvolvendo. Isso me ajudou a mudar e crescer, especialmente no início de minha jornada.

Depois de investir em você e adotar uma atitude de aprendizado contínuo, sua tendência pode ser a de pensar que fez tudo quanto precisava na área do crescimento pessoal. Contudo, como líder, você tem mais uma responsabilidade: precisa gerar um ambiente positivo de crescimento para aqueles a quem lidera. Se não fizer isso, as pessoas de sua organização dispostas a se desenvolver enfrentarão dificuldades para isso, e podem sair em busca de outras oportunidades.

Como é um ambiente propício ao crescimento pessoal? Acredito que ele tenha dez características. É um lugar onde ocorre o seguinte:

- Há outros que estão à frente na jornada.
- Você é continuamente desafiado.
- Seu foco está sempre adiante.
- A atmosfera é de afirmação.
- Você está freqüentemente fora de sua zona de conforto.
- Você acorda entusiasmado.
- O fracasso não é seu inimigo.
- Outros estão crescendo também.
- As pessoas desejam mudar.
- O crescimento é vivenciado e desejável.

Se você criar um ambiente de crescimento, não apenas promoverá o desenvolvimento das pessoas de sua organização, como também verá gente de grande potencial bater à sua porta e se oferecer para fazer parte de sua equipe! Isso transformará sua empresa.

A DIFERENÇA QUE AS PESSOAS FAZEM

Walt Disney declarou: "Sou uma parte de todos quanto conheci." Seja ao tentar ingressar no exército formado por aqueles que estão sempre prontos para aprender, seja ao construir uma organização na qual existe um ambiente de crescimento, o segredo para o sucesso está nas pessoas à sua volta. Suas atitudes e ações influenciam umas às outras.

Meu pai adora contar a história do homem que tentou inscrever sua mula no Derby de Kentucky. Ele foi imediatamente rejeitado e repreendido.

— Sua mula não tem chance de vencer uma corrida contra puros-sangues — argumentaram os organizadores.

— Eu sei — respondeu o sujeito —, mas imaginei que andar com os outros poderia fazer bem a ela.

Aproximar-se de pessoas que são melhores do que nós tende a produzir desenvolvimento e aprimoramento pessoal. Nem sempre é fácil, mas é muito proveitoso. Dizem que quando o poeta Emerson viu o ensaísta Thoreau, um perguntou ao outro: "O que ficou mais claro para você desde a última vez que nos vimos?" Ambos queriam saber o que o outro havia aprendido. Pessoas notáveis desejam extrair a grandiosidade contida nas outras. Gente pequena tentará impor a você os mesmos limites que impõe sobre si.

Sou agradecido a Kurt por me ajudar a compreender o valor do crescimento tão cedo em minha carreira. Em um ano de conversas com ele, posso dizer que aprendi, cresci e mudei. Dizem que as tribos de tártaros da Ásia Central costumavam rogar uma praga contra seus inimigos. Eles não desejavam que os rivais se perdessem ou caíssem mortos. Em vez disso, eles diziam: "Que vocês nunca saiam do mesmo lugar." Que pensamento horrível! Dá para imaginar? Eu não consigo.

CONTINUE APRENDENDO PARA CONTINUAR LIDERANDO

APLICAÇÃO PRÁTICA

1. Você acha que o sucesso é um destino ao qual se deve chegar? Se acha que já chegou lá (ou que um dia pode chegar) por ter alcançado determinada posição, adquirido uma graduação ou credencial em particular ou conquistado certo nível de renda, então corre o perigo de se descobrir vivendo na zona de conforto ou na zona costeira. O que está fazendo para evitar a estagnação? Avalie se suas metas pessoais de longo prazo estão orientadas para o crescimento, e não para o sucesso como um destino.

2. Qual é o seu plano? Permita-me ser o Kurt de sua vida e fazer a pergunta: qual é o seu plano de crescimento pessoal? Trabalhar duro e por muitas horas não assegura o desenvolvimento. Promoção também não. O que você fará esta semana, este mês e este ano para crescer efetivamente? Eu recomendaria a leitura de, pelo menos, um livro abordando essa questão. Ou então, ouça um CD por mês sobre o assunto. Além disso, agende-se para participar de uma conferência ou um retiro a respeito do tema por ano.

3. Você está criando um ambiente propício ao crescimento? Se ocupa algum tipo de posição de liderança, então é responsável pela geração de um clima desse tipo para as pessoas que trabalham ao seu lado. Use as orientações deste capítulo para começar agora mesmo. Lembre-se, um ambiente de crescimento é aquele no qual:

- Há outros à frente na jornada (isso quer dizer que você está crescendo).
- Todos são continuamente desafiados.
- O foco das pessoas está sempre adiante (no futuro, não nos erros do passado).

- A atmosfera é de afirmação.
- Elas estão freqüentemente fora da zona de conforto (mas não na área em que são mais fortes).
- Todos acordam entusiasmados (ficam felizes em levantar para trabalhar).
- O fracasso não é um inimigo (é permitido assumir riscos).
- Outros estão crescendo também (é importante valorizar muito o crescimento).
- As pessoas desejam mudar.
- O crescimento é vivenciado e desejado (por você e por todos).

MOMENTO DO MENTOR

Ao ler este livro com as pessoas e mentoreá-las, você já está fazendo um investimento nelas e ajudando a gerar um ambiente propício ao crescimento pessoal. Leve esse investimento a um nível mais elevado, ajudando as pessoas que mentoreia a criar um plano de desenvolvimento pessoal especialmente talhado para elas. Ajude-as a selecionar os livros e as lições que usarão no ano que vem. Envie-as a uma conferência que possa ajudar nesse processo. E ofereça a elas a oportunidade de ter um dia de retiro, no qual poderão refletir sobre o que aprenderam e como desejam continuar crescendo.

15

OS LÍDERES SE DESTACAM NOS MOMENTOS MAIS DIFÍCEIS

Em termos de liderança, qual é a sua meta atual? Durante o primeiro ano de minha carreira como líder, meu objetivo era bem simples: no fim daquele ano, eu queria receber uma votação unânime de apoio na sessão anual de fechamento de balanço de minha pequena congregação.

Sou um pastor de terceira geração. Fui criado numa denominação em que as pessoas acreditavam que o trabalho de um pastor era fazer todo mundo feliz. Os líderes de maior respeitabilidade dentro da denominação eram aqueles que nunca criavam complicações e sempre articulavam as coisas para manter tudo na mais perfeita calma dentro das organizações que dirigiam. Quanto mais as coisas permanecessem iguais, mais felizes ficavam as pessoas. E elas confirmavam essa felicidade na sessão anual de fechamento de balanço, na qual uma das votações dizia respeito à manutenção do pastor no emprego. Para mim, o sinal mais evidente de sucesso seria uma votação unânime, aprovando minha liderança. Por isso, meu objetivo era esse.

Conforme se aproximava o dia daquela primeira reunião da congregação, eu estava muito confiante numa votação unânime. Afinal de contas, tinha dedicado um ano inteiro a fazer tudo que estava ao meu alcance para agradar todo mundo na igreja. No fim da sessão, quando encerramos todos os assuntos e os votos foram contados, a secretária se colocou de pé e leu o resultado: 31 votos "sim", um voto "não" e uma abstenção. Embora eu tentasse esconder, estava chocado, confuso e muito magoado.

Logo depois de encerrada a reunião, corri para casa e liguei para meu pai, que também era líder na denominação. Contei a ele toda a história e, ainda estarrecido, falei sobre os resultados da votação.

— Papai, será que eu deveria pedir demissão por causa dessa votação tão ruim? — perguntei.

— Nada disso, meu filho —, ele respondeu gargalhando, para minha surpresa —, é melhor você ficar. Conheço bem você, e essa foi a melhor votação que teve e terá na vida.

Durante os seis meses seguintes, todos domingos pela manhã eu olhava todas as pessoas da igreja e ficava me perguntando: "Quem será que votou contra mim?" Nunca fiquei sabendo quem foi, mas aprendi algo a meu respeito. Descobri que desejava desesperadamente a aprovação das pessoas, e isso tinha o potencial de se transformar num grande problema. Toda vez que se tornava necessário tomar uma decisão impopular, eu preferia empurrar o problema para a frente, em vez de tentar resolvê-lo. Sendo um jovem líder, eu queria mais era aproveitar os privilégios do cargo, mas não mostrava muita disposição de pagar o preço da liderança.

Sendo um jovem líder, eu queria mais era aproveitar os privilégios do cargo, mas não mostrava muita disposição de pagar o preço da liderança.

Quando é preciso confrontar esse tipo de fraqueza, podemos fugir da questão ou tentar superar a dificuldade. Embora tenhamos que nos desenvolver nas áreas em que somos mais talentosos, aquele caso era diferente. Era uma questão de caráter. Era o tipo de fraqueza que ameaçava provocar um curto-circuito em minha habilidade para a liderança e arruinar minha carreira. Se eu não lidasse com aquele problema, nunca seria um líder eficaz, nem poderia melhorar o nível de minha liderança.

O QUE UM LÍDER DEVE FAZER?

Levou algum tempo, mas finalmente cheguei a uma conclusão que me ajudaria a fazer escolhas mais acertadas como líder nos momentos mais difíceis: não posso liderar as pessoas se depender delas. A descoberta desse conceito não foi um gesto de arrogância ou indiferença. É claro que os líderes precisam das pessoas. O propósito da liderança é levá-las aonde não poderiam ir por conta própria, inspirá-las e equipá-las para fazer aquilo que se achavam incapazes de realizar e alcançar objetivos que só podem ser alcançados por um grupo que trabalha unido. Para fazer isso, os líderes devem amar as pessoas e viver sempre perto delas.

No entanto, há momentos nos quais a liderança deve seguir adiante, dando um passo corajoso sem esperar pela aprovação dos outros. Não é saudável para um líder depender da aprovação de todos. Se eu tentar agradar todo mundo, acabarei me indispondo com todo mundo também. Um líder dever manter fidelidade à visão e às pessoas — mesmo quando isso não for uma iniciativa muito popular. Esse é um dos fardos da liderança.

Essa declaração — a de que não posso liderar as pessoas se depender delas — tornou-se uma lembrança constante para mim durante essa temporada inicial de liderança. Toda vez que eu sentia uma pontinha de desejo de agradar as pessoas em vez de liderá-las de modo eficiente, eu repetia aquela declaração para mim mesmo. Na época de minha segunda sessão anual de fechamento de balanço, eu estava muito menos preocupado com a votação. O que interessava era manter minha fidelidade à visão. Aliás, meu pai estava certo. Nunca mais recebi uma votação igual à primeira. Aquela foi a melhor de toda a minha vida!

COMO TOMAR AS DECISÕES DIFÍCEIS

Todo líder enfrenta momentos difíceis, e é nessas horas que se destacam e demonstram quem realmente são. Liderar as pessoas pode ser muito complicado, além de exigir muita coragem. É claro, não funciona assim o tempo todo. Cerca de 95% das decisões de um diretor-executivo podem ser tomadas por um estudante de Ensino Médio razoavelmente inteligente. Em geral, exigem apenas bom senso. Mas os diretores-executivos não são pagos para tomar essas decisões; eles recebem seu salário por causa dos outros 5%! Essas são as mais difíceis. Toda mudança, todo desafio e toda crise requer uma tomada de decisão difícil, e a maneira como se lida com essas situações é que faz a diferença entre os bons líderes e os demais.

Como você sabe quando está diante de uma decisão difícil e que precisa dar o melhor de si como líder? Você distinguirá esse tipo de situação quando perceber estes três sinais:

1. A decisão difícil demanda riscos

Certa vez, li que quando a União Soviética invadiu e anexou a Letônia, em 1940, o vice-cônsul dos Estados Unidos na capital, Riga, ficou preocupado com possíveis saques de suprimentos da Cruz Vermelha norte-americana naquela cidade. Para evitar que isso acontecesse, ele pediu permissão ao Departamento de Estado em Washington D.C. para colocar uma bandeira de seu país em cima da flâmula da Cruz Vermelha. Seria uma forma de intimidar quem pensasse em saquear as instalações.

O escritório do secretário de Estado enviou um telegrama com a resposta: "Não existe um precedente que justifique essa iniciativa." Quando o vice-cônsul recebeu a mensagem, subiu e hasteou pessoalmente a bandeira dos Estados Unidos no mastro. Em seguida, mandou uma mensagem ao Departamento de Estado. "A partir desta data, estabeleci um precedente."

Líderes precisam ter disposição de fazer certas coisas que outros não são capazes de realizar. Devem se colocar na linha de frente. Larry Osborne comentou: "A coisa mais impressionante sobre os líderes altamente eficazes é o fato de terem tão pouco em comum. Um derrama o suor naquilo que outro manda fazer o contrário. Mas um traço se distingue em todos: líderes eficazes estão sempre dispostos a assumir riscos." Se você não tem a intenção de assumir riscos, a liderança não é o seu lugar. Não dá para evitar riscos e esperar que as pessoas progridam ao mesmo tempo. O progresso sempre demanda riscos.

2. A decisão difícil pressupõe uma batalha interna

O psicoterapeuta Sheldon Koop afirma: "Todas as batalhas importantes são travadas em nosso interior." Quando penso nas situações difíceis que tive de enfrentar como líder, percebo como cada uma delas começou dentro de mim, e não por causa dos outros. Se a trilha fosse sempre limpa e tranqüila, não seria uma decisão difícil. E qualquer um poderia tomá-la! Além disso, qualquer decisão difícil que se tome será questionada. Será criticada. Trará com ela determinadas conseqüências. É por isso que são decisões difíceis.

Em geral, essa batalha interna acontece longe dos holofotes da liderança, e observadores casuais nem mesmo a percebem. O pastor, escritor e acadêmico Chuck Swindoll escreveu:

> A coragem não se limita ao campo de batalha, a uma corrida de Fórmula 1 ou à captura ousada de um ladrão dentro de sua casa. Os verdadeiros testes de coragem são muito mais calmos. São provas internas, como permanecer

fiel quando ninguém está por perto, suportar o sofrimento quando a sala está vazia e agüentar a solidão quando ninguém compreende você.

Fazer a coisa certa não costuma ser fácil, mas é sempre necessário quando um líder deseja manter a integridade e ser eficaz.

Como a maioria das decisões difíceis também resulta numa batalha externa, os líderes precisam conquistar a primeira vitória internamente. Se, por dentro, você não está em paz em relação a uma questão, não sentirá a segurança necessária para enfrentar a batalha externa. É por isso que dedico tempo para me assegurar de que estou adotando um curso de ação adequado antes de tentar convencer os outros. Quando estou convencido de que aquele curso de ação é o ideal, tenho coragem de levar minha decisão até o fim, não importa quão difícil seja ou as conseqüências que trará.

3. A decisão difícil distingue o líder

De vez em quando ouço reclamações de líderes sobre as situações difíceis que estão enfrentando dentro das organizações que dirigem. Sinto vontade de dizer: "Graças a Deus pelas situações difíceis. É por causa delas que você está ali: para ser o líder. Se tudo estivesse correndo às mil maravilhas, as pessoas não precisariam de você."

O ex-prefeito da cidade de Nova York, Rudy Giuliani, afirmou: "A pessoa certa na liderança se mostra ainda melhor nos momentos mais difíceis." Acho que ele tem razão. Quando uma organização está embalada, praticamente qualquer pessoa é capaz de liderá-la. Tudo o que precisa fazer é identificar a direção que os outros estão tomando e seguir na frente! Quando esse impulso não existe, um bom líder é quem norteará e incentivará o progresso da organização. Mas quando uma organização está indo na direção errada, é aí que os líderes realmente justificam seu salário! Apenas os melhores podem liderar de modo eficaz em situações desse tipo. É nesses momentos complicados que eles tomam as decisões mais difíceis e realmente se distinguem.

> *A pessoa certa na liderança se mostra ainda melhor nos momentos mais difíceis.*
> RUDY GIULIANI

A PESSOA CERTA NA HORA CERTA

Como líder, você precisa estar ciente de que as situações mais difíceis poderão transformá-lo em herói ou vilão. O ex-primeiro-ministro britânico Winston Churchill declarou:

> Chega um momento singular na vida de cada um quando, em linguagem figurada, alguém bate no seu ombro e oferece uma oportunidade de fazer algo muito especial que só você pode fazer e tem tudo a ver com seus talentos. É uma tragédia quando esse momento chega e pega a pessoa despreparada ou incapaz de fazer aquilo que poderia ser decisivo em sua vida.

Um dos segredos para se preparar para a chegada desse momento decisivo é saber tomar decisões difíceis nos poucos minutos que as precedem. Você precisa se prontificar a fazer as coisas mais simples, as mais difíceis e as inusitadas também. Elas servirão como preparação para quando as decisões mais difíceis surgirem. Se você não demonstra disposição de cuidar das pequenas dificuldades, não espere ser capaz de encarar as grandes. Mas se você se sair bem com os problemas menores, conseguirá se destacar quando aparecerem os grandes desafios. É nessas horas que sua reputação se estabelece.

Há alguns anos, recebi uma carta de meu amigo Kent Millard, que me contou uma história sobre um tipo diferente de líder. Ele escreveu:

> Em agosto de 1999, eu e minha esposa, Minnietta, passamos férias com alguns amigos que vivem numa parte remota do Alasca, perto de Denali Park. Um dia, eles nos levaram para visitar o vizinho, Jeff King, que vive a algumas milhas de distância. Jeff é um corredor de trenós puxados por cães que venceu por três vezes (1993, 1996 e 1998) uma prova chamada Iditarod 1.100 Milhas, que sai de Anchorage e termina em Nome. Foi uma alegria ver o amor e a paixão de Jeff por seus setenta cães da raça husky, bem como a admiração que ele tem pela força, pela coragem e pela maturidade dos cães.
>
> Jeff nos contou que, quando começa a Iditarod, ele dá a largada com dezesseis cães, e faz um rodízio freqüente na posição de liderança para dar a todos os cães a oportunidade de guiar os demais. Todos querem liderar. Naquele processo, ele acaba encontrando o cão que se destaca como verdadeiro líder porque é mais dinâmico e persistente na liderança. Esse animal se torna o líder de toda a matilha. É escolhido para liderar porque lidera;

é capaz de motivar os outros cães a segui-lo por conta de sua energia e seu entusiasmo.

Jeff nos contou que, em 1996, uma fêmea de dois anos e meio liderava a matilha. Ela era fora do comum, pois só havia duas cadelas naquele grupo, e essa fêmea era muito jovem e menor do que todos os outros animais. Com emoção na voz, Jeff explicou: "Ela era nossa líder. Quando encaramos uma nevasca, ela não desistiu. Continuou latindo e correndo mesmo quando a neve a envolvia, e nos inspirou a seguir em frente. Apesar de jovem, ela tinha a maturidade mental de um líder."

Quando foi homenageado pela vitória da edição de 1998 da Iditarod, Jeff ergueu o cão que liderava a matilha naquele ano e exclamou: "Aqui está o líder que venceu a corrida para nós."

Não importa quão difícil se torne a situação, um líder de verdade continuará liderando e nunca desistirá. Não importa que tipo de tempestade se abata sobre ele. Não importa o quanto ela o envolva.

Se você ainda não teve a chance de se destacar ao tomar decisões difíceis pelo bem de sua equipe e de sua organização, não perca a esperança. Sua oportunidade chegará. Se você continuar fazendo a coisa certa, sua responsabilidade aumentará cada vez mais. E quanto mais responsabilidade você tiver, mais decisões difíceis terá de tomar. Enquanto isso, continue aprendendo e se desenvolvendo como líder. Neste momento, você está sendo preparado. Quando os momentos difíceis chegarem, terá a chance de se distinguir como líder. E, quando finalmente enfrentar algum grande desafio, pode ser o seu momento decisivo!

OS LÍDERES SE DESTACAM NOS MOMENTOS MAIS DIFÍCEIS

APLICAÇÃO PRÁTICA

1. Você já teve de tomar decisões difíceis? Seu histórico de decisões difíceis tem muito a ver com sua credibilidade e sua reputação como líder hoje. Faça uma lista das decisões mais difíceis que tomou (anote também o ano em que aconteceram) — aquelas que foram fortemente questionadas e muito criticadas. Que tipo de padrão pode identificar? Se você exerce liderança há muito tempo, deve se lembrar de muitas decisões difíceis. Caso contrário, não está fazendo o trabalho duro que compete a todo líder. Consegue identificar uma freqüência cada vez menor de decisões difíceis com o passar do tempo? Se isso acontece, você pode estar perdendo a habilidade de liderar.

2. Você se considera em condições de vencer a batalha interior? O que faz para vencer os conflitos internos que todo líder deve enfrentar quando se vê diante de situações difíceis? Conta com alguma lista de valores ou conjunto de padrões a partir dos quais toma suas decisões? Você adota algum tipo de disciplina diária que ajude a manter a força mental, emocional, espiritual e física? Quando a oportunidade aparece, é tarde demais para se preparar. Faça hoje o que pode; assim, amanhã estará em condições de fazer o que deve.

3. Como líder, você evita riscos? Toda decisão difícil envolve um elemento de risco. Como está sua disposição de se colocar na linha de frente, se necessário, na hora de tomar decisões difíceis? É capaz de fazer isso em paz, pelo bem de sua equipe ou da organização, mesmo sabendo que receberá críticas pelas decisões que tomar? Conseguiria sacrificar sua posição, se fosse preciso, para manter seus valores ou preservar o bem-estar das pessoas que você lidera?

MOMENTO DO MENTOR

Se as pessoas que você está mentoreando têm bastante responsabilidade em mãos, certamente estarão enfrentando uma missão de peso. Pergunte-lhes quais são as dificuldades enfrentadas e sobretudo qual a maior delas. Estimule-as a tomar suas próprias decisões e continue apoiando-as para que se mantenham firmes.

16

PESSOAS ABANDONAM PESSOAS, NÃO EMPRESAS

Muitos dos conceitos que uso nos livros constituem o resultado de minhas experiências como orador, diante de platéias de toda parte nos Estados Unidos e em outros países. Quando recebo a oportunidade de falar, tento passar o maior tempo possível interagindo com as pessoas. Converso com elas durante os intervalos e autografo livros sempre que posso. Gosto de conhecer gente e de ouvir idéias e questionamentos.

Por exemplo, o livro *O líder 360º* surgiu a partir de comentários que ouvi de várias pessoas num período de dez anos. Costumo ouvir comentários do tipo: "Adoro os princípios de liderança que você ensina, mas não posso aplicá-los a mim, pois não sou o líder principal"; ou: "Seus conceitos podem ser bons, mas você não tem idéia de como o líder para o qual trabalho é ruim." Por causa dessas observações, escrevi um livro com a intenção de ajudar as pessoas a liderar seja qual for sua posição dentro da organização em que trabalham.

Quando estava trabalhando em *O líder 360º*, freqüentemente perguntava às platéias a quem falava se já tinham seguido um mau líder. A reação era sempre impressionante. Dava para ouvir um suspiro profundo vindo de todo o público, e quase todo mundo levantava a mão. Em uma dessas ocasiões, tive um *insight*. Parece óbvio demais hoje em dia, mas, na época, foi como uma inspiração. Perguntei o seguinte: "Quantos de vocês já deixaram um emprego por causa de um líder ruim ou de um mau relacionamento no trabalho?" Mais uma vez, quase todas as pessoas levantaram as mãos. E aquilo confirmou o que eu já sabia ser verdade: pessoas abandonam pessoas, não empresas.

A PORTA SE ABRE PARA OS DOIS LADOS

Todas as organizações vivem um fluxo de entrada e saída de funcionários muito parecido com aquelas portas do tipo vaivém. As pessoas entram por essa porta por uma razão: fazer parte dessa empresa. Talvez elas se identifiquem com a visão da organização. Ou então acreditam que a empresa oferece grandes oportunidades. Ou possuem admiração pelo líder. Há tantas razões quanto pessoas que se candidatam a um emprego. Mas quando elas deixam a empresa e saem por aquela porta, há grandes chances de que todas tenham algo em comum: o desejo de buscar "pastos mais verdes" geralmente é motivado pela necessidade de se afastar de alguém.

Tem sido um privilégio meu liderar empresas convencionais, assim como organizações filantrópicas de voluntariado. Nos dois casos, as pessoas chegam e vão embora, mas, acredite em mim, organizações de voluntários são mais difíceis de serem lideradas. As pessoas só seguem o líder se desejam de fato. Não contam com o incentivo de um contracheque para permanecer na organização ou se sujeitar à liderança de alguém. O princípio da porta vaivém é especialmente verdadeiro no trabalho com voluntários, e em algumas organizações, a porta quase não pára de ir e vir.

Trabalhei por mais de 25 anos como pastor, e posso dizer que as pessoas entravam e saíam da igreja o tempo todo. Sempre que era possível, eu tentava sentar e conversar com quem estava prestes a deixar a congregação. Quando lhes perguntava por que estavam saindo, a esmagadora maioria respondia que era por causa de conflitos. Para ser sincero, às vezes o problema delas era comigo! Outras vezes, era com algum membro da diretoria ou outro voluntário. Depois de ouvir a história, eventualmente surpreendia aquelas pessoas ao exclamar: "Não culpo você por querer sair. Se eu não fosse o pastor da igreja, saía junto!"

Sendo igualmente honesto, as pessoas que estavam saindo, em alguns casos eram o verdadeiro problema. Tem gente que não consegue se dar bem com ninguém. Onde quer que estejam, a confusão as acompanha. São como o Bob do meu livro *Vencendo com as pessoas*. O princípio de Bob é este: "Quando Bob tem problemas com todo mundo, geralmente o problema é o próprio Bob." Nessas situações, eu sentia grande prazer em dizer "adeus" para Bob ou Roberta, e me lembrava das palavras de Oscar Wilde: "Algumas pessoas proporcionam felicidade aonde vão; outras proporcionam felicidade quando se vão."

A QUEM AS PESSOAS ABANDONAM?

Na condição de líderes, gostamos de pensar que, quando as pessoas deixam a organização, isso tem pouco a ver conosco. Mas a realidade é que, em geral, somos mesmo o motivo de tal iniciativa. Algumas fontes estimam que cerca de 65% das pessoas saem das empresas por causa de seus gestores. Podemos dizer que as pessoas desistem de seu emprego ou de sua empresa, mas a realidade é que elas costumam desistir de seus líderes. A "empresa" não fez nada contra elas. As pessoas fizeram. Às vezes, colegas de trabalho provocam os problemas que induzem as pessoas a deixar a organização, mas, em geral, quem cria indisposição com os funcionários são seus supervisores diretos.

> *Algumas pessoas proporcionam felicidade aonde vão; outras proporcionam felicidade quando se vão.*
> OSCAR WILDE

A maior parte dos líderes pode causar uma boa impressão nos funcionários à primeira vista. Junte-se a isso o otimismo que as pessoas demonstram quando estão começando num emprego novo. Elas desejam um novo emprego para se desenvolver. Com o tempo, porém, os líderes mostrarão quem são de fato, e não aquilo que tentam aparentar. Se o patrão é grosseiro e ignorante, é apenas questão de tempo até os funcionários perceberem. Assim sendo, de que tipo de pessoa os funcionários desistem? Geralmente, são quatro os perfis:

1. As pessoas desistem de quem as desvaloriza

Um casal de idosos, George e Mary Lou, estava celebrando bodas de ouro. Com os índices de divórcio tão altos, um jornalista quis saber qual era o segredo do sucesso daquele casal. Então perguntou a George: "Qual é a sua receita para um casamento duradouro e feliz?" George explicou que, depois da cerimônia de casamento, o sogro o puxou para o lado e entregou-lhe um pequeno pacote. Dentro do pacote estava um relógio de ouro que George sempre usou. Ele o mostrou ao repórter. No mostrador estavam as palavras: "Diga alguma coisa agradável para Mary Lou".

Todos nós gostamos de ouvir coisas boas a nosso respeito. Todo mundo acha ótimo ser apreciado. No entanto, muita gente não recebe um retorno positivo ou manifestações de apoio no trabalho. Com freqüência, o que acontece é o contrário: as pessoas se sentem desvalorizadas. Os patrões agem com soberba e tratam seus funcionários com desdém ou, pior ainda, com desprezo. E isso acaba com qualquer relacionamento — até mesmo uma relação profissional.

Em seu livro *Blink — A decisão num piscar de olhos,* Malcom Gladwell escreve sobre um especialista em relacionamentos chamado John Gottman, que era capaz de predizer, com alto índice de acerto, o sucesso potencial de um casamento com base na interação entre os cônjuges. O que ele usava como indicador do fracasso de um relacionamento conjugal? O desprezo. Se um dos parceiros tratasse o outro com desprezo, o relacionamento estava, via de regra, fadado ao fracasso.[1]

É impossível agregar valor a alguém que desvalorizamos! Se não respeitamos uma pessoa, não podemos tratá-la com respeito. O motivo? Porque não dá pra se comportar de uma forma incoerente com aquilo em que acreditamos.

Tenho observado que, quando os líderes desvalorizam sua equipe, começam a manipular as pessoas. Passam a tratá-las como objetos, e não como gente. Isso nunca é apropriado para um líder.

É impossível agregar valor a alguém que desvalorizamos!

Sendo assim, qual seria a solução? Procure o valor das pessoas e manifeste seu apreço por elas. Os líderes costumam ser bons em identificar o valor numa oportunidade ou num negócio. Eles precisam ter uma mentalidade parecida quando se trata de pessoas. Descubra o valor naqueles que trabalham com você. Elogie-os por sua contribuição. Eles podem agregar valor aos clientes com aquilo que produzem ou com o serviço que prestam. Podem agregar valor à organização, aumentando sua excelência global. Podem agregar valor aos colegas de trabalho, estimulando-os ou maximizando-lhes o desempenho. Descubra algo que mereça elogio, e seus liderados se sentirão bem em trabalhar para você.

2. As pessoas desistem de quem não é confiável

Michael Winston, diretor administrativo e de liderança da Countrywide Financial Corporation, afirma:

> Líderes eficazes trabalham para que as pessoas se sintam fortes e capazes. Em todas as principais pesquisas sobre os hábitos dos líderes eficazes, a confiança no líder é essencial para a fidelidade da equipe, que precisa considerar o líder probo, digno de crédito. Uma das maneiras de desenvolver essa confiança — seja no líder ou em qualquer outra pessoa — é por meio de um comportamento coerente. A confiança também se estabelece quando as palavras estão de acordo com as atitudes.

Você já trabalhou com alguém em quem não podia confiar? Trata-se de uma experiência terrível. Ninguém gosta de trabalhar com pessoas nas quais não consegue estabelecer uma relação de confiança. Infelizmente, uma pesquisa realizada pela Manchester Consulting indica que a confiança no ambiente de trabalho está em declínio. Eles descobriram que as cinco formas mais rápidas de um líder perder a confiança em sua equipe de trabalho eram:

- Agir de maneira incoerente com o que se diz e faz.
- Colocar as vantagens pessoais acima das do grupo.
- Sonegar informações.
- Mentir ou contar meias-verdades.
- Ter uma mentalidade fechada.

Quando os líderes perdem a confiança em sua equipe, é como um espelho que se quebra. Atire uma pedra num espelho e o vidro se estilhaça. E, ainda que seja possível juntar todos os pedaços e colá-los novamente, o espelho ficará marcado para sempre. Quanto maior o estrago, mais distorcida fica a imagem. Quando se perde a confiança, fica muito difícil superar o estrago que isso provoca no relacionamento.

Por outro lado, a pesquisa descobriu que as melhores maneiras de se estabelecer uma relação de confiança eram:

- Manter a integridade.
- Comunicar abertamente sua visão e seus valores.

- Demonstrar pelos funcionários o mesmo respeito dedicado a um sócio.
- Concentrar-se mais nas metas em comum do que na agenda pessoal.

Fazer a coisa certa, não importando o risco pessoal.[2]

Estabelecer e manter a confiança como líder é uma questão de integridade e comunicação. Se não deseja que as pessoas desistam de você, é preciso ser coerente, aberto e sincero com elas.

3. As pessoas desistem de quem é incompetente

Como mencionei no início deste capítulo, uma das reclamações recorrentes é a de que as pessoas trabalham para líderes ruins. Todo mundo — o operário no chão da fábrica, o vendedor, o administrador mediano, o atleta ou o voluntário — quer ter a sensação de que seu líder pode dar conta do trabalho. Os líderes devem inspirar confiança, e o fazem não com seu carisma, mas quando demonstram competência.

Os líderes devem inspirar confiança, e o fazem não com seu carisma, mas quando demonstram competência.

Quando o líder é incompetente, ele se torna fator de distração para a equipe. Desperdiça a energia das pessoas. Impede que elas priorizem as prioridades. Desvia o foco da visão e dos valores para concentrá-lo sobre o próprio comportamento. Se as pessoas que trabalham para um líder incompetente possuem alto grau de habilidade, viverão preocupadas com as confusões que o líder pode arranjar. Se não possuem habilidade ou experiência, não saberão o que fazer. De um jeito ou de outro, a produtividade cai, o moral é afetado e tornam-se impossíveis as atitudes positivas.

Um líder incompetente não lidera gente competente por muito tempo. A Lei do Respeito, extraída de *As 21 irrefutáveis leis da liderança*, declara: "As pessoas seguem naturalmente os líderes que demonstram ser mais fortes do que elas". Quem tem capacidade de liderança grau 7 (numa escala de 1 a 10) não seguirá um líder que mereça classificação 4. Em vez disso, desistirá e procurará por outra pessoa — qualquer uma — que o possa liderar.

4. As pessoas desistem de quem é inseguro

Quando um líder valoriza gente, é íntegro e demonstra competência, então as pessoas ficarão contentes por segui-lo, certo? Nada disso. Mesmo que alguém possua essas três qualidades, há ainda uma característica que afastará as pessoas: insegurança.

Alguns líderes inseguros são fáceis de ser identificados. Seu desejo de poder, de posição e de reconhecimento se manifesta numa demonstração óbvia de medo, suspeita, desconfiança ou ciúme. Mas, às vezes, essa atitude pode ser mais sutil. Líderes excepcionais fazem duas coisas: desenvolvem outros líderes e a si mesmo no trabalho que executam. Líderes inseguros nunca fazem isso. Pelo contrário, eles tentam se tornar indispensáveis. Não querem treinar suas equipes para alcançar seu potencial e serem mais bem-sucedidas do que eles. Na verdade, os líderes inseguros não desejam que as pessoas sejam bem-sucedidas sem a ajuda deles. E toda vez que alguém de sua equipe alcança um nível mais elevado, eles consideram isso uma traição.

As pessoas querem trabalhar para líderes que as estimulem, não para os que as desmotivem. Desejam líderes que as ergam e ajudem a alçar vôo, não que as mantenham no chão. Anseiam por mentores que as auxiliem a alcançar seu potencial e o sucesso. Se percebem que seu líder está mais preocupado em manter sua autoridade e proteger a posição que ocupa, elas acabarão encontrando outra pessoa para quem trabalhar.

A RECEITA DA RETENÇÃO

Não importa quão bom líder você seja, de vez em quando perderá alguém de sua equipe. Isso simplesmente faz parte do processo de liderança. No entanto, é possível tomar algumas providências para se tornar o tipo de líder que outras pessoas desejam seguir. Aqui estão as coisas que faço quando lembro que pessoas abandonam pessoas, e não empresas:

1. *Assumo a responsabilidade por meus relacionamentos:* quando um relacionamento vai mal, tomo a iniciativa de tentar melhorá-lo.
2. *Quando uma pessoa vai embora, faço uma entrevista de dispensa:* o propósito dessa entrevista é descobrir se ela quer sair por minha causa. Se for, peço desculpas e a trato bem.

3. *Valorizo muito aqueles que trabalham comigo:* é maravilhoso quando as pessoas acreditam em seu líder. É ainda mais maravilhoso quando o líder acredita nas pessoas.
4. *Coloco a credibilidade no topo de minha lista de liderança:* posso nem sempre ser competente; há momentos nos quais todo líder descobre que pode ser superado. No entanto, posso sempre ser confiável.
5. *Reconheço que minha saúde emocional positiva cria um ambiente seguro para as pessoas:* por essa razão, penso positivamente, comporto-me de maneira adequada diante dos outros e sigo a Regra de Ouro.
6. *Demonstro disposição para aprender e alimento minha paixão pelo crescimento pessoal:* continuarei aprendendo para continuar liderando. Se continuar crescendo, nunca me tornarei obstáculo para o potencial de minha equipe.

É maravilhoso quando as pessoas acreditam em seu líder. É ainda mais maravilhoso quando o líder acredita nas pessoas.

Uma das piores coisas que podem acontecer a uma organização é perder seus melhores funcionários. Quando isso ocorre, não culpe a empresa, a concorrência, o mercado ou a economia. Coloque a culpa nos líderes. Nunca esqueça: pessoas abandonam pessoas, não empresas. Se você deseja manter seus melhores quadros e ajudar sua organização a cumprir sua missão, então se torne um líder ainda melhor.

PESSOAS ABANDONAM PESSOAS, NÃO EMPRESAS

APLICAÇÃO PRÁTICA

1. Sua equipe pode confiar em você? É o tipo de líder em quem sua equipe pode confiar, não importando as circunstâncias ou as condições? Responda a cada uma das perguntas a seguir, baseadas nas descobertas da Manchester Consulting:

- Há coerência entre o que sei e o que digo?
- Coloco as vantagens pessoais acima das do grupo?
- Costumo sonegar informações?
- Minto ou conto meias-verdades?
- Tenho uma mentalidade fechada?

Se você respondeu "sim" a uma dessas perguntas, tem um problema de credibilidade em relação ao seu pessoal. Comece a trabalhar para resolver a situação fazendo o seguinte:

- Mantenha a integridade, fazendo com que suas palavras sejam coerentes com suas atitudes.
- Comunique abertamente sua visão e seus valores.
- Demonstre pelos funcionários o mesmo respeito dedicado a um sócio.
- Concentre-se mais nas metas em comum do que na agenda pessoal.
- Faça a coisa certa, não importando o risco pessoal.

O processo de conquista da credibilidade não ocorre da noite para o dia, mas, se você colocar em prática regularmente essas cinco dicas, com o tempo sua equipe começará a confiar em você.

2. Qual é a sua atitude em relação à sua equipe? Se você é líder, como vê sua equipe?

- São apenas subordinados que só sabem fazer o que você diz?
- São recursos a serem administrados e manipulados?
- São um mal necessário a ser tolerado para fazer o negócio dar certo?
- São colegas trabalhadores que desempenham um papel valioso e necessário, tal como você?

Se a sua atitude for diferente da quarta opção, então não é a mais positiva exigida para se tornar um líder de sucesso. Mude isso sistematicamente. Aprenda mais sobre sua equipe — o que os integrantes fazem e como contribuem para o grupo.

3. Você manifesta seu apreço? Não basta só ter sua equipe em alta conta. É preciso expressar sua crença neles e demonstrar seu apreço. Separe um tempo esta semana para dizer a cada liderado por que você o valoriza e agradecer por seu trabalho.

MOMENTO DO MENTOR

Sente-se com as pessoas a quem mentoreia e analise a rotatividade de funcionários na área em que elas trabalham. Que tipos de padrão pode identificar? Quem está saindo? Qual o nível de responsabilidade assumido pela perda de pessoal? Peça a elas que descrevam o que fazem para valorizar os funcionários, desenvolver a confiança em relação aos outros, ampliar a própria competência e ser mais seguras de si. Ajude-as a se aprimorarem nas áreas em que não são boas.

17

A EXPERIÊNCIA NÃO É A MELHOR PROFESSORA

Uma das coisas mais frustrantes para os jovens líderes é ter de esperar por sua chance de brilhar. Líderes são impacientes por natureza, e eu não era nada diferente. Durante os meus primeiros dez anos de liderança, ouvi muito sobre a importância da experiência. No primeiro cargo que exerci, as pessoas não confiavam em meu julgamento. Diziam que eu era jovem demais e muito inexperiente. Eu ficava frustrado, mas, ao mesmo tempo, compreendia o ceticismo delas. Eu só tinha 22 anos de idade.

Depois de liderar por alguns anos, percebi como as pessoas começaram a me notar. Constatavam em mim alguma habilidade. Em meu terceiro ano como líder, uma igreja maior pensou em me convidar para ocupar o maior posto de liderança disponível. O cargo significaria prestígio e um salário melhor, mas logo fiquei sabendo que eles tinham decidido chamar um líder mais velho e experiente. Mais uma vez, embora desapontado, eu entendi.

Aos 25 anos, fui indicado para me tornar membro do conselho de moradores do meu bairro. Fiquei entusiasmado ao ver meu nome na cédula de votação. Gente com a minha idade não costumava ser indicada para aquela posição. A eleição foi dura, mas perdi para um veterano muito respeitado de nossa denominação. "Não se preocupe", alguém me disse, "um dia você ocupará uma vaga no conselho. Só precisa de alguns anos a mais de experiência".

Vez após vez, minha juventude e a falta de experiência eram apontadas como o meu problema. E eu estava disposto a fazer todo o esforço necessário, aprender o que fosse preciso e esperar minha vez. Quando aquelas pessoas mais experientes ocuparam os cargos que eu desejava, passei a observar a vida de cada uma para tentar aprender com elas. Procurava ver sobre que tipo de fundação haviam construído a vida, que pessoas influentes elas conheciam, como se comportavam. Às vezes, aprendia bastante vendo o que elas faziam. Muitas vezes, porém, eu ficava decepcionado. Havia muita gente com anos de experiência, mas sem sabedoria ou habilidade para ocupar suas posições.

Aquilo me fez pensar: por que a experiência ajudava tanto alguns líderes, mas não todos? Aos poucos, minha dúvida começou a se dissipar. O que haviam me ensinado a vida inteira não era verdade: a experiência não é a melhor professora! Há quem aprenda e cresça como resultado de sua experiência. Outros não. Todo mundo tem algum tipo de experiência. O que se faz com ela é o que conta de fato.

COMO A EXPERIÊNCIA MARCARÁ SUA VIDA?

Todos começamos a vida como se fôssemos cadernos com folhas em branco. Todos os dias, temos uma oportunidade de registrar novas experiências em nossas folhas. A cada página virada, ganhamos mais conhecimento e compreensão. Em tese, conforme progredimos, nosso caderno é preenchido com notas e observações. O problema é que nem todos fazem o melhor uso de seus blocos.

> *A experiência não ensina nada, mas a avaliação dessa experiência ensina tudo.*

Alguns parecem deixar o caderno fechado a maior parte da vida, com anotações esparsas. Outros preenchem as páginas, mas nunca separam um tempo para refletir sobre o que está escrito e, com isso, crescer em sabedoria e entendimento. Mas há alguns que não se limitam a registrar suas experiências, mas detêm-se sobre o que viveram, buscando seu significado. Ou seja, relêem o que está escrito no caderno e dedicam tempo de reflexão ao assunto. É, na medida em que viver se associa a pensar, a reflexão transforma a experiência numa percepção. Dessa forma, quem procede dessa maneira compreende que o tempo conspira a seu favor se usar seu caderno como uma ferramenta de aprendizado, e não só como um calendário. Quem faz assim entende o segredo: a experiência não ensina nada, mas a avaliação dessa experiência ensina tudo.

COMO TIRAR PROVEITO DA EXPERIÊNCIA

Você conhece pessoas cheias de conhecimento, mas incapazes de entender as coisas direito? Elas podem ter muitos recursos, mas não sabem o significado de nada importante. Mesmo possuindo *know-how*, passam a impressão de não ter idéia do funcionamento das coisas. Sabe qual é o problema com essas pessoas? A experiência de vida delas é vazia em termos de reflexão e avaliação. Mesmo que 25 anos se passem, elas não adquirem 25 anos de experiência; tudo que conseguem é ganhar 25 vezes um ano de experiência!

Se você deseja ganhar com sua experiência para se tornar um líder mais eficaz e sábio, precisa saber antes o seguinte:

1. Todos experimentamos do que compreendemos

O jogador de beisebol Earl Wilson, primeiro arremessador negro do time do Boston Red Sox, costumava dizer, em tom de piada: "A experiência capacita a pessoa a reconhecer um erro quando volta a cometê-lo." Encaremos a realidade: todo mundo comete erros. Acontece muita coisa em nossa vida, e não somos capazes de entender tudo. Nossas experiências sobrepujam os limites de nossa compreensão. E não importa quão espertos sejamos, nossa capacidade de compreensão nunca alcançará nossa experiência.

Assim sendo, o que a pessoa deve fazer? Tirar o melhor proveito daquilo que pode compreender. Faço isso de duas maneiras. Primeiro, no fim de cada dia, tento me lembrar de fazer a mim mesmo esta pergunta: "O que aprendi hoje?" Isso me capacita a *reler* a página do caderno de minha vida naquele dia. A segunda coisa que faço é separar a última semana do ano para repassar os doze meses anteriores. Reflito a respeito de minhas experiências, tanto os momentos de sucesso quanto os de fracasso; as metas que cumpri e os sonhos que não se realizaram; os relacionamentos que estabeleci e os que se desfizeram. Dessa forma, tento encurtar um pouco a distância que separa minha experiência de meu entendimento.

2. Nossa atitude em relação às experiências inesperadas e desagradáveis determina nosso crescimento pessoal

Steve Penny, presidente da S4 Leadership Network, na Austrália, observou:

> A vida é repleta de desvios inesperados. Surgem circunstâncias que parecem programadas para estragar nossos planos. Aprenda a transformar esses desvios em momentos de prazer. Trate-os como excursões especiais e viagens didáticas. Não os combata, senão jamais saberá seu propósito. Aproveite cada momento, e logo estará de volta à trilha, provavelmente mais sábio e forte por causa daquele pequeno desvio.

> *O que difere as pessoas comuns das empreendedoras é a reação ao fracasso, bem como o que entendem por fracasso.*

Devo admitir que manter uma atitude positiva em relação aos desvios da vida é uma batalha que enfrento constantemente. Prefiro uma auto-estrada e uma rota em linha reta do que uma estrada sinuosa e pitoresca. Toda vez que preciso trafegar por um desvio, procuro a maneira mais rápida de sair dele. Não me esforço nem um pouco para aproveitar o processo. Sei que isso é uma ironia para o sujeito que escreveu *Dando a volta por cima — A arte de transformar fracasso em sucesso*, no qual escrevo que o que difere as pessoas comuns das empreendedoras é a reação ao fracasso, bem como o que entendem por fracasso. Mas nem sempre é fácil colocar em prática algo que se tem como verdadeiro.

Em 2005, meu grande amigo Rick Goad recebeu um diagnóstico de câncer no pâncreas. Por um ano, estive ao lado dele enquanto vivia as experiências terríveis proporcionadas pela doença. Numa mesma semana, ele era capaz de sentir esperança e medo, levantar questões e descobrir as respostas, enfrentar reveses e vislumbrar possibilidades. Ele passou por muitos altos e baixos.

Aquela situação era inesperada para Rick porque ele ainda era um rapaz muito jovem, na casa dos quarenta. Durante toda aquela provação, testemunhei como ele era capaz de viver um dia de cada vez, apreciar todos os momentos da vida, observar o contorno prateado das nuvens, amar os amigos e passar tempo com Deus. Por mais de uma vez, ele me disse:

"John, eu não escolheria isso para minha vida, mas também não trocaria por nada."

Esse *desvio* na vida de Rick terminou em 2006, quando ele faleceu. Foi de cortar o coração. Mas Rick ensinou muitas coisas a mim e a todos que o cercavam durante o período difícil pelo qual passou. Seu exemplo foi uma lição de vida.

3. A falta de experiência custa caro

Hoje, aos sessenta anos, olho para trás e me arrepio só de pensar na ingenuidade de minha juventude. Só existia uma ferramenta na caixa de minha experiência: um martelo. E se você só dispõe de um martelo, tudo na vida parece prego. Por isso, eu martelava o tempo todo. Lutei muitas batalhas que não deveria ter lutado. Cheio de entusiasmo, liderei pessoas por estradas sem saída. Era dotado de uma confiança que apenas gente sem experiência possui. Não tinha idéia de quão pouco sabia. Harry Golden afirmou:

> A arrogância do jovem reside no número ainda pequeno de conseqüências. O peru que todo dia se aproximava com gana do fazendeiro que lhe atirava alguns grãos não estava errado. Apenas lhe faltou quem falasse sobre a ceia de Natal.[1]

Cometi muitos erros quando ainda era um jovem líder, mas era uma pessoa afortunada: nenhum deles foi desastroso. Fiquei com a maior parte dos prejuízos, e as organizações que liderei não sofreram conseqüências tão terríveis por causa de minha inexperiência.

4. A experiência também custa caro

O preço pela falta de experiência pode ser alto, mas o mesmo vale para a experiência. É fato que não dá para ganhar experiência sem pagar um preço. O grande romancista norte-americano Mark Twain comentou certa vez: "Conheço um homem que pegou um gato pelo rabo e aprendeu 40% mais sobre gatos do qualquer um que tenha deixado de fazer o mesmo." Você só precisa torcer para que o preço não seja maior do que o valor da experiência adquirida. O problema é que, às vezes, é impossível calcular esse preço sem passar por ela.

> *Conheço um homem que pegou um gato pelo rabo e aprendeu 40% mais sobre gatos que qualquer um que tenha deixado de fazer o mesmo.*
> MARK TWAIN

Ted W. Engstrom, ex-presidente da Visão Mundial, costumava contar uma história sobre a diretoria de um banco que escolhera um jovem brilhante e carismático para suceder o presidente da empresa, que estava se aposentando. O jovem procurou o velhinho em busca de ajuda. A conversa começou assim:

— Senhor, qual é o atributo principal que devo demonstrar para sucedê-lo da maneira apropriada como presidente deste banco?

— A capacidade de tomar decisões, decisões e decisões — respondeu o velhinho, já enrugado.

— E como posso aprender a fazer isso? — insistiu o jovem.

— Experiência, experiência e experiência.

— Mas como adquiro experiência? — perguntou o jovem.

O velhinho olhou para ele:

— Decisões ruins, decisões ruins e decisões ruins.

É como diz o velho ditado: a experiência submete a pessoa à prova primeiro para depois ensinar a lição. Adquirir experiência pode custar muito caro, mas não tanto quanto deixar de adquiri-la.

5. Deixar de avaliar e aprender com a experiência custa mais caro ainda

> *Não se limite a aprender alguma coisa de cada experiência. Aprenda algo positivo.*
> ALLEN NEUHARTH

É terrível ter de pagar o preço pela experiência e não receber a lição. Mas é o que acontece freqüentemente com as pessoas. O motivo? Quando passam por uma experiência negativa, elas costumam fugir. A primeira coisa que dizem é: "Nunca mais repito isso!"

Mark Twain tinha algo a dizer sobre esse assunto também. Ele comentou: "Se um gato sobe num forno quente, ele nunca mais voltará a subir naquele forno. Na verdade, o gato nunca mais subirá no forno quando estiver frio também." Um gato não tem a capacidade mental de avaliar sua experiência e tirar proveito dela. O melhor que pode fazer é seguir o instinto de sobrevivência. Se desejamos crescer em sabedoria e nos aprimorar como líderes, precisamos ir além — devemos levar em consideração as palavras do fundador do jornal *USA Today*, Allen Neuharth: "Não se limite a aprender alguma coisa de cada experiência. Aprenda algo positivo."

6. A capacidade de avaliar as experiências nos distingue

São raras as pessoas que assimilaram o hábito de parar para refletir a respeito das experiências que viveram, avaliar o que deu certo ou errado e aprender com tudo isso. Mas, quando está diante de uma delas, você logo reconhece. Há uma parábola sobre uma raposa, um lobo e um urso. Um dia, eles foram caçar juntos, e cada um pegou um cervo. Aí passaram a discutir como dividiriam o produto da empreitada. O urso perguntou ao lobo como ele achava que a partilha poderia ser feita. O lobo respondeu que cada um deveria ficar com um cervo. Na mesma hora, o urso comeu o lobo.

Em seguida, o urso perguntou à raposa como ela propunha dividir as coisas. A raposa ofereceu ao urso seu cervo e acrescentou que o urso também deveria ficar com o animal que o lobo havia caçado.

— Com quem aprendeste a ser tão sábia? — perguntou o urso.

— Com o lobo — respondeu a raposa.

O jurista Oliver Wendell Holmes afirmou: "O jovem conhece as regras, mas o homem maduro conhece as exceções." Isso só é verdade quando o homem maduro dedicou tempo para avaliar suas experiências e ganhar sabedoria com elas.

A escola da vida oferece muitos cursos difíceis. Alguns deles freqüentamos de boa vontade. Outros nos pegam de surpresa. Em todos os casos, podemos aprender lições muito valiosas, mas apenas se desejarmos, de fato, aprendê-las e estivermos dispostos a refletir a respeito delas. Os resultados? Você pode se tornar um exemplo daquilo que Rudyard Kipling expressou no poema *Se*:

Se te for possível manter o senso diante
De um mundo que o perdeu e contra ti se levante;
Se podes crer em ti entre os que duvidam,
E cujas próprias dúvidas abrigam;
Se podes esperar sem desistir,
Ou recusar a mentira sem transigir,
Ou suportar o ódio sem retribuir;
Se te faltarem aparência e sabedoria para prosseguir.

Se podes sonhar, mas o sonho não te domina;
Se podes pensar, mas do pensamento não fazes tua sina;
Se te encontras com o triunfo e a tribulação
E os tratas como os impostores que são;

Se suportas ouvir tua verdade
Deturpada por patifes em sua veleidade,
Ou ver destruída a obra da tua dedicação
E encontras forças para levantá-la de novo do chão.

Se és capaz de juntar o fruto de tua conquista,
E arriscar-te a perdê-lo de uma só vez
E, perdendo, recomeçar do início da pista
Sem lamentar-te pelo que se desfez;
Se podes tirar do coração, do nervo e de cada tendão
A força para te servirem quando toda energia se vai
E continuar em frente quando nada te resta senão
A Vontade que a eles diz: "Não cessai!"

Se podes manter tua virtude entre a gente comum,
Ou andar entre reis sem perder esse encanto;
Se ninguém, amigo ou inimigo, pode te fazer mal algum
Se todos contam contigo, mas nem tanto;
Se podes preencher teu minuto crucial
Com sessenta segundos de puro brilho,
Tua é a terra e tudo que nela há, e afinal
Terás te tornado um homem, meu filho!

Você não apenas será um homem (ou mulher) de integridade e sabedoria; também beneficiará sua equipe porque terá se tornado em uma liderança ainda mais capaz.

A EXPERIÊNCIA NÃO É A MELHOR PROFESSORA

APLICAÇÃO PRÁTICA

1. Com que freqüência você dá uma parada nos afazeres para refletir a respeito de suas experiências? A maioria dos líderes que conheço está o tempo todo em movimento. Por causa disso, raramente separam tempo para sentar-se e refletir sobre suas experiências do dia ou da semana. Você procura arranjar tempo para avaliar suas experiências e aprender com elas? Se essa não é uma decisão consciente sua, é possível que não esteja tirando proveito nenhum delas, e corre o risco de passar pela mesma experiência 25 vezes, em vez de acumular 25 anos de experiência. Organize-se de modo a separar quinze minutos ao fim de cada dia ou uma hora por semana para refletir a respeito de suas experiências e aprender o que elas podem ensinar.

2. Como você registra o que aprendeu? Creio que, às vezes, as pessoas lêem os *slogans* ou as declarações que faço, como "não posso liderar se depender das pessoas", que já abordamos anteriormente neste livro, e pensam que as inventei especialmente para o livro. Mas não é isso que acontece. Cada afirmação, declaração ou *slogan* é resultado de períodos de reflexão aos quais me dediquei em minha vida. É um hábito que coloco em prática desde a juventude.

Quando a vida ensina uma lição, como você a registra? Simplesmente tenta se lembrar dela e torce para dar certo? Não se trata de um sistema dos mais confiáveis. Comece a tornar um hábito colocar as lições da vida no papel. Pode escrevê-las num diário; ou anotá-las em cartões e arquivá-las; ou ainda abrir um arquivo no computador com esse propósito. Só não deixe de registrá-las! E se conseguir fazê-lo de modo criativo e atraente, não só terá mais chances de lembrar-se das lições, como também será capaz de transmiti-las com maior facilidade.

3. Como você avalia cada ano de vida? Já separou um tempo para refletir nos acontecimentos do ano passado? Se ainda não o fez, organize-se para tal. Separe um dia inteiro (ou mais) para repassar a agenda do ano anterior e refletir em suas experiências. Pense no melhor e no pior que aconteceu com você. É aí que residem as melhores lições. Em seguida, reserve tempo para colocar no papel o que aprendeu.

MOMENTO DO MENTOR

Peça às pessoas a quem mentoreia que agendem um período semanal de reflexão para avaliar as próprias experiências. Durante determinado período, oriente-as para que se reúnam com você ou enviem mensagens eletrônicas mensalmente, descrevendo seu aprendizado. Diminua a freqüência dos contatos conforme perceber que elas tornaram essa reflexão um hábito.

18

O SEGREDO DE UMA BOA REUNIÃO É FAZER UMA REUNIÃO PRÉVIA

O que você acha de reuniões? Se for como a maioria dos líderes, elas não fazem parte de sua lista de atividades prediletas. Sei porque também é assim comigo. Valorizo a ação, o progresso e os resultados — exatamente como a maioria dos líderes faz. Mas com que freqüência você pode classificar dessa maneira as reuniões de que participa? Geralmente, elas são tão produtivas quanto o acasalamento de pandas num jardim zoológico: apesar das altas expectativas, os resultados costumam ser muito decepcionantes. Como observou o economista John Kenneth Galbraith, "as reuniões são indispensáveis quando você não está disposto a fazer nada".

Gosto da história sobre um salão de conferências no qual os administradores colocaram os seguintes *slogans* nas paredes na tentativa de inspirar as pessoas que marcassem reuniões naquele local:

> A inteligência não substitui a informação.
> O entusiasmo não substitui a capacidade.
> A disposição não substitui a experiência.

Eles tiraram os *slogans* rapidamente depois de alguém colocar mais um:

> Reuniões não substituem o progresso.

Quem já perdeu muito tempo em reuniões sabe que elas até podem levar alguns minutos, mas, via de regra, duram horas. E toda vez que o resultado de uma reunião é o agendamento de outra reunião, fica claro que as coisas estão muito complicadas.

Algumas das reuniões que organizamos e dirigimos não são muito melhores. Já aconteceu de você planejar uma reunião e acabar caindo numa emboscada armada pelas pessoas que convocou? Isso aconteceu comigo no início da carreira. Na primeira reunião de diretoria que dirigi, sendo ainda um líder muito jovem, apareci com um plano de trabalho e uma agenda, e não levou mais do que 93 segundos para que o verdadeiro líder assumisse o controle da reunião, conduzindo todos aonde ele queria.

Nos primeiros anos de minha liderança, eu me sentia como Gomer Pyle.[1] O pobre do Gomer nunca entendia nada. Jamais sabia o que estava por acontecer, e quando se via diante de algo insesperado, arregalava os olhos e exclamava "Eeeeeeeeeeeeeeeita!", ou então abria um sorriso de orelha a orelha e gritava: "Sur-presa! Sur-presa! Sur-presa!" Não sei quanto a você, mas não quero ser um líder do tipo Gomer Pyle!

Algumas pessoas reagem diante das dificuldades que enfrentam nas reuniões tentando surpreender os participantes; porém, eles podem virar o jogo e surpreendê-lo. Outros podem reagir com cinismo. Depois de trabalhar em vários comitês e participar de um bom número de reuniões, Harry Champman fez uma lista de regras que o ajudavam a lidar com essa questão:

- Nunca chegue na hora: dá a impressão de que você é um novato.
- Não diga nada até a reunião acabar: passa a imagem de uma pessoa sábia.
- Seja tão vago quanto possível: isso evita que os outros se irritem.
- Na dúvida, sugira que seja eleito um subcomitê.
- Seja a primeira pessoa a pedir um adiamento: isso aumentará sua popularidade, pois é exatamente o que todo mundo estava esperando.[2]

Outros simplesmente desistem e evitam qualquer tipo de reunião. Mas não se trata de uma boa solução. Certamente, ninguém deseja participar de reuniões apenas pelo prazer de participar de reuniões, mas há momentos em que é necessário interagir com as pessoas. Nessas ocasiões, o importante é que a reunião leve a algum resultado concreto. Para ser um bom líder, você precisa aprender a tornar suas reuniões produtivas.

O SEGREDO DE UMA BOA REUNIÃO

Por causa de minha dificuldade com as reuniões — especialmente as reuniões "oficiais" da diretoria —, decidi pedir alguns conselhos a um de meus mentores, Olan Hendrix. Contei-lhe durante um almoço:

— Estou ficando um tanto frustrado nessas tentativas de dirigir reuniões. Não são produtivas. As pessoas não costumam colaborar. E as reuniões são sempre longas demais. Como posso tornar minhas reuniões mais proveitosas?

Olan me explicou que as reuniões costumam ser improdutivas por duas razões:

- O líder não apresenta uma agenda bem definida.
- Os outros já chegam com agenda própria.

Ambas as situações acabam gerando surpresas.

— E quer saber de uma coisa, John? — continuou Olan. — Ninguém gosta de surpresas, a não ser no dia do aniversário.

— Então, o que devo fazer? — perguntei.

— Ah, é muito simples: faça reuniões antes das reuniões.

A maioria se aborrece com aquilo que não conhece.

Olan prosseguiu, explicando que eu precisava prever o direcionamento das pessoas mais estratégicas nas reuniões, marcando uma reunião prévia com elas — individualmente ou em pequenos grupos. Assim, poderia me assegurar de que estaríamos falando sobre as mesmas coisas. Dessa maneira, a reunião principal funcionaria bem melhor depois. Que grande revelação!

Muitos cultivam uma idéia equivocada sobre o propósito de uma reunião, que em geral se considera uma maneira de economizar tempo. Assim, empurra-se um monte de gente dentro de uma sala para transmitir determinada mensagem apenas uma vez. O processo correto não é esse. Afinal, as reuniões existem para fazer com que as coisas aconteçam! Para isso, você deve fazer reuniões prévias com o objetivo de preparar as pessoas para a reunião principal. São vários os motivos:

A reunião prévia ajuda a preparar as pessoas

A maioria se aborrece com aquilo que não conhece. Faz parte da natureza humana. As pessoas costumam ser muito mais positivas quando sabem o que está acontecendo. Quando você começa fornecendo informações que as pegam de surpresa, a reação natural é geralmente negativa. E, quando os mais influentes do grupo reagem negativamente, o grupo inteiro tende a ser negativo. Isso pode comprometer o propósito da reunião ou provocar uma desagradável paralisia. É por isso que as pessoas influentes devem ter uma prévia de tudo.

A reunião prévia ajuda os liderados a ampliar sua perspectiva

O que as pessoas *vêem* é determinado pela *posição que ocupam*. Elas naturalmente vêem coisas a partir da própria perspectiva, não pela dos outros, inclusive a sua. Como líder, é necessário ajudar seus subordinados a ver as coisas como você vê. Isso requer tempo e disposição.

> *O que as pessoas vêem é determinado pela posição que ocupam.*

Não dá para encurtar o processo e esperar que, do nada, as pessoas enxerguem a partir de seu ponto de vista. Os líderes que desejam ver suas equipes seguindo suas sugestões "só porque" eles estão na liderança não irão muito longe com esse tipo de abordagem, que se baseia na posição que ocupam. Não surpreenda sua equipe e não espere que seus membros captem tudo no ar. Se proceder assim, é provável que batam o pé e parem de progredir. Ofereça a perspectiva adequada àqueles que influenciam os demais antes da reunião, e eles ajudarão você a disseminar essa perspectiva entre todos os participantes.

A reunião prévia ajuda a aumentar seu poder de influência

Liderança é influência — nada mais, nada menos. Como se pode exercer mais influência sobre as pessoas? É preciso investir nelas. E como isso pode ser feito? Comece oferecendo-lhe tempo. Qual é a mensagem que você passa se o único tempo de que dispõe para se encontrar com a equipe é durante as reuniões, quando pede aos membros que cuidem dos negócios de acordo com a sua agenda? Como se sentirão valorizados dessa forma? Não é possível estabelecer nenhum tipo de relacionamento positivo agindo dessa maneira. Não é bom para a equipe, assim como não ajuda em nada a aumentar seu poder de influência.

A reunião prévia ajuda você a desenvolver a confiança

Uma das maiores responsabilidades de um líder é ser agente de mudança dentro da organização. Gerar mudanças exige a confiança das pessoas. Quando você faz uma reunião prévia, tem a oportunidade de desenvolver essa confiança. Você pode responder a perguntas; pode compartilhar suas motivações com mais facilidade; pode entrar em detalhes que talvez não se sinta à vontade para revelar a toda a equipe. E o mais importante de tudo: você pode adaptar a mensagem à pessoa com quem está se comunicando.

A reunião prévia ajuda a evitar surpresas indesejáveis

Bons líderes costumam estar inteirados de tudo. A intuição deles é muito forte. Estão ligados à sua equipe. Geralmente, eles lidam bem com o intangível, como o moral, a empolgação das pessoas, a cultura empresarial etc. Mas até os melhores líderes podem deixar de enxergar algumas coisas. Às vezes, durante a reunião prévia, a pessoa com quem falam oferece aquela informação ou aquela percepção com potencial para evitar um grande erro de liderança.

Depois que me ajudou a compreender a importância da reunião prévia, Olan explicou como bolar uma reunião oficial produtiva, que se mantenha na trilha certa. Sugeriu que eu organizasse minha agenda usando as três categorias a seguir:

- *Itens informativos:* durante essa primeira parte da agenda, meu trabalho seria discorrer alguns minutos sobre os acontecimentos recentes na organização desde a última reunião oficial. Esses itens não exigem discussão ou comentário.
- *Itens de estudo:* essa segunda parte da agenda conteria questões que devem ser discutidas aberta e francamente. No entanto, trata-se de um momento que não pede decisão ou votação por enquanto. Ao fim da discussão, os membros deliberam se os itens dessa parte devem ou não passar à última categoria durante a reunião seguinte.
- *Itens executáveis:* essa sessão final conteria itens que exigissem decisões. Apenas os itens contidos na agenda prévia na qualidade de itens de estudo estariam em condições de se tornar itens executáveis. E só poderiam passar à sessão de itens executáveis depois de devidamente processados.

O sistema de Olan abriu meus olhos. Tratava-se não apenas de um rumo a seguir; seu roteiro, se posto em prática da maneira correta, permitiria que cada reunião estabelecesse o conteúdo da seguinte.

MINHA LIDERANÇA DEPENDE DISSO

Assim que Olan Hendrix me familiarizou com a importância das reuniões prévias, comecei a usar esse conceito, e isso fez uma diferença enorme na eficiência de minha liderança. E não acho que seja um exagero dizer que, quando me tornei pastor presidente da Faith Memorial Church, em Lancaster, Ohio, em 1972, minha capacidade de liderar dependia do uso desse método.

O líder que me antecedera naquela igreja havia se demitido por causa de um relacionamento ruim com Jim, o presidente do conselho e líder leigo da congregação. Quando ocupei o cargo, entendi que meu sucesso como líder seria determinado, em grande parte, por meu relacionamento com aquele membro influente.

Em meu primeiro dia como líder oficial da igreja, marquei um encontro com Jim. Minha agenda era dividida em duas partes: (1) dar o primeiro passo no sentido de estabelecer um bom relacionamento com ele; e (2) pedir o apoio daquele homem. Conversamos sobre muitas coisas durante aquela primeira reunião. Felizmente, consegui ganhar a confiança dele. Comprometi-me a marcar uma reunião com ele antes de cada reunião mensal da diretoria. "Nunca haverá segredos ou surpresas", prometi. "Antes de levar qualquer coisa para ser discutida numa reunião da diretoria, primeiro vou discuti-la com você."

Naquele dia, Jim concordou em trabalhar comigo. E mantive minha palavra. Durante oito anos, reuni-me com ele mensalmente antes da reunião da diretoria. Juntos, discutíamos as questões em todos os detalhes até concordarmos em algum curso de ação que recomendaríamos à diretoria. O apoio de Jim foi estratégico para o sucesso de minha liderança, não apenas porque ele era a pessoa mais influente dentro da organização quando cheguei, mas também porque ele sabia da história da igreja, estava familiarizado com todos os membros e conhecia o ponto mais sensível de todo mundo. As reuniões da diretoria que dirigi foram produtivas porque foram precedidas pelas reuniões com Jim.

ALGUÉM COM QUEM SE REUNIR

A idéia de uma reunião prévia tem implicações e aplicações mais amplas do que apenas sentar-se com a pessoa mais influente de um grupo antes de uma reunião com a diretoria. Passei boa parte de minha carreira liderando voluntários, uma situação em que o líder não dispõe do argumento de um contracheque e, por isso, não pode impor a ameaça de tirar o emprego de seus subordinados. Voluntários seguem um líder apenas se desejarem. Por essa razão, os líderes de voluntários estão sempre fazendo o possível para estabelecer consenso.

Quando planejava fazer mudanças mais drásticas ou trabalhava para superar grandes desafios, eu marcava reuniões prévias para receber informações. Digamos, por exemplo, que eu quisesse promover uma mudança significativa que influenciaria toda a organização. Começaria com uma reunião de diretoria — depois, é claro, de uma reunião prévia com uma pessoa como Jim.

O grupo seguinte com o qual desejo marcar uma reunião é formado pelos principais líderes da organização. Mais uma vez, marcarei uma reunião prévia com uma ou duas pessoas estratégicas (às vezes, juntas; outras vezes, em separado) para só depois me reunir com os líderes. A essa altura, porém, ainda não estou pronto para realizar a reunião com todos os representantes da organização. Preciso fazer mais uma reunião prévia, dessa vez com as pessoas mais influentes dentro da organização (cerca de 20% do grupo); elas são responsáveis por fazer as coisas acontecerem e influenciar a maioria das outras pessoas na organização. Tendo me reunido com elas, dando tempo para que processassem a informação recebida, então (e só então) marcaria a reunião com todos os representantes da organização.

Quanto maior for o projeto ou a mudança, mais tempo esse processo exige. É como voar de avião: quanto maior, mais longe ele pode ir. Leva tempo para lançar uma grande idéia ou promover uma mudança muito radical. Se você lidera reuniões, sugiro que siga estes conselhos:

- Se não dá para fazer a reunião prévia, não faça a oficial.
- Se fez a reunião prévia, mas o resultado não foi bom, não faça a oficial.
- Se fez a reunião prévia e o resultado foi de acordo com o esperado, então marque a reunião oficial.

Participar de reuniões boas e produtivas é, de fato, uma questão de preparação e planejamento. Como me confidenciou Wayne Schmidt, um amigo maravilhoso, "o bom planejamento sempre custa menos do que uma boa reação".

Tudo está bem quando começa bem. Quanto mais você se preparar para a reunião prévia, menos tempo terá de perder controlando os prejuízos posteriores à reunião oficial. Um líder nunca precisa voltar atrás se tiver começado bem.

> *O bom planejamento sempre custa menos do que uma boa reação.*
> WAYNE SCHMIDT

Durante os 26 anos nos quais liderei voluntários, todas as organizações eram congregacionais. Isso quer dizer que todas as principais decisões só poderiam se tornar oficiais com a aprovação de toda a congregação. (Você pode imaginar como é fazer isso no mundo corporativo?) Em minha carreira, aquilo significava que tínhamos de lidar com alguns tipos diferentes de questões, desde decisões de pequeno porte até a aprovação da proposta de realocação de uma verba da ordem de 35 milhões de dólares. Durante aquele período em que liderei, a pior votação que já tive foi uma aprovação de 83%. Trata-se de um histórico extraordinário no mundo eclesiástico.

> *Um líder nunca precisa voltar atrás se tiver começado bem.*

Por que minha liderança foi tão bem-sucedida? Porque ouvi Olan Hendrix quando ainda estava começando a liderar e assumi o hábito de realizar reuniões prévias. O conselho de Olan também pode produzir os mesmos efeitos em sua liderança.

O SEGREDO DE UMA BOA REUNIÃO É FAZER UMA REUNIÃO PRÉVIA

APLICAÇÃO PRÁTICA

1. Suas reuniões são bem estruturadas? Muitos líderes não se servem de uma estrutura rígida para as reuniões que dirigem. Por essa razão o encaminhamento geralmente sai do controle. Como você estrutura suas reuniões? Planeja com antecedência para produzir os melhores resultados? Caso não o faça, tente usar o padrão apresentado neste capítulo: itens informativos, itens de estudo e itens executáveis.

2. Você já tentou estabelecer uma interação com a pessoa mais influente da organização? Quem é essa figura mais influente nas reuniões que você dirige? Já interagiu com ela? Passa tempo com essa pessoa fora do horário das reuniões? Se a resposta é "não", comece a marcar reuniões prévias com ela. Você não precisa fazer quaisquer promessas, como a que fiz a Jim. Pode simplesmente se limitar a dizer: "Ei, podemos nos encontrar? Quero discutir algumas idéias com você."

Se isso é algo que você nunca tentou, ou se já teve dificuldades com as pessoas estratégicas da empresa, pode levar algum tempo e várias reuniões até que elas se sintam à vontade para revelar o que pensam. Trabalhe no sentido de buscar discussões abertas e consenso.

3. Quais são seus planos para promover grandes mudanças? Se você é responsável por iniciativas que envolvem toda a organização ou o departamento inteiro, não poderá implementá-las antes de marcar reuniões prévias. Planeje suas reuniões de acordo com os níveis de influência:

- Comece com pessoas que influenciam os líderes em cargos mais altos.
- Em seguida, reúna-se com os principais líderes.

- Depois, marque uma reunião com os 20% que mais influenciam o departamento ou a organização.
- Por fim, reúna-se com todas as pessoas do departamento ou da organização.

Esse planejamento de reuniões deve sempre fazer parte de sua preparação. Só prossiga se sentir que terá condições de levar o processo até o fim.

MOMENTO DO MENTOR

Converse com o grupo que você mentoreia sobre a preparação para as reuniões e a orientação de seus liderados em relação a decisões e informações. Discuta a adoção de uma estratégia para tomar uma decisão iminente e ajude seu grupo a identificar as reuniões prévias que devem ser realizadas, e com quem.

19

ESTABELEÇA RELACIONAMENTOS, NÃO SEJA APENAS AMBICIOSO

Quando comecei na carreira, pensava que a liderança era como uma corrida. Minha meta era me afirmar e melhorar meu desempenho. Trabalhei duro. E, a cada ano, mal podia esperar pelo resultado do relatório anual com as estatísticas de todos os líderes da minha denominação. Assim, podia comparar meus números com os dos demais. Eu acompanhava meu progresso. Checava para ver quem havia superado. Observava quais líderes à minha frente poderiam ser alcançados. Todo ano eu chegava mais perto do topo da lista, e aquilo me dava uma enorme sensação de satisfação. Eu estava chegando no ponto mais alto!

No entanto, havia grandes problemas com aquele tipo de raciocínio. Eu estava trabalhando a partir de dois conceitos muito equivocados: primeiro, pensava que meu título de liderança me tornava um líder; segundo, achava que subir a escada da liderança era uma prioridade maior do que interagir com as pessoas. No fim das contas, eu não percebia que a liderança é tanto uma questão de relacionamento quanto de posição hierárquica.

> *Liderança é tanto uma questão de relacionamento quanto de posição hierárquica.*

Tive meu primeiro despertamento quando liderei minha primeira reunião de diretoria. Tinha os "direitos" do líder, mas não estabelecera os relacionamentos. As pessoas que participaram da reunião me ouviam por educação, mas não me seguiam. Elas seguiam Claude, um fazendeiro que já fazia parte daquela igreja antes mesmo de eu nascer. Ver as pessoas sendo lideradas a partir de relacionamentos, em vez de posições hierárquicas, foi, a princípio, algo frustrante para mim. Levei quase uma década para compreender que as pessoas não se importam com o quanto você sabe até saber quanto você se importa com elas. Quem dera tivesse ouvido alguém me falar sobre isso antes. Talvez até tivessem dito, mas eu estava ocupado demais tentando progredir, por isso não ouvi. Por causa disso não estava interagindo com os outros.

Não que ascender seja de todo ruim. Não dá para progredir sem sair da base da montanha. Líderes são, por natureza, ambiciosos. São agressivos. Têm iniciativa. Vislumbram as oportunidades e as buscam antes de todos os outros. A maioria dos líderes é formada por gente competitiva, e chegar ao topo faz parte de seu DNA. Assim, a pergunta a ser feita aos líderes não é: "Você deve mesmo chegar ao topo?" A questão é: "Como você vai fazer para chegar lá?" Chegar ao topo sem interagir com as pessoas permite, no máximo, liderá-las sem contar com sua dedicação. O pior é que isso enfraquece nossa liderança, condenando-a a durar pouco. Quando passamos por cima de alguém para subir, essa pessoa vai procurar uma oportunidade de nos empurrar para baixo.

MUDANÇA DE ATITUDE

Com o tempo, testemunhei muitos jovens líderes que ascenderam, mas sem interagir. Eles colocaram o aspecto da posição hierárquica da liderança na frente do aspecto relacional. É uma forma de brincar de "rei da montanha", aquele jogo de crianças no qual uma delas derruba todas as outras para conquistar o ponto mais elevado de um monte de areia. Acho que muitos jovens líderes que estão começando não percebem que podem participar do jogo da liderança de outra maneira. Mas é aí que se chega a um ponto da experiência de todos os líderes quando precisam confrontar a necessidade de fazer uma escolha: competirão a todo custo, passando por cima dos outros para garantir que cheguem ao topo, ou estabelecerão uma interação com as demais pessoas e as ajudarão, se assim puderem?

Lembro-me muito bem de quando tive de encarar essa decisão. Bem no início de meu primeiro pastorado, eu queria ensinar à minha congregação como administrar o tempo, os talentos e as finanças. Sabia que esse tipo de serviço era importante, mas, por causa de minha falta de experiência, não tinha recursos dos quais pudesse me valer. Fui a uma livraria de Bedford, em Indiana, em busca de material, e não encontrei nada. Conforme dirigia de volta para casa, sabia que podia ou desistir, ou tentar desenvolver alguns materiais por conta própria — o que seria uma tarefa muito difícil e me consumiria um tempo considerável, mas eu estava disposto a fazer uma tentativa.

Levei meses para desenvolver o material a partir do nada, mas, depois de muitas horas extras de preparação, eu estava pronto para lançar meu primeiro "mês do serviço". E, para minha grande alegria, foi um sucesso tremendo! A freqüência da igreja cresceu, os recursos financeiros aumentaram e as pessoas começaram a se oferecer para trabalhar voluntariamente. Foi uma experiência transformadora para nossa pequena igreja, promovendo um impulso renovado. Os resultados podiam ser vistos no relatório anual, que registrava um aumento impressionante nos números da igreja.

Logo se espalhou a notícia de que algo muito interessante havia acontecido com aquela igreja. E não demorou muito para que líderes de outras igrejas me procurassem para pedir que ensinasse a eles como fazer o que eu havia feito. Naquele momento, enfrentei um dilema: o que deveria fazer? Guardaria o que havia aprendido para mim, sem compartilhar com meus colegas de ministério? Se procedesse assim, poderia manter minha vantagem e ultrapassar muitos deles na escada da liderança! Ou deveria compartilhar com todos eles o que tinha aprendido para que pudessem também alcançar o sucesso?

Fico envergonhado ao admitir que essa decisão me angustiou por muitos dias. Eu queria, de fato, manter minha vantagem e continuar subindo. Mas, por fim, decidi não guardar para mim o que tinha. Optei por compartilhar com outros, e assim comecei a interagir. Foi impressionante constatar como me senti realizado depois de ajudar aqueles líderes a descobrir como se deve ensinar os membros da congregação a servir.

Pelos 24 anos seguintes, liderei um "mês do serviço" por ano com minhas congregações. E todo ano, depois de terminar, disponibilizava minhas lições para outros líderes de modo que pudessem usá-las também. No fim, interagi com muitos outros líderes do país. O mais irônico é que, ao manter uma mentalidade de abundância e compartilhar o que eu tinha com outras pessoas, acabei alcançando uma reputação nacional como líder na área de serviço.

Essa disposição de estabelecer relacionamentos, e não me limitar a ser um alpinista hierárquico, teve outros desdobramentos. Em 1992, depois de ser procurado por outros líderes de igreja que queriam ajuda para aprender a levantar recursos financeiros, dei início à INJOY Serviços de Assessoria. Até agora, a empresa ajudou mais de 3,5 mil congregações nos Estados Unidos a levantar mais de 3 bilhões de dólares!

QUE TIPO DE LÍDER É VOCÊ?

Quase todos os líderes se encaixam naturalmente em dois grupos: os ambiciosos ou os que preferem estabelecer relacionamentos. Podem ser altamente hierárquicos ou relacionais. Que tipo de líder é você? Dê uma olhada em algumas das diferenças entre os ambiciosos e os relacionais:

Ambiciosos pensam na vertical, enquanto os relacionais pensam na horizontal

> *Pessoas que se preocupam com os cargos que ocupam só querem ascensão pessoal; as relacionais priorizam a construção de pontes.*

Os ambiciosos estão sempre muito atentos a quem esteja à frente e atrás deles em termos de reputação e hierarquia organizacional. Eles são como eu era quando jovem — lendo os relatórios da denominação para saber o *ranking* dos outros líderes. Subir é muito importante, e a idéia de descer é terrível. Os relacionais, por sua vez, se concentram em se mobilizar na direção das outras pessoas. Eles pensam mais a respeito de quem está ao lado deles na jornada e como podem caminhar juntos.

Ambiciosos se concentram no cargo, enquanto os relacionais se concentram nos relacionamentos

Por estarem sempre pensando na escalada hierárquica, os ambiciosos costumam focar sua posição dentro da organização. No entanto, os relacionais se concentram mais nos relacionamentos. Diferentemente das pessoas que se preocupam com os cargos que ocupam e em ascensão pessoal, as relacionais priorizam a construção de pontes.

Ambiciosos valorizam a competição, enquanto os relacionais valorizam a cooperação

Os ambiciosos enxergam praticamente tudo como concorrência. Para alguns deles, isso pode significar um esforço para vencer a qualquer preço. Para outros, pode significar encarar o sucesso como um jogo muito agradável. Em ambos os casos, o objetivo final dos ambiciosos é chegar ao topo. Os relacionais, porém, estão mais interessados em usar os relacionamentos que estabeleceram como combustível para a cooperação. Eles consideram o trabalho em equipe uma vitória.

Ambiciosos querem o poder, enquanto os relacionais buscam parcerias

Se a sua mentalidade se resume a vencer sempre, então é natural que queira o poder, pois isso ajuda você a ascender e alcançar o topo mais rapidamente. No entanto, subir a escada da liderança não é, de fato, um empreendimento solitário. E tudo quanto você possa fazer por conta própria perde relevância diante do que pode fazer em equipe. A maneira de criar equipes realmente qualificadas é estabelecendo parcerias, que é o que os relacionais estão mais propensos a fazer.

Ambiciosos trabalham por sua imagem, enquanto os relacionais trabalham pelo consenso

O fato de esse movimento de ascensão e declínio na hierarquia depender da percepção das outras pessoas em relação ao desempenho faz com que os ambiciosos geralmente se preocupem com sua imagem. A próxima promoção pode depender disso. Os relacionais estão mais preocupados em manter as pessoas em evidência para que todos tenham condições de trabalhar juntos.

Ambiciosos querem se isolar dos outros, enquanto os relacionais desejam trabalhar junto com os demais

Os ambiciosos querem se distinguir de todas as outras pessoas da organização. Tal como os competidores durante uma corrida, preferem manter certa separação — deixar todos os demais comendo pó. Os relacionais, por sua vez, encontram maneiras de se aproximar das pessoas, de descobrir áreas de interseção sobre as quais possam trabalhar juntos.

É possível que eu tenha pintado um retrato pouco lisonjeiro dos ambiciosos. Não era minha intenção. Afinal de contas, minha inclinação natural seria a mesma de um ambicioso. Mas o sucesso na liderança chega para aqueles que adotam o melhor de ambas as características. Muitos ambiciosos estão sempre sendo desafiados em termos de relacionamentos. Segundo um estudo registrado no livro *Why Smart People Fail* [Por que pessoas inteligentes fracassam], os maiores problemas que os profissionais enfrentam não estão relacionados à competência, mas sim a relacionamentos. Numa pesquisa realizada com 2 mil empresários, foi pedido a eles que avaliassem a razão das três últimas demissões de funcionários. Dois em cada três revelaram que tais demissões se deveram a dificuldades relacionais específicas dos profissionais demitidos.

> *Se você sobe sem interagir com as pessoas, pode até ganhar autoridade, mas não fará muitos amigos.*

Se você sobe sem interagir com as pessoas, pode até ganhar autoridade, mas não fará muitos amigos. O objetivo de um líder deve ser o de fazer amizades e crescer em autoridade. Assim, se você é um ambicioso, pode ser necessário controlar seu espírito de competitividade e diminuir o ritmo para estabelecer relacionamentos. Judith Tobin sugere a valorização de cinco qualidades que podem ajudar você a interagir com as pessoas:

- *O apreço* abre espaço para as diferenças entre as pessoas e o interesse por elas.
- *A sensibilidade* reconhece os sentimentos e logo se ajusta ao humor dos outros.
- *A coerência* possui a virtude de ser uma realidade, não uma impostura, e só elogia quando há sinceridade.
- *A segurança* não busca ser "a dona do mundo", pois sabe que a vitória dos outros não implica derrota automática para ela.
- *O humor* sabe rir de si mesmo, não se melindra com facilidade.

No entanto, se você é hábil em interações, mas possui pouco desejo de ascender, pode acabar com muitos amigos, mas sem autoridade suficiente para realizar nada. Caso seja uma pessoa naturalmente relacional, trabalhe para aumentar sua energia e intensificar seu senso de propósito e urgência. Os líderes mais eficazes sempre procuram equilibrar interação e ambição.

UM SALTO RUMO À INTERAÇÃO

Se você analisar a história dos conceitos de administração e liderança, verá que, durante os últimos cem anos, houve mudanças constantes nos aspectos mais valorizados pelos círculos de líderes, e muitos modismos em termos de administração surgiram e desapareceram nesse período. Saímos das idéias de John D. Rockefeller e da Standard Oil Trust e chegamos aos dias de Bill Gates com a Microsoft. Por um século, os funcionários trabalharam sob forte pressão de líderes que se orgulhavam de dizer que não tinham úlceras — eles as provocavam. As pessoas funcionavam sob um conceito administrativo que se baseava no medo, nas metas e na intimidação.

Se você é hábil em interações, mas possui pouco desejo de ascender, pode acabar com muitos amigos, mas sem autoridade suficiente para realizar nada.

De uns anos para cá, porém, tem ocorrido um retorno a alguns princípios básicos que remetem à sabedoria antiga: demonstração de respeito, desenvolvimento de confiança, identificação de visão, capacidade de ouvir as pessoas, sensibilidade em relação ao ambiente e coragem para agir. No sexto século da Era Cristã, o sábio Lao-tzu aconselhava os líderes a serem menos egoístas e tomarem cuidado com o egocentrismo para se tornarem mais eficazes. Ele os incentivava a liderar sem dominar, a abrir a mente e a ser receptivos. "O líder sábio", afirmava, "é como uma parteira, que não intervém quando não é necessário, de maneira que, quando a criança nasce, a mãe possa dizer, com propriedade: 'Nós fizemos isso!" Esse tipo de mentalidade exige uma abordagem mais relacional da liderança.

Ao longo de minha carreira, deixei de ser um ambicioso para me tornar um líder relacional, e não me arrependo disso. Posso resumir o progresso de minha mentalidade da seguinte maneira:

- Quero vencer.
- Quero vencer, e você também pode.
- Quero vencer com você.
- Quero que você vença, e assim vencerei também.

O sucesso é fugaz, mas os relacionamentos são duradouros. Se você assumir uma abordagem relacional da liderança, terá uma chance bem maior de alcançar sucesso, pois ninguém jamais alcançou nada relevante sozinho. Mas, mesmo que não consiga realizar um grande empreendimento, terá, pelo menos, formado um círculo de amizades nesse processo. Isso não apenas torna a jornada mais agradável, como também prepara você para o sucesso no futuro. Nunca se sabe como se pode ajudar o outro quando ambos se esforçam para progredir em termos de liderança.

ESTABELEÇA RELACIONAMENTOS, NÃO SEJA APENAS UM AMBICIOSO

APLICAÇÃO PRÁTICA

1. Qual é a sua inclinação natural? Você é um líder relacional ou ambicioso? Use as orientações do capítulo para identificar sua tendência. Coloque um sinal ao lado de cada frase que melhor descreve seu perfil.

Ambiciosos	Relacionais
Pensam na vertical.	Pensam na horizontal.
Se concentram no cargo.	Concentram-se nos relacionamentos.
Valorizam a competição.	Valorizam a cooperação.
Buscam o poder.	Buscam parcerias.
Trabalham a favor da própria imagem.	Trabalham pelo consenso.
Querem se isolar dos outros.	Querem trabalhar com os outros.

2. Como fazer para se tornar uma pessoa mais relacional? Se você é ambicioso ou ambiciosa por natureza, provavelmente precisa interagir mais. Dê uma olhada nestes conselhos:

- *Caminhe com calma entre os corredores.* Arranje tempo para circular todos os dias pelo ambiente de trabalho, interagindo com as pessoas e estabelecendo relacionamentos.
- *Lembre-se de que as pessoas são seres humanos, e não recursos à mão.* Às vezes, os líderes desumanizam seus liderados, vendo-os apenas como instrumentos para a missão da empresa. Procure conhecer sua equipe e tente enxergar as coisas a partir do ponto de vista de seus membros.
- *Coloque os outros em primeiro lugar.* Os ambiciosos tendem a formar uma mentalidade do tipo "primeiro eu"; pense em como colocar os outros em primeiro lugar, de alguma forma, todos os dias.
- *Não se prenda à sua agenda.* Os líderes vivem em função de agendas — lugares aonde ir, reuniões, tarefas. Reserve alguns momentos de seu dia para se desvencilhar da agenda durante uns quinze minutos, interagindo com as pessoas.
- *Coloque os outros sob os holofotes.* Uma das maneiras de ampliar sua perspectiva é elogiando e dando o crédito aos membros da equipe. Faça isso pelo menos uma vez por dia, todos os dias.

3. Como se tornar um ambicioso mais aprimorado? O antigo historiador grego Heródoto dizia: "O infortúnio mais detestável para um ser humano é o sábio que não exerce influência." Se você interage mas não influencia, pode estar desperdiçando o seu potencial. Aumente sua capacidade de ascender fazendo o seguinte:

- *Defina seu propósito.* Dedique algum tempo ao aspecto estratégico da equação da liderança; saiba por que ocupa sua posição e assuma o propósito.
- *Ajuste seu foco.* Alguns profissionais que priorizam as pessoas tendem a perder o foco. Se esse é o seu caso, reserve blocos de tempo ininterruptos para fazer as coisas acontecerem sem ter de interagir com os outros.
- *Acerte o passo.* Considerando que a interação geralmente requer que o líder baixe o ritmo, é possível que você tenha se acostumado a trabalhar num passo lento demais; obrigue-se a acertar o passo.

MOMENTO DO MENTOR

Ajude quem mentoreia a definir-se: ambiciosos ou relacionais? Conduza sua equipe na aplicação prática deste capítulo de um modo pessoal. Verifique como seus membros interagem e forneça-lhes parâmetros para ajudá-los a se aprimorar nas áreas de deficiência.

20

SUAS ESCOLHAS DEFINEM VOCÊ

Nossa equipe estava chegando ao fim de uma turnê de uma semana para a divulgação de um livro. Estávamos nos preparando para aterrissar em Atlanta. Depois de visitar vinte cidades em apenas sete dias, era muito bom voltar para casa!

Conforme o jatinho particular aproximava-se da pista, celebrávamos o sucesso daquela semana. Foi então que, de repente, tudo mudou. O avião foi atingido por um vento forte e desceu violentamente; as rodas bateram na pista, sem equilíbrio. Toda a conversa parou e todos ficamos espantados ao perceber que estávamos em perigo. O piloto, sem hesitar, acelerou de novo e arremeteu. Numa fração de segundo, trocamos o clima de festa por uma reflexão sóbria. Todos entendemos que tudo poderia ter acabado ali! Sentamos quietos enquanto o avião voltou a circular o espaço aéreo, e alguns minutos depois, aterrissamos em segurança.

Todos aplaudimos e só então começamos a relaxar e respirar aliviados. Quando desembarcamos, agradecemos ao comandante por nos manter a salvo. Comentei:

— Foi uma decisão difícil. Você reagiu muito rápido diante da crise. A partir de que momento tomou a decisão de arremeter?

A resposta do piloto me impressionou:

— Há quinze anos.

Ele prosseguiu, explicando-me que, quando ainda era jovem e estava em treinamento, decidia antecipadamente que decisão tomaria diante de cada problema possível que encontrasse ao voar.

— A escolha foi feita bem antes da crise — afirmou.

Pessoas de sucesso tomam as decisões certas por antecipação, e as administram diariamente.

Em meu livro *O sucesso de amanhã começa hoje*, escrevo: "Pessoas de sucesso tomam as decisões certas por antecipação, e as administram diariamente." Por ter tomado a decisão de sempre arremeter há quinze anos, o piloto, naquele dia, simplesmente a administrou. Como o teólogo inglês H. P. Liddon observou, "o que fazemos em determinadas situações importantes provavelmente dependerá do que já somos; e o que somos será resultado de anos anteriores de autodisciplina". Sou grato pela disciplina do piloto naquele dia.

A ESCOLHA É SUA

Há sempre uma escolha a se fazer em tudo na vida. Portanto, tenha em mente que, no fim, a escolha que você faz determina quem você é.
JOHN WOODEN

Talvez nosso maior poder seja o da escolha. Sem dúvida, as escolhas constituem o principal fator determinante da vida. Sempre ouvi o lendário treinador de basquete John Wooden declarar: "Há sempre uma escolha a se fazer em tudo na vida. Portanto, tenha em mente que, no fim, a escolha que você faz determina quem você é." Algumas pessoas tornam a vida mais difícil por tomar decisões erradas. Outras passam pela vida mais tranqüilas por causa das decisões acertadas que tomam. Seja qual for a estrada pela qual a pessoa segue, uma coisa é certa: nem sempre conseguimos o que queremos, mas sempre conseguimos o que escolhemos.

Certa vez, abordei o treinador Wooden sobre a questão do arrependimento que pode se seguir à tomada de decisões. Por alguns momentos, aquele homem de 96 anos de idade ficou sentado, quieto em sua cadeira, pensando sobre a pergunta. Depois se inclinou para a frente e respondeu: "John, quando olho para trás, constato que há coisas que teria feito de modo diferente. Mas, se eu tivesse tomado a melhor decisão possível quando isso me foi exigido, então não me arrependeria dela." Em seguida, concluiu o raciocínio: "Você precisa ser honesto consigo."

> *Mais do que nossas habilidades, são nossas escolhas que mostram quem somos de fato.*
> J. K. Rowling

Tenho sessenta anos, e quando olho para trás para analisar as decisões que tomei, acredito que sempre tentei ser honesto comigo. Como líder, fiz milhares de escolhas. É algo que todos os líderes têm em comum. E, como todo líder, certamente fiz algumas escolhas ruins. Gostaria muito de voltar atrás e ter uma nova chance em relação a várias delas. Mas sempre fiz o melhor que podia no momento. Não dá para ser um bom líder sem o conselho do ex-jogador de beisebol e empresário Yogi Berra: "Quando você chegar a uma encruzilhada na vida, siga por ela."

Ao pensar sobre as decisões difíceis que tomei, percebo três aspectos:

1. Minhas escolhas me mostraram quem sou

A romancista J. K. Rowling afirmou: "Mais do que nossas habilidades, são nossas escolhas que mostram quem somos de fato." É verdade. Se você deseja saber quem é uma pessoa, não consulte seu currículo. Não ouça o que ela diz. Apenas veja que escolhas ela faz.

Posso dizer que tenho certas crenças. Posso pensar que possuo determinados valores. Posso querer agir de uma maneira específica. Mas minhas escolhas revelam quem sou de fato. Suas escolhas também produzem esse efeito.

2. Muitas escolhas não foram fáceis

A liderança é algo muito complexo. Por definição, toda vez que você está na linha de frente, onde as coisas acontecem primeiro, o território onde pisa é desconhecido. Não há uma trilha preestabelecida pela qual possa seguir. Isso significa ter de fazer escolhas o tempo todo.

Além disso, se você é líder, há muitoem jogo. As escolhas que você faz produzem um impacto não apenas sobre você e sua família, mas também sobre muito mais gente. Sempre fico na expectativa de que minhas escolhas, como líder, sejam como as que se apresentaram a mim certa vez, durante um vôo, quando a aeromoça me perguntou se eu desejava jantar.

— Quais são as minhas opções? — perguntei.

— "Sim" e "não" — respondeu ela.

A maior parte das escolhas de um líder não é tão simples.

3. As escolhas que fiz me transformaram

Todos nós gostamos da liberdade de fazer escolhas, mas é preciso compreender que, depois de escolher nós nos tornamos servos de nossas escolhas, tendo de lidar com as conseqüências, para o bem ou para o mal. E isso exerce um impacto sobre a vida.

O escritor e professor C. S. Lewis comentou:

> Toda vez que você faz uma escolha, está transformando a parte central de seu ser — a parte que escolhe — em algo um pouco diferente do que era antes de fazer a opção. Considerando a vida como um todo, com todas as suas inumeráveis oportunidades de escolha, você transforma, aos poucos, esse algo central numa criatura celestial ou num ser infernal.

Por essa razão, cada um de nós deve fazer escolhas com sabedoria.

A ESCOLHA DAS ESCOLHAS

Identifiquei três escolhas fundamentais que governam o modo como me conduzo como líder. Essas escolhas me tornaram um líder melhor, e acredito que possam fazer o mesmo por você.

Escolha número 1: os padrões que estabeleço para mim serão mais elevados do que os que os outros estabelecem

Tem muita gente no mercado de trabalho hoje em dia que não parece manter padrões muito elevados para si. Precisando de um lugar para comer, dois vendedores pararam num restaurante horroroso na rua principal de uma cidadezinha. O primeiro pediu chá gelado para acompanhar a refeição. O segundo pediu chá gelado também, mas acrescentou:

— E gostaria que meu copo viesse absolutamente limpo!

Alguns minutos depois, um garçom apareceu com dois copos de chá gelado.

— Aqui estão suas bebidas — anunciou. — Qual dos dois pediu o copo limpo?

Tenho como meta estabelecer padrões mais elevados para mim do que os outros possam impor porque sei que uma das melhores maneiras de um líder fracassar é fazendo apenas o mínimo necessário. Estudo o comportamento dos líderes há mais de quarenta anos. Percebo que os grandes líderes nunca se satisfazem com seus níveis de desempenho. Eles não exigem apenas de seus subordinados — também se cobram o tempo todo para alcançar seu potencial. As expectativas que têm a respeito de si são sempre mais elevadas do que qualquer padrão que outras pessoas possam estabelecer para eles.

> *A excelência é o resultado gradual do esforço contínuo por buscar o melhor.*
> PAT RILEY

Aprendendo com eles, tentei adotar o mesmo padrão para minha vida. Qual a razão? Certamente terei um melhor desempenho; mas esse não é o motivo principal. Faço isso porque, no fim, terei de avaliar meus esforços e me sentir gratificado, e só posso conseguir isso se viver de acordo com meu melhor potencial. O treinador da NBA Pat Riley afirma: "A excelência é o resultado gradual do esforço contínuo por buscar o melhor." Se me concentro na excelência e ajo em conformidade com o padrão mais elevado possível, continuarei me aprimorando. Não importa se alguém mais sabe ou não disso. Eu sei. E quando me sinto tentado a me acomodar, penso nas palavras do ex-treinador do time da Universidade da Califórnia em Los Angeles, John Wooden, que aconselhava: "Nunca tente ser melhor do que os outros, mas seja o melhor que puder ser."

Escolha número 2: ajudar as pessoas é mais importante do que fazê-las felizes

A decisão de me esforçar para alcançar a excelência não foi tão difícil para mim por causa do treinamento que recebi de meus pais. No entanto, descobri que optar por ajudar as pessoas, em vez de fazê-las felizes, era muito mais difícil. Eu queria fazer as duas coisas, e no início de minha carreira, costumava optar por agradar os outros, e não por ajudá-los. Mas logo descobri que há quem queira aquilo de que não precisa e precise daquilo que não quer. Mostrar essa incongruência a essas pessoas é uma tarefa que geralmente recai sobre os ombros do líder.

> *A liderança é, entre outras coisas, a capacidade de infligir sofrimento e não assumir as conseqüências disso [...] Sofrimento a curto prazo em nome de um ganho a longo prazo.*
> GEORGE F. WILL

Os fardos da liderança são pesados. Um deles é a impopularidade quando necessário. O colunista George F. Will, vencedor do prêmio Pulitzer, afirma: "A liderança é, entre outras coisas, a capacidade de infligir sofrimento e não assumir as conseqüências disso [...] Sofrimento a curto prazo em nome de um ganho a longo prazo." Por me importar de verdade com as pessoas, meu desejo de ajudá-las eventualmente prevalecia sobre meu desejo de agradá-las.

Quando finalmente cheguei à conclusão de que considerava mais importante ajudar as pessoas do que torná-las felizes, dediquei algum tempo a pensar sobre as mudanças que isso poderia significar para minha liderança. Depois de alguma reflexão, aqui está o que escrevi:

Meus liderados não ficarão felizes quando eu...

- Defender a missão da organização antes dos desejos deles.
- Der mais atenção a uns que a outros.
- Promover alguns e ignorar outros.
- Tentar mobilizá-los para fora de sua zona de conforto.
- Pedir-lhes que se sacrifiquem pela equipe.
- Enxergar apenas o cenário geral, preterindo as situações pessoais.
- Tomar decisões com as quais discordam.

Todos os dias, como líder, promoverei a infelicidade de alguém. Felizmente, essa infelicidade não será resultado de minhas falhas pessoais, mas do cumprimento de minhas responsabilidades em termos de liderança. Minha atitude em relação àqueles que estão infelizes comigo deve sempre ser a certa. Eles podem, vez por outra, questionar minha capacidade, mas nunca a minha atitude. No fim do dia, quero ter a certeza de que meu melhor esforço foi útil para todos.

Escolho, todos os dias, liderar com a compreensão a respeito dos aspectos negativos da liderança. Bons líderes receberão críticas. Serão incompreendidos. Mesmo assim, mantenho-me firme nessa escolha.

Escolha número 3: meu foco será dirigido para o presente

Um amigo meu comentou há pouco tempo: "John, você não tem espelho retrovisor na sua vida. Só vive no presente." Embora algumas pessoas possam encarar esse comentário como crítica, eu considerei um grande elogio.

> *Escolho, todos os dias, liderar com a compreensão a respeito dos aspectos negativos da liderança. Bons líderes receberão críticas.*

Faço um grande esforço para me concentrar naquilo que está bem diante de mim. Duante anos, mantive um cartaz em meu escritório que dizia: "O ontem acabou na noite passada." Isso me ajudou a continuar focado no presente.

Muita gente enfrenta um bocado de dificuldade depois de perder as oportunidades que deixou passar. Essas pessoas desperdiçam parte considerável de sua vida reciclando uma pilha de arrependimentos, concentrando a melhor parte da vida naquilo que poderia ou deveria ter acontecido. É como se pensassem que, passando o *replay* várias vezes, poderiam mudar o resultado do jogo. Uma perda de tempo!

A única coisa que podemos controlar é aquilo que fazemos no presente. Quanto mais repetimos o ontem, mais nos afastamos das oportunidades de hoje. E quanto mais nos afastamos das oportunidades, mais difícil é voltar para a estrada. Quando as oportunidades se apresentam, elas nunca parecem tão boas quanto no momento em que se vão. E elas não esperam. Precisamos ficar muito atentos para que possamos identificá-las. E devemos focar em nossas capacidades atuais, não nos arrependimentos pelo passado. As oportunidades podem chegar de várias formas e de muitas direções, mas uma coisa é certa: só podem ser vislumbradas e aproveitadas no presente.

Vivemos no presente, e é nele que nossos pontos fortes estão. O que aconteceu em sua vida já aconteceu. Como você não pode refazer o passado, por mais que tente, limpe o quadro e siga adiante para o que está por vir. E lembre-se: como afirma o ditado, "novos começos só são possíveis depois dos velhos finais".

As escolhas que fazemos, de fato, nos definem. Mudamos a partir de cada uma — para o bem ou para o mal. Sobre isso, compartilho com você as palavras bastante sábias de Portia Nelson num texto intitulado "Autobiografia em cinco breves capítulos":

Capítulo 1
Caminho pela rua. Há um grande buraco na calçada. Caio nele. Estou perdida — estou desamparada. Não é culpa minha. Leva uma eternidade para encontrar uma saída.
Capítulo 2
Caminho pela mesma rua. Há um grande buraco na calçada. Finjo que não o vejo. Caio nele mais uma vez. Não consigo acreditar que estou no mesmo lugar, mas não é culpa minha. Ainda leva muito tempo para sair.
Capítulo 3
Caminho mais uma vez pela mesma rua. Há um grande buraco na calçada. Vejo que está ali. Continuo caindo nele... virou um hábito. Meus olhos estão abertos. Sei onde estou. A culpa é minha. Saio na mesma hora.
Capítulo 4
Caminho pela mesma rua. Há um grande buraco na calçada. Dou a volta.
Capítulo 5
Caminho por outra rua.

Para ser um líder de sucesso, você precisa saber o que quer e o que enfrentará. As escolhas estratégicas que faz, escolhas sobre como conduzir sua vida e como liderar pessoas, não só indicam que tipo de líder você é — elas determinam que tipo de líder também se tornará. Escolha com sabedoria.

SUAS ESCOLHAS DEFINEM VOCÊ

APLICAÇÃO PRÁTICA

1. Que grandes escolhas mudaram sua vida? Todos nós já fizemos escolhas decisivas. Dedique algum tempo para refletir e colocar por escrito as principais escolhas que você já fez. Para cada uma, escreva como mudou as circunstâncias e a você como pessoa. Se a sua lista inclui escolhas negativas ou oportunidades desperdiçadas, pode ser que você precise trabalhar as emoções que elas despertam para depois seguir em frente.

2. Que escolhas-chave você fez (ou fará) para nortear sua liderança? Neste capítulo descrevo as três principais escolhas que fiz em relação à minha liderança:

- Escolha número 1: os padrões que estabeleço para mim serão mais elevados do que os que os outros estabelecem.
- Escolha número 2: ajudar as pessoas é mais importante do que fazê-las felizes.
- Escolha número 3: meu foco será dirigido para o presente.

Que escolhas você fará? Dedique algum tempo para colocá-las no papel (descreva não mais do que cinco).

3. Você está em condições de fazer escolhas difíceis? O que capacita os líderes a fazer as escolhas certas? E como decidem? Acho que a melhor preparação é antecipar-se a muitas delas. Reveja as escolhas-chave descritas no exercício anterior. Para cada uma, descreva as implicações (foi o que fiz). Estar preparado constitui metade da batalha.

MOMENTO DO MENTOR

Quando se trata de escolhas, há duas maneiras de ajudar as pessoas que você está mentoreando. Primeiro, avalie de quanta autoridade precisam para tomar decisões. Se alguma delas tem a tendência de culpar os outros ou assume uma mentalidade de vítima, é necessário apontar esse problema. As pessoas não podem alcançar seu potencial de liderança se não assumem a responsabilidade total por si e por suas ações. Em segundo lugar, ajude-as a refletir a respeito das escolhas que devem fazer para se tornar melhores líderes. Não tente determinar as escolhas que farão. Em vez disso, faça perguntas que as induzam a pensar no assunto, para que descubram as melhores opções de que dispõem.

21

INFLUÊNCIA NÃO SE DÁ — SE EMPRESTA

Conheci quem achasse um exagero tratar de liderança. Quando digo "Tudo começa e termina em liderança", apressam-se em procurar por exceções. Mas ainda estou para achar pelo menos uma. Acredito que é verdadeiro o provérbio bíblico que diz: "Quando os justos florescem, o povo se alegra; quando os ímpios governam, o povo geme."[1]

Por mais de trinta anos, trabalhei para desenvolver líderes, ajudando-os a se tornarem mais influentes. Afinal de contas, liderança é influência — nada mais, nada menos. Por exemplo, há muitos anos, eu e meu amigo Jim Dornan escrevemos um livro intitulado *Como tornar-se uma pessoa de influência* para ajudar as pessoas a aumentar seu potencial de influência. E por anos tenho ministrado uma palestra chamada "Os cinco níveis da liderança". Já falei sobre isso centenas de vezes. Quer saber o motivo? Porque mostra como funciona a influência e como se deve fazer para expandir sua influência.

A liderança faz, de fato, muita diferença, exercendo um forte impacto positivo sobre a sociedade. É por isso que Charles-Maurice de Talleyrand comentou: "Temo mais um exército de cem ovelhas lideradas por um leão do que um exército de cem leões liderados por uma ovelha." Se você quer fazer diferença, desenvolva sua influência. Se deseja agregar valor aos outros, ajude-os a se desenvolverem. É por isso que identifiquei o propósito de minha vida: agregar valor a líderes (pessoas de influência), que se tornam multiplicadores desse valor.

O VALOR DA INFLUÊNCIA

Acredito que buscar mais influência não significa ser egoísta ou negativo. A influência pressupõe um propósito maior do que melhorar a vida do influenciador. Resumida à sua essência, a influência possui valor para três propósitos:

*1. A influência existe para falar em nome dos que **não** exercem nenhuma influência*

Uma das maiores responsabilidades dos líderes é falar em nome daqueles que não exercem influência. Por muitas gerações, nos Estados Unidos, os afrodescendentes precisaram de uma voz que pudesse ecoar em seu nome. No século XX, Martin Luther King Jr. foi essa voz. Era uma pessoa tanto de compaixão quanto de ação, que representou os que sofriam e os pobres. Ele mostrou a todos um caminho rumo à mudança e ao restabelecimento. Qualquer líder que não edifica a vida de outras pessoas não está cumprindo seu mais elevado chamado.

> *Temo mais um exército de cem ovelhas lideradas por um leão do que um exército de cem leões liderados por uma ovelha.*
> CHARLES-MAURICE DE TALLEYRAND

2. A influência existe para falar em nome daqueles que exercem influência

Outro valor da liderança é a capacidade de influenciar os influentes. Geralmente é difícil para qualquer pessoa que não seja líder ser ouvida por outro líder. Costumo ter o privilégio de sentar com líderes religiosos, de empresas, do governo e da área de educação. Por que sou capaz de fazer isso? Porque trabalhei duro para ajudar pessoas por quarenta anos, e sou reconhecido como líder. Não me acomodo com esse privilégio: tento usá-lo para fazer diferença.

3. *A influência existe para ser transmitida*

Há certas coisas que só os líderes podem fazer. Uma delas é desenvolver outros líderes. É necessário o trabalho de um líder para que outro se levante. As pessoas de influência costumam selecionar líderes em potencial e ajudá-los a construir um fundamento sólido sobre o qual desenvolvem sua liderança. É disso que este capítulo trata.

AJUDA NO CAMINHO

Quando líderes começam sua jornada muito cedo, não exercem muita influência. Acho natural que os jovens líderes talentosos trabalhem duro e ganhem menos crédito e reconhecimento do que merecem por seus esforços, e também considero natural que líderes veteranos recebam mais crédito que mereçam pelo esforço que fazem. Jovens líderes não são tão ruins, e líderes veteranos não são tão bons!

Sinto-me afortunado porque líderes consagrados me ajudaram usando sua influência enquanto eu impulsionava minha carreira na liderança. Serei sempre grato a eles. Gente como Les Parrott, um escritor de sucesso, abriu as portas para que eu tivesse meu primeiro livro publicado. Carl George e o Instituto Charles Fuller me ofereceram um palanque nacional como orador que multiplicou muito minha influência como líder. Ron Land, ex-executivo da Thomas Nelson, usou sua influência para me apresentar a importantes canais de distribuição para meus livros. E Bill Bright, fundador da Cruzada Estudantil, colocou seu braço sobre meus ombros e disse a milhares de pessoas: "John é um líder no qual você pode confiar." Ele me proporcionou a credibilidade que levaria uma década para eu granjear por conta própria.

A lista poderia seguir adiante. Mas isso eu sei: hoje devo meu prestígio a dezenas de líderes que me emprestaram sua influência em momentos estratégicos de minha vida. Estarei sempre em débito com eles.

INFLUÊNCIA DE PRESENTE

Posso lembrar a partir de quando minha influência como líder começou a mudar. De repente, parecia que eu não precisava da influência de outras pessoas para me abrir portas e proporcionar credibilidade. Eu estava desenvolvendo minha reputação como líder. Era muito bom ser capaz de caminhar por minha conta e agregar valores a mais pessoas.

Mais ou menos na mesma época, algo que eu não esperava começou a acontecer. As pessoas começaram a pedir que eu estendesse minha influência para elas. Como minha motivação como líder sempre foi ajudar as pessoas, ofereci com prazer minha influência para qualquer um que a pedisse — sem impor condições. Uma decisão ruim. Logo descobri que as pessoas estavam se aproveitando de mim. Veja o que quero dizer.

Não conseguiram estabelecer a própria liderança a partir de minha influência

Como líder ainda jovem, toda vez que recebia a influência de um líder mais experiente, via nisso uma oportunidade de me estabelecer. O líder abrira as portas; agora era minha tarefa tirar o melhor proveito disso. Trabalhei muito para conquistar credibilidade e me afirmar diante das pessoas.

Esse nem sempre foi o caso com as pessoas a quem doei minha influência. Muitas adoravam receber uma oportunidade oferecida por minha influência, mas não faziam nada com ela. Não se estabeleciam; em vez disso, presumiam que sempre poderiam recorrer à minha influência. Quando isso não era suficiente e elas se sentiam deprimidas, voltavam a me procurar para pedir mais. Solicitavam apoio público de minha parte mais uma vez. Pediam que lhes abrisse portas novamente. Queriam que eu listasse mais gente que pudesse ajudá-las de novo.

Usei minha influência para lhes dar tempo suficiente para conquistar credibilidade. Mas não conseguiram. E, como tinha doado minha influência de modo incondicional e sem esperar retorno, passei um tempo considerável afirmando e apoiando essas pessoas. Se um líder não é capaz de liderar por conta própria, então não tem muito valor para a organização.

Acomodaram-se com minha influência

Por esperar que você sempre as tire de situações complicadas e ofereça sua influência para que estabeleçam sua posição de liderança, essas pessoas estão dando mais um passo rumo à acomodação. Foi isso que aconteceu comigo repetidas vezes. A falta de esforço e experiência de um líder fraco geralmente se transformava numa questão de atitude. Elas se acostumaram com minha intervenção quando se metiam em encrencas, por isso passaram a esperar por isso sempre. Enquanto eu esperava que tomassem a iniciativa de sair da enrascada, elas esperavam que eu entrasse para resolver o problema. Achavam que eu carregaria mais e mais de seu fardo. É muito mais fácil brilhar quando tem alguém para carregar seu peso. Algumas até começaram a me perguntar por que eu demorava tanto a chegar para ajudá-las no momento em que mais precisaram de mim.

Foram incapazes de fortalecer a organização, transmitindo a influência

Como já mencionei, uma das razões mais fortes para desenvolver influência é sua transmissão. Pessoas que não exercem nenhuma influência não podem transmiti-la aos outros. Não é possível passar adiante algo que não se tem. Por que isso é tão importante? Porque a melhor maneira de fazer uma organização crescer é promover o desenvolvimento dos líderes. Se as pessoas que você lidera não são capazes disso, há um obstáculo que limitará sua organização. Quem continuamente se valia de minha influência não tinha como emprestá-la aos outros. Por essa razão, nunca cuidou do desenvolvimento ou da multiplicação de lideranças.

CHAMEMOS A ISSO "UM EMPRÉSTIMO"

Quando ofereci minha influência de modo incondicional, a boa notícia era que minhas motivações eram as melhores possíveis. A má notícia era que eu não estava demonstrando muito discernimento como líder. Oferecer influência a pessoas que não podem ou não pretendem usá-la de maneira apropriada é uma perda de tempo e um desperdício de esforços e recursos por parte de um líder. É como entregar ouro para alguém que pretende enterrá-lo no quintal e esquecê-lo.

Por fim, entendi que aquela influência nunca poderia ser dada, mas sim emprestada! É como um investimento de que se deve esperar retorno. E, tal como um investimento financeiro, quando não há bom retorno é melhor investir em outros lugares. Só um tolo desperdiça dinheiro onde não vale a pena.

Agora que vejo as coisas de modo diferente, sigo algumas diretrizes que me ajudam a emprestar minha influência. Talvez possam ser úteis quando alguém lhe pedir que você use de influência.

Nem todos merecem que eu empreste minha influência

Tal como um banco analisa um empréstimo antes que o dinheiro mude de mãos, também faço isso com minha influência. Antes de endossar alguém e trabalhar para lhe abrir portas, quero saber quem é essa pessoa. Quero conhecer seu caráter. Quero entender por que ela precisa desse empréstimo. Quero ter certeza de como ela planeja fazer uso desse *investimento*. E quero saber como ela pretende me retribuir com resultados.

Quem recebe o empréstimo de minha influência terá de prestar contas

Antes, quando eu oferecia minha influência, tentava presumir como as pessoas a usariam e se cumpririam seu planejamento. Não faço mais isso. Hoje reconheço que é minha função, como pessoa de influência, saber como meu investimento será utilizado e me certificar de que isso seja feito com critério. Para isso, verifico periodicamente para ter certeza de que a *transação* foi sábia e que está valendo a pena.

Espero um bom retorno de meu empréstimo

Quando uso minha influência para beneficiar as pessoas, o resultado que espero é que se tornem melhores líderes. Desejo vê-las crescer de modo acelerado. Quero receber notícias de que a influência que exercem cresceu. Meu tempo e meus recursos são limitados. Tenho sessenta anos. Quero que cada investimento que fiz em liderança dê retorno. Se as pessoas não estão se aprimorando — e usando a própria influência para levantar outros líderes —, então me reservo o direito de cessar meus investimentos e repassá-los a outros.

Hoje, quando invisto minha influência num líder potencial, faço isso com muito cuidado. Analiso a pessoa com calma. Faço um monte de perguntas. E me certifico de que as condições sejam favoráveis — trata-se de um empréstimo, não de uma doação. E então, se tudo parece em ordem, empresto minha influência com prazer e boa vontade. Sabe por que faço isso? Porque é um investimento que desejo fazer. Líderes potenciais podem exercer um impacto no futuro com sua influência.

Há pouco tempo, escrevi algo que expressa exatamente como me sinto sobre essa questão. Chamo a esse texto "Meu contrato de empréstimo a líderes em potencial":

> Posso dar a você um cargo de liderança.
> Você precisa de permissão para liderar.
> Posso dar a você uma oportunidade para exercer liderança.

Você precisa aproveitar essa oportunidade da melhor maneira possível.
Posso ajudar você como líder potencial que é.
Você precisa alcançar esse potencial.
Posso levar pessoas a seguir você hoje mesmo.
Você deve formar seguidores para o futuro.
Minha influência é um empréstimo, não uma doação.
Demonstre gratidão e use-a com sabedoria.
Traga-me o retorno de meu investimento.
Ofereça a outros o retorno de meu investimento.
Receba o retorno de meu investimento.

Uma das pessoas em quem estou investindo e que tem recebido o *empréstimo* de minha influência é Chris Hodges, um líder e amigo maravilhoso que vive em Birmingham, no Alabama. Chris lidera com serenidade e humildade, mas é uma pessoa forte. Recentemente, ele me enviou um bilhete que dizia:

> John, você agregou valor a mim quando mostrou o seu valor. Só dessa maneira você poderia agregar valor a mim. Foi assim que me permitiu tomar emprestados sua influência, seu nome, seus relacionamentos e sua sabedoria. Conheci pessoas que jamais conheceria; treinei líderes de um modo inédito; e alcancei um nível de liderança que não seria capaz de alcançar por esforço próprio, sem sua influência. Obrigado!

O que ofereci a Chris, e que ele descreveu no bilhete, não foi por acaso. Houve o esforço consciente de minha parte para lhe permitir ganhos ainda não alcançados com a influência que ele tinha até então. Minha ajuda lhe proporcionou acesso a pessoas e recursos, maior capacidade de liderança e um novo patamar em sua carreira.

Fico muito feliz em ajudá-lo. Tenho visto que a influência de Chris aumentou muito nos últimos anos. E ele a está multiplicando quando desenvolve muitas outras lideranças com seu trabalho. Ele maximiza tudo quanto recebe, e nunca me procura para pedir mais influência. Quando o faz, é para me oferecer. Chris tem um futuro brilhante à frente!

Não sei a quantas anda sua capacidade de interação nessa área. Se você hoje exerce influência e a oferece aos outros indiscriminadamente, então sugiro que passe a emprestá-la.

E se você não tem muita influência? Neste caso, seu problema é de outra ordem. Você precisa se mostrar digno de usar essa influência, seja ela conquistada a partir do trabalho que realiza com sua equipe ou recebida como empréstimo de outro líder mais experiente. De um jeito ou de outro, você pode fazer isso ao cultivar as seguintes características:

- Percepção: o que você sabe.
- Habilidade: o que você faz.
- Caráter: quem você é.
- Paixão: o que você sente.
- Sucesso: o que você conquista.
- Intuição: o que você percebe.
- Confiança: a segurança que inspira.
- Carisma: como você interage.

Se você incorporar essas características, seu grau de influênica aumentará. Será admirado e, naturalmente, respeitado e seguido. Tendo formado seguidores, será capaz de começar a ajudar os outros. E, quando fizer isso, lembre-se: a influência deve ser emprestada, mas nunca doada.

INFLUÊNCIA NÃO SE DÁ — SE EMPRESTA

APLICAÇÃO PRÁTICA

1. Há pessoas em nome das quais você precise falar? O filme *Amazing Grace* conta a história de William Wilberforce, membro do parlamento britânico do século XVIII que dedicou toda a sua carreira à luta pela abolição da escravidão na Grã-Bretanha. Há pessoas que precisam que você se levante e fale em nome delas? Como pode usar sua influência para ajudar os desamparados?

2. O que espera como retorno por sua influência? Se você exerce algum tipo de influência, seja ela qual for, pode usá-la para ajudar outros líderes que não dispõem desse mesmo poder. É o que está fazendo? Comece a emprestar sua influência a quem possa fazer bom uso dela, e não deixe de expressar suas expectativas de maneira clara. Você pode tentar usar meu contrato de empréstimo com líderes em potencial.

3. Você precisa aumentar seu grau de influência? Se não influencia tanto quanto gostaria, tente trabalhar nas oito áreas citadas neste capítulo:

- Percepção: reflita diariamente para que a experiência torne você uma pessoa mais sábia.
- Habilidade: aprenda seu ofício diariamente e exerça-o com excelência.
- Caráter: mantenha diariamente os mais elevados padrões de integridade.
- Paixão: pense no que é mais importante para você e se engaje todos os dias.
- Sucesso: maximize seu tempo diariamente para alcançar resultados.

- Intuição: preste atenção todos os dias aos aspectos intangíveis da liderança.
- Confiança: saiba o que faz e transmita confiança aos outros diariamente.
- Carisma: concentre-ce nos outros e mostre todos os dias como você se importa.

Se você se desenvolver nessas áreas, aumentará sua influência e também se tornará elegível para receber um *empréstimo* de influência de outros líderes.

MOMENTO DO MENTOR

Quando você decidiu começar a mentorear pessoas, provavelmente esperava algum tipo de retorno, em termos de produtividade, para o investimento que fez. Se ainda não falou com clareza sobre essas expectativas, faça isso agora mesmo. Explique como e por que você espera que essas pessoas cresçam. Enfatize que tipo de influência espera que elas desenvolvam por esforço próprio. Cobre delas resultados imediatos.

22

PARA CONQUISTAR ALGUMA COISA É PRECISO ABRIR MÃO DE OUTRA

Qual é o segredo para a evolução de um líder? Vou refazer a pergunta de outra maneira: qual é o maior obstáculo que você enfrentará a partir do momento em que começar a realizar seus objetivos e sentir o gostinho do sucesso? Acredito que será o desenvolvimento da capacidade de abrir mão de alguma coisa para ter condições de conquistar algo novo. Os maiores obstáculos que os líderes enfrentam podem ser as próprias realizações. Em outras palavras, como diz Rick Warren, "o maior prejuízo para o sucesso de amanhã é o sucesso de hoje".

> *O maior prejuízo para o sucesso de amanhã é o sucesso de hoje.*
> RICK WARREN

Em 1995, tive de enfrentar uma das decisões mais difíceis de minha vida. Eu completara 26 anos de uma carreira de muito sucesso como pastor. Estava na melhor posição que poderia ocupar. Tinha 48 anos de idade e vivia o melhor momento da vida. A igreja que liderava, a Skyline Wesleyan Church, era, na ocasião, o carro-chefe da denominação. Tinha uma reputação em âmbito nacional e exercia uma forte influência. Eu e a igreja éramos muito respeitados.

Minha reputação em relação às pessoas era excelente. Passara mais de uma década desenvolvendo líderes, e a congregação era muito sólida. E ficava em San Diego, na Califórnia, uma das mais belas cidades dos Estados Unidos. Era a situação ideal, tanto em termos financeiros quanto profissionais. Acredito que poderia ter me estabelecido de vez por lá e ficado no cargo até me aposentar. O único grande obstáculo que se apresentava era a mudança da sede da igreja, algo que, acredito, eu poderia ter resolvido. (O líder que me sucedeu conseguiu resolver.)

Eu tinha apenas um problema: queria passar ao nível seguinte da liderança. Meu desejo era o de causar um impacto nacional e internacional. E isso não seria possível se eu continuasse lá. Percebi que o próximo estágio do crescimento me exigiria muitas mudanças difíceis e muito mais tempo que eu poderia dispensar se continuasse liderando a igreja. Compreendi que precisava responder a uma pergunta crítica: "Estou disposto a abrir mão de tudo quanto tenho para alcançar mais um nível de crescimento?"

QUANTO VALE O PRÓXIMO NÍVEL?

Aí está uma pergunta que todo líder deveria fazer a si mais de uma vez quando alcança uma carreira bem-sucedida. Em *Liderança: saiba despertar o melhor de cada um em proveito de toda a organização* (Futura), Max DePree escreve: "Quando evitamos os riscos, arriscamos o que há de mais importante na vida: buscar o crescimento, o desenvolvimento de nosso potencial e a oportunidade de oferecer uma contribuição genuína para uma meta comum."

> *Quando evitamos os riscos, arriscamos o que há de mais importante na vida: buscar o crescimento, o desenvolvimento de nosso potencial e a oportunidade de oferecer uma contribuição genuína para uma meta comum.*
> MAX DEPREE

Comecei a aprender essa lição sobre trocar uma coisa por outra quando era criança. Meu pai costumava me advertir dizendo: "Pague o preço agora, aproveite depois." De fato, ele repetia muito isso porque eu era o tipo de pessoa que adorava brincar, mas nunca estava disposto a pagar o preço! O que ele tentava me ensinar era a fazer as coisas mais difíceis primeiro para poder aproveitar mais tarde. Aprendi com ele que todo mundo paga algum preço na vida.

Qualquer coisa que obtenhamos exigirá uma compensação. A pergunta é: quando pagaremos? Quanto mais esperamos, maior é o preço. É como juros compostos. Uma vida bem-sucedida pressupõe uma série de trocas e compensações. Em minha carreira, não foram poucas as vezes em que troquei a segurança pela oportunidade. Desistia de algo que muitos poderiam considerar uma posição ideal para poder crescer como líder ou causar um impacto maior.

Descobri que, quanto mais alto chegamos, mais difícil é trocar uma coisa por outra. Sabe por quê? O risco é ter de abrir mão de muito. Fala-se sobre os sacrifícios feitos no início da carreira. Mas, na verdade, há pouco a perder no começo. A única coisa de valor que se possui é o tempo. Mas, conforme se chega mais alto, ganha-se mais, e se torna mais difícil abrir mão do que se conquistou com tanto esforço. É por isso que muitos só alcançam parte de seu potencial e param após chegar a um nível em que não querem abandonar nada para chegar ao seguinte. Por causa disso, ficam paralisados — alguns para sempre.

Para avaliar o que significava trocar a igreja para me tornar escritor, orador e desenvolvedor de potencial humano em tempo integral, busquei o conselho de alguns mentores de confiança. Um deles, o escritor e consultor Fred Smith, compartilhou essas reflexões comigo:

> Algo na natureza humana nos tenta a ficar onde nos sentimos confortáveis. Tentamos encontrar um platô, uma área de descanso na qual podemos administrar o estresse e a pôr as finanças em ordem; onde nos sentimos à vontade em relação a outras pessoas, sem a intimidação de ter de conhecer mais gente e passar por situações constrangedoras. É claro, todo mundo precisa ficar nesse platô por um período. Conforme subimos a montanha, paramos no platô para assimilar as lições. Mas logo depois voltamos a subir. É muito triste quando se faz a última escalada. Quando isso acontece, é sinal de que estamos velhos, tenhamos nós quarenta ou oitenta anos de idade.

Aquilo me levou a romper os limites. Pedi demissão. Resolvi que me esforçaria para atingir um nível mais elevado ou fracassaria tentando!

O QUE VOCÊ NEGOCIARÁ?

Logo depois de meu pedido de demissão, comecei a refletir a respeito do preço que teria de pagar pelo meu crescimento. Escrevi uma lição chamada "Dez permutas que valem a pena". Acredito que as lições que aprendi e me foram tão úteis podem ser de serventia para você também.

1. Troque a afirmação pela realização

Já expliquei que, quando comecei minha carreira, eu gostava de agradar as pessoas. Queria a aprovação de meus seguidores, a admiração de meus pares e as recompensas de meus superiores. Era dependente de afirmação. Mas os louvores são como fumaça que logo dispersa; os prêmios enferrujam; e as recompensas financeiras num instante se vão. Decidi que preferia realizar, de fato, alguma coisa, e não apenas manter uma boa aparência. Aquela decisão pavimentou o caminho para a maioria das outras permutas que eu faria na vida.

2. Troque a segurança pela relevância

O sucesso não significa simplesmente estar ocupado. Aquilo a que você se dedica importa muito. Os grandes líderes da história se destacacam não por suas conquistas, mas pela causa a que dedicaram sua vida. Eles fizeram diferença! Escolhi uma carreira na qual esperava fazer diferença. Isso, porém, não me eximiu de ter de assumir riscos para fazer coisas de maior relevância. O mesmo vale para você, não importa a profissão que tenha escolhido.

3. Troque o ganho financeiro pelo potencial do futuro

Uma das ironias da minha vida é que nunca fui motivado por dinheiro, ainda que eu e Margaret tenhamos conseguido alcançar sucesso nessa área também. Sabe qual é o motivo? É porque sempre me dispus a colocar o potencial do futuro à frente do ganho financeiro. A tentação é quase sempre de correr atrás do dinheiro. Mas isso nos remete ao conceito de "pagar o preço agora para aproveitar depois". Se você se dispuser a fazer um sacrifício financeiro pela possibilidade de um ganho potencial ainda maior, terá quase sempre grandes chances de receber recompensas mais valiosas, inclusive em termos financeiros.

4. Troque o prazer imediato pelo crescimento pessoal

Se existe algo com que nossa cultura tem dificuldade, é com a gratificação posterior. Se você consultar as estatísticas sobre quanto as pessoas devem e quão pouco poupam, verá que elas sempre estão em busca de prazer imediato.

Quando eu era um garoto, ir à escola era muito chato, e eu mal podia esperar pelo fim das aulas. Achava que nada podia ser melhor do que acabar o curso, casar-me com Margaret (minha namorada desde os tempos do Ensino Médio) e jogar basquete. Mas, como queria fazer carreira em liderança, fui para a faculdade, consegui me formar e esperei a formatura para só depois casar com Margaret. Foram quatro anos muito longos.

Por várias vezes, eu e Margaret adiamos ou sacrificamos prazeres, conveniências e luxos para que pudéssemos aproveitar as oportunidades de crescimento. Nunca nos arrependemos.

5. Troque a aventura pelo foco

Há quem goste de agir de maneira inconseqüente. Agindo assim, não há como se tornar realmente grande em nada. De fato, quando se é jovem, é possível se aventurar ao novo para identificar os pontos fortes e de interesse. Mas, conforme a pessoa amadurece, mais focada deve ser. Só dá para ir longe quando se é um especialista. Ao estudar a vida de grandes homens e mulheres, constatamos que todos tinham uma mentalidade muito objetiva. Tendo descoberto para que você foi criado, permaneça trabalhando nisso.

6. Troque quantidade de anos por qualidade de vida

Preciso confessar que tenho uma mentalidade do tipo "a mais". Se um é bom, quatro é melhor. Se alguém diz que pode fazer um gol da intermediária, eu o incentivo a chutar do meio de campo. Quando ensino uma lição sobre liderança no CD, quero colocar tanto conteúdo que as pessoas que recebem precisam ouvir umas cinco vezes para assimilar tudo quanto podem.

Por causa dessa inclinação natural a fazer sempre mais, eu costumava ter pouca margem de espaço na vida. Durante anos, minha agenda foi muito carregada, e me sobrava pouquíssimo tempo para descansar. Lembro-me de, certa vez, pedir a meu irmão e minha cunhada para me visitar e ouvi-lo dizer: "Não, você está sempre muito ocupado. Se formos, não conseguiremos vê-lo."

Um dia, li que o presidente de uma grande editora procurou um sábio para pedir conselhos. Depois de descrever o caos em que sua vida havia se transformado, o empresário ficou quieto, na esperança de ouvir algo de valor daquele homem. O velho sábio não disse nada, a princípio. Apenas pegou um bule de chá e começou a encher uma xícara. E continuou a derramar o chá até que transbordou da xícara e começou a se espalhar pela mesa.

— O que está fazendo? — perguntou aquele homem de negócios.

— A sua vida — respondeu o sábio — é como um bule de chá: uma fonte que flui o tempo todo. Não há espaço para nada novo. Você só quer saber de derramar, e não receber nada.

Tem sido muito difícil para mim mudar minha mentalidade de quantidade para qualidade. Sinceramente, ainda estou trabalhando nisso. Ter um enfarte em 1998 certamente causou um impacto nessa área. A chegada dos netos também. Hoje em dia, cavo mais tempo para me dedicar às coisas realmente importantes de minha vida. Sugiro que você faça o mesmo.

7. Troque o aceitável pelo excelente

Esse conselho é tão óbvio que quase passa despercebido. As pessoas não pagam pelo medíocre. Não se impressionam com nada que seja apenas aceitável. Líderes não podem se contentar com a mediocridade. Se alguma coisa vale a pena, dê o melhor de si — ou desista de vez.

8. Troque a adição pela multiplicação

Quando as pessoas deixam de fazer para liderar, aumentam muito o impacto que sua vida pode causar. Trata-se de um salto e tanto, pois, como afirmo em *As 17 incontestáveis leis do trabalho em equipe*, um é pouco para alcançar a grandeza. Contudo, há outro salto ainda mais difícil, porém mais significativo: deixar de somar para multiplicar.

Líderes que atraem seguidores agregam às suas conquistas. Líderes que desenvolvem líderes multiplicam sua capacidade. Como isso é possível? A cada líder que desenvolvem ou atraem, eles ganham não só a força daquela pessoa, mas também a de todos com quem ela lida. Isso produz um incrível efeito multiplicador. Todo grande líder, não importa onde ou quando liderou, foi um líder de líderes. Para ascender ao nível mais elevado da liderança, você precisa aprender a ser um multiplicador.

Líderes que atraem seguidores agregam às suas conquistas. Líderes que desenvolvem líderes multiplicam sua capacidade.

9. Troque o primeiro tempo pelo segundo tempo

No livro *A arte de virar o jogo no segundo tempo da vida* (Mundo Cristão), Bob Buford diz que a maioria das pessoas de sucesso na primeira metade da vida tentam mantê-lo na segunda metade. A idéia principal do livro é: os bem-sucedidos chegam a uma situação em que se mostram indispostos a trocar o que têm pelo novo porque é muito mais fácil se ater ao que lhes é familiar.

> *Para ser um ótimo líder, acredito que você deva aprender a viajar com pouca bagagem. É importante saber como diminuir o peso antes de tentar aumentar a carga.*

Se você está na segunda metade da vida, é provável que tenha passado boa parte de seu tempo pagando o preço pelo sucesso. Não desperdice o que investiu. Disponha-se a trocar o que for necessário por uma vida relevante. Faça coisas que permanecerão mesmo depois de sua morte. Se você ainda está na primeira metade, continue pagando o preço para que tenha alguma coisa a oferecer na segunda metade.

10. Troque a obra de Deus por uma jornada ao lado dele

Como alguém que trabalhou no ministério por muitos anos, entendo a grande satisfação de fazer a obra de Deus. Contudo, também consigo discernir a armadilha representada pelo ativismo constante sem uma interação contínua com o Criador.

Se você não é uma pessoa de fé, é possível que isso não faça o menor sentido. No entanto, se a fé é parte integrante de sua vida, lembre-se de que, não importa o quanto valorize seu trabalho, ele não pode ser comparado a um relacionamento com Deus.

QUE TAL DESISTIR PARA PROGREDIR?

Para ser um ótimo líder, acredito que você deva aprender a viajar com pouca bagagem. É importante saber como diminuir o peso antes de tentar aumentar a carga. Você precisa desistir de algo para poder assumir o novo. As pessoas naturalmente resistem a isso. Queremos permanecer em nossa zona de conforto e manter o conhecido. Às vezes, as circunstâncias nos forçam a desistir de algo para que seja aberta a oportunidade de receber o novo. Mas, geralmente, se desejamos fazer permutas positivas, devemos manter a atitude correta e ter a iniciativa de abrir mão.

Durante a guerra civil norte-americana, o presidente Abraham Lincoln recebeu um pedido para recrutar mais 500 mil pessoas para o exército. Os conselheiros políticos recomendaram com veemência que ele rejeitasse a proposta, pois pensavam que atender ao pedido poderia impedir sua reeleição. Mas a decisão de Lincoln foi firme. "Minha reeleição não é necessária", declarou, "mas é preciso que os soldados na frente de batalha recebam o reforço de mais 500 mil homens, e eu os convocarei. Se um dia eu for lembrado por esse ato, que seja pelo sucesso da decisão."

> *Todo nível mais elevado de crescimento que desejamos alcançar como líderes nos convoca para um nível diferente de mudanças.*

Lincoln foi um dos maiores presidentes dos Estados Unidos porque estava disposto a abrir mão de tudo, a não ser de sua responsabilidade. Esse é o tipo de atitude que os líderes precisam assumir. Todo nível mais elevado de crescimento que desejamos alcançar como líderes nos convoca para um nível diferente de mudanças. Uma coisa está diretamente ligada à outra. Se você quer ser um líder melhor, prepare-se para trocar algumas prioridades.

Como mencionei, fiz sessenta anos em fevereiro de 2007. Meses antes de meu aniversário, dediquei um tempo para decorar a prece a seguir, pois queria fazer essa oração na presença de minha família e de meus amigos na data. Ela diz:

> Senhor, conforme envelheço, penso que gostaria de ser conhecido como...
> Prudente, em vez de talentoso,
> Amoroso, ao invés de ágil ou brilhante,
> Gentil, e não poderoso,
> Bom ouvinte, mais do que um grande comunicador,
> Disponível, em vez de viciado em trabalho,
> Capaz de sacrifícios, não necessariamente bem-sucedido,
> Confiável, e não famoso,
> Resignado, ao invés de impulsivo,
> Ter autocontrole, mais do que entusiasmo,
> Ser generoso, em vez de rico, e
> Compassivo, mais do que competente,
> Quero ser capaz de lavar os pés do próximo.

Ainda estou me esforçando para ser esse tipo de pessoa. Ainda estou fazendo permutas.

Hoje, mais do que nunca, estou consciente de que os aniversários significativos de uma pessoa podem tanto registrar a passagem do tempo quanto marcar as mudanças que ela promoveu na vida para alcançar seu potencial e se tornar aquilo para o que foi criada. A cada ano que passa, quero me tornar um líder melhor e causar um impacto positivo sobre os outros. Isso exige a disposição de fazer permutas, pois, para cada coisa que conquistamos, precisamos abrir mão de outra.

PARA CONQUISTAR ALGUMA COISA É PRECISO ABRIR MÃO DE OUTRA

APLICAÇÃO PRÁTICA

1. O que você teve de trocar? Dê uma olhada nos dez tipos de permuta listados neste capítulo:

1. Afirmação por realização.
2. Segurança por relevância.
3. Ganho financeiro por potencial do futuro.
4. Prazer imediato por crescimento pessoal.
5. Aventura por foco.
6. Quantidade de anos por qualidade de vida.
7. O aceitável pelo excelente.
8. A adição pela multiplicação.
9. O primeiro tempo pelo segundo tempo.
10. A obra de Deus por uma jornada ao lado dele.

Quais dessas permutas você poderia dizer que já fez? (Se não pode citar um exemplo, é sinal de que não fez nenhuma dessas trocas de fato.) Valeu a pena? Por quê?

2. Que outras trocas precisa fazer? Os dez itens citados constituem minha lista. Que outras permutas devem ser incluídas em sua lista? Separe algumas horas para refletir em outras trocas que você já fez, tanto as positivas quanto as negativas. Em seguida, crie uma lista própria com as trocas que acredita que beneficiarão seu futuro.

3. O que seria capaz de trocar em benefício de sua equipe? Max DePree afirmou: "A primeira responsabilidade de um líder é definir a realidade. A última é agradecer. Entre as duas, o líder é um servo." De que você se dispõe a abrir mão em benefício de sua equipe e de sua organização? Seria capaz de renunciar a mordomias e privilégios? De perder nessa troca? Poderia abrir mão do crédito de uma realização para ficar só com a culpa pelos erros?

MOMENTO DO MENTOR

Agora que as pessoas que você mentoreia estão familiarizadas com o conceito da permuta, pergunte o que desejam trocar. Elas podem responder citando seu objetivo pessoal mais importante, mas peça que se concentrem no que poderia constituir a próxima etapa da jornada. Converse com elas sobre o que vale a pena trocar neste momento e do que precisam abrir mão para dar o próximo passo. Um dos maiores valores do mentor é a capacidade que possuem de olhar adiante e enxergar o que os outros não podem ver, ajudando-os a seguir a rota que leva ao destino final.

23

QUEM COMEÇA A JORNADA COM VOCÊ RARAMENTE A TERMINA JUNTO

Toda vez que ando pelo Aeroporto O'Hare, em Chicago, e passo por uma bancada de telefones públicos em especial, vem à memória um incidente específico ali, em 1980. Na época, eu já trabalhava como líder havia onze anos. Nos primeiros anos de minha liderança, a organização que dirigia era tão pequena que eu e Margaret fazíamos tudo. Foi então que comecei a juntar pessoas para formar uma equipe. Era algo pelo que eu esperava e que planejava havia muito tempo. Desde que dera início à minha carreira, visualizava minha equipe. Teríamos a mesma mentalidade e o mesmo espírito. Faríamos grandes coisas. Ficaríamos juntos para sempre.

Um dos primeiros membros selecionados para a minha equipe foi minha assistente, Sue. Ela era uma amiga muito próxima a mim e a Margaret, e uma pessoa muito capaz. Os primeiros anos correram exatamente como eu esperava e sonhava. Sue fez um ótimo trabalho. Eu e Margaret estávamos sempre em contato com Sue e o marido. Um emprego não tem cara de trabalho quando é feito com gente boa que amamos.

Quando surgiu uma oportunidade para avançar em minha carreira, naturalmente quis que Sue fosse comigo. Isso acarretaria uma mudança para outra cidade, mas ela e o marido concordaram que queriam continuar trabalhando ao nosso lado. Eu e Margaret ficamos muito felizes. Não demorou muito, e os quatro estavam viajando juntos para aquela que seria nossa nova cidade. Procuramos por imóveis juntos. Tudo estava correndo bem. Fazíamos planos e estávamos entusiasmados com o que o futuro nos reservava.

Duas semanas depois, enquanto eu viajava, liguei do aeroporto de Chicago para Sue, no escritório. Geralmente, ela atendia com alegria, mas naquele dia foi diferente. Falamos sobre negócios por alguns minutos, mas logo ela interrompeu a conversa. "John, preciso dizer uma coisa a você", disparou. "Não vamos mais nos mudar. Eu e meu marido decidimos ficar onde estamos".

Fiquei desnorteado. "O que aconteceu?", fiquei pensando no caminho para o portão de embarque. Era evidente que nossas trilhas estavam a ponto de se distanciar. Fiquei muito triste e desapontado. Quando embarquei no avião, uma verdade sobre a liderança ficou clara em minha mente, apesar da tristeza que sentia: quem começa uma jornada ao seu lado raramente a completa com você.

POUCOS SE AVENTURAM

Essa lição foi, provavelmente, a mais pessoal que registro aqui. Costumo valorizar muito os relacionamentos. Gosto de gente, e gosto mais ainda de trabalhar em equipe. Liderei muitas equipes e estudei como funciona o trabalho em equipe por mais de quarenta anos. Em 2001, escrevi um livro chamado *As 17 incontestáveis leis do trabalho em equipe*. Nele, escrevi sobre a importância de minha equipe e o que ela faz por mim:

> Minha equipe é minha alegria. Eu faria qualquer coisa pelas pessoas de minha equipe porque sei que elas fariam qualquer coisa por mim:
>
> Minha equipe me faz uma pessoa melhor.
> Minha equipe multiplica meu valor diante dos outros.
> Minha equipe me capacita a fazer o que faço melhor.
> Minha equipe faz meu tempo render.
> Minha equipe me representa onde não posso estar.
> Minha equipe fornece acolhimento a nossa alegria.
> Minha equipe atende aos desejos de meu coração.

Naquela época, fiz uma lista com as doze pessoas-chave de minha equipe que constituíam meu círculo de confiança. Hoje, apenas sete continuam comigo. É triste constatar essa verdade: as pessoas mais próximas a você hoje nem sempre são as mais chegadas.

TODOS A BORDO!

Em meus primeiros anos de liderança, presumia que todos os integrantes de minha equipe fariam a jornada ao meu lado, e pensava que mantê-los comigo era minha responsabilidade. Para mim, se a organização era como uma espécie de trem correndo sobre os trilhos, então eu era o engenheiro e o condutor. Dirigia o trem e cuidava para que todos estivessem a bordo.

Se parássemos para um descanso, na hora de voltar a embarcar era eu quem exclamava: "Todos a bordo!" Se não entrassem no trem, eu os buscava onde estivessem. Se, ainda assim, alguém não quisesse embarcar novamente, eu carregava essa pessoa, colocava no devido lugar e servia um salgadinho. Independentemente do esforço necessário, eu estava determinado a fazê-las embarcar comigo na jornada.

Desde então, aprendi um bocado. Foram cinco anos até eu finalmente descobrir que...

Nem todos farão com você a jornada

Trabalhar em equipe é uma escolha. Descobri que algumas pessoas que eu desejava manter em meu time não queriam fazer parte dele. Às vezes, era uma questão de paixão: nem todos compartilhavam a minha, e o que me motivava nem sempre motivava os outros. Algumas pessoas não gostavam da composição de minha equipe. Outras simplesmente não gostavam de mim. E ainda havia quem tivesse um chamado diferente. Se eu tivesse aprendido isso mais cedo, o processo de seleção dos membros potenciais do time teria sido bem mais fácil.

Nem todos devem acompanhar você na jornada

O afeto pessoal não é necessariamente um critério para incluir alguém em sua equipe. Eu costumava tentar atrair os amigos para "meu trem". Gostávamos uns dos outros e acreditávamos que deveríamos trabalhar juntos. Mas, com freqüência, eles não tinham as habilidades ideais ou a experiência necessária para contribuir com a equipe. Quando insistia em colocá-los no time, sempre dava errado. Toda vez que você ignora a realidade em nome do relacionamento, enfrenta problemas.

Nem todos podem acompanhar você na jornada

A pessoa certa para a equipe no início da jornada não será necessariamente a pessoa certa ao longo do caminho. Nem sempre ela terá a capacidade de acompanhar você. Alguns simplesmente não possuem o potencial para crescer junto com a visão e com a equipe.

Essa constatação foi especialmente difícil para mim. Quando as lembranças dos primeiros dias de trabalho com alguém são maravilhosas, fica muito difícil reconhecer que aquele tempo se foi e não volta mais. Mas a realidade é que, conforme uma organização cresce, às vezes supera os membros da equipe. É como um trem que começa a se movimentar puxado por uma locomotiva fraca: enquanto há um número pequeno de vagões para puxar, a pouca força do motor não chega a ser um problema; mas quando mais e mais vagões são atrelados e o trem precisa subir uma serra, pode acontecer que o peso não seja suportado por todos os membros da equipe. Alguns membros, portanto, acabam se tornando um peso em si a ser carregado pelo líder. E não importa quanto tempo e esforço se dispense para ajudar essas pessoas a se desenvolverem: trabalhando já com sua força total, nunca fazer mais que isso.

> *Toda vez que você ignora a realidade em nome do relacionamento, enfrenta problemas.*

Uma das decisões mais difíceis para um líder é quando ele se vê numa situação desse tipo com um funcionário. Você continua a carregar aquela pessoa? Se o fizer, isso reduzirá a eficiência de sua liderança e pode levá-lo à exaustão. Espera que a equipe carregue esse funcionário? Isso pode prejudicar o impulso e o moral do grupo. Você demite a pessoa?

O ideal seria tentar encontrar um lugar na organização que combinasse com a força desse funcionário, onde ele possa trabalhar de acordo com seu potencial. Algumas pessoas aceitam esse tipo de mudança com alegria só para continuar fazendo parte da organização. Outras podem não aceitar um rebaixamento na carreira. Se esse for o caso, o máximo que o líder pode fazer é abençoá-las e dar adeus.

Não tenha dúvidas: até certo ponto, você escolhe quem perderá. Se você mantém e recompensa pessoas que não estão comprometidas com a organização nem são produtivas, mais adiante sua equipe será composta apenas de gente sem compromisso e improdutiva. Só merece recompensa a obrigação cumprida. Todas as organizações passam por rotatividade de funcionários, que entram e saem o tempo todo. A questão não é saber se as pessoas estão deixando o grupo, mas quem está saindo. Se aqueles que estão se juntando à equipe possuem um alto potencial e os que saem são mais limitados, o futuro da organização será brilhante. Se os que estão embarcando são limitados e os que estão saindo são talentosos, o futuro é obscuro.

A questão não é saber se as pessoas estão deixando o grupo, mas quem está saindo.

Finalmente, passei a aceitar que não há nada de mais quando as pessoas saem. Muita gente já deixou minhas equipes por várias razões. Algumas eu superei. Outras me superaram. Poucas mudaram e quiseram seguir por uma nova direção. Outras se recusaram a mudar e o trem seguiu adiante, deixando-as para trás. Trata-se de uma das verdades mais duras da liderança. Os tempos mudam, e as pessoas precisam aprender a seguir em frente. Para algumas, isso pode ser bem difícil. No entanto, você saberá que a pessoa progrediu se você ligar para ela e a secretária eletrônica responder: "Não estou disponível agora, mas agradeço pela consideração de me ligar. Estou promovendo algumas mudanças em minha vida. Por favor, deixe uma mensagem depois do sinal. Se eu não ligar de volta, é porque você faz parte dessas mudanças."[1]

MAIS PERSPECTIVA

Não tem sido divertido deixar algumas pessoas para trás nessa jornada. Sinto falta de muitas delas. Espero que algumas também sintam falta de mim. Mas é assim que a liderança funciona. O melhor que se pode fazer é estar preparado quando as pessoas saem e manter a perspectiva adequada quanto a isso. Espero que alguns dos erros que cometi possam ser úteis a você. Aqui estão quatro deles que tive de corrigir:

1. Eu esperava por quem não deveria esperar

É verdade: quando viaja sozinho, você se levanta mais cedo. Se viaja com outras pessoas, precisa esperar por elas. Simplesmente esperei demais por algumas pessoas. Voltei e esperei, mas elas nunca embarcaram novamente. Toda vez que fiz isso, a organização perdeu o embalo, os melhores membros da equipe ficaram frustrados e perdi credibilidade por não lidar com a situação de maneira ágil. Na intenção de fazer a coisa certa para uma pessoa, estava fazendo a coisa errada para a organização.

2. *Eu me sentia culpado quando perdia um funcionário estratégico*

Logo que comecei a liderar, toda vez que perdia um membro de minha equipe, pensava que aquilo era um reflexo de minhas habilidades de liderança. Às vezes era mesmo. (Se um líder não pára de perder seus melhores funcionários, geralmente ele é o problema.) Mas os bons líderes costumam identificar e desenvolver muitas pessoas com potencial, e algumas delas podem deixar a organização ocasionalmente.

No início de minha carreira, me esforcei bastante para não perder meus melhores quadros — me esforcei até demais. Muitas vezes, oferecia grandes incentivos para segurá-los na organização. Via de regra, quando eu fazia isso, não era a decisão certa. Tive de aprender que é melhor abençoar as pessoas quando se vão do que implorar para que fiquem. Fica difícil liderar com eficiência uma pessoa que não deveria sequer estar em sua equipe.

3. *Eu achava que os membros importantes de minha equipe eram insubstituíveis*

Sempre que funcionários estratégicos me avisavam que estavam deixando a equipe, minha primeira pergunta era: "Quem pode substituí-lo?" Eu costumava achar que a resposta era: "Ninguém". Desde então, compreendi a bobagem daquele raciocínio. Há pessoas competentes por toda parte, e elas desejam trabalhar com bons líderes. Quanto mais você se desenvolve como líder e investe nas pessoas, maior a quantidade de alternativas de que dispõe.

Essa mudança de mentalidade, da escassez à abundância, fez uma enorme diferença em meu modo de liderar. Por muito tempo, só procurava por pessoas competentes para substituir funcionários estratégicos depois de receber um pedido de demissão. Hoje faço aquela pergunta antes de uma vaga ser aberta. Pode parecer falta de sensibilidade, mas quando você é o principal líder de uma organização, a responsabilidade é sua. É preciso se preparar para qualquer situação, pois a equipe e a organização confiam em você para alcançar o sucesso. Por essa razão, tento ter sempre um substituto em mente para qualquer membro estratégico de minha equipe. Dessa forma, se alguém sai da organização ou ocorre uma grande mudança, não entro em pânico — e a equipe não sofre.

4. Tive de aprender a gostar daqueles que só estiveram comigo por um breve período

A jornada da liderança é longa, e há períodos nos quais é necessário contar com uma pessoa especial para ajudar o líder a trilhar a estrada com sucesso. Essas pessoas altamente capacitadas geralmente cumprem essa jornada com um líder apenas por uma temporada. Em seguida, seguem em frente.

Muita gente já cumpriu esse papel na minha vida. São pessoas que estiveram ao meu lado por algum tempo e me ajudaram a passar por determinados períodos de minha vida. Não tento mais mantê-las comigo. Reconheço que algumas delas precisam cumprir esse papel na carreira de outros líderes. Ou elas mesmas passam a uma nova fase da vida. Simplesmente sou grato a essas pessoas. Reconheço que não seria possível alcançar um nível mais elevado da liderança sem elas.

Por fim, descobri que um líder não pode se considerar o dono de sua equipe, mesmo que seja o proprietário da organização que lidera. Os bons líderes entendem que são responsáveis por servir. Eles precisam encontrar as melhores pessoas que puderem, proporcionando a elas a oportunidade de caminhar junto, desenvolvendo-as e encorajando-as a alcançar o melhor de seu potencial. Mas também devem tomar cuidado para não se envolverem demais com elas. Quem começa a jornada com você raramente a termina junto.

A boa notícia é que alguns permanecerão ao seu lado. Sou grato a esses poucos que continuam comigo durante a jornada. Cada um deles tem contribuído de alguma maneira especial para que juntos possamos fazer algo ainda mais grandioso. Como são poucos, são o que há de mais precioso para mim. E, se você ainda pode contar com algumas das pessoas que começaram ao seu lado, isso é motivo de celebração. Ame-as, recompense-as e aproveite bem a jornada.

QUEM COMEÇA A JORNADA COM VOCÊ RARAMENTE A TERMINA JUNTO

APLICAÇÃO PRÁTICA

1. Qual é a sua reação quando alguém deixa a equipe? A maneira como você se comporta nesses momentos pode revelar algo a respeito de sua liderança? Você toma a iniciativa como algo pessoal? Se o faz, talvez esteja exercendo uma liderança baseada na insegurança. Você entra em pânico? Se isso acontece, é sinal de que não dedica tempo suficiente à busca de novos líderes potenciais. Você recebe a notícia da saída desse integrante da equipe com indiferença? Então é provável que você não esteja interagindo tanto quanto deveria com as pessoas de seu grupo. Separe algum tempo para analisar sua reação e entenda o que significa no contexto de sua liderança.

2. Você acha que as pessoas estão demorando demais para evoluir? Quando todos da equipe concordam que certos integrantes estão impedindo que o grupo evolua, isso provoca uma redução no ritmo da organização, prejudica a química interna e compromete sua credibilidade. Como líder, você precisa saber lidar com essas pessoas. Se não o fizer, prejudicará a organização e perderá a capacidade de liderança. Identifique o tipo de questão com que você está lidando. Se for:

- Oportunidade — ofereça às pessoas o que elas precisam para evoluir.
- Adequação (o que combina com seus pontos fortes) — remaneje-as.
- Potencial — descubra se elas possuem capacidade para se desenvolver.
- Atitude — procure saber se elas desejam, de fato, alcançar um nível superior.

Se a questão é de oportunidade ou adequação, a pessoa pode perfeitamente despontar e revelar uma habilidade inesperada, se tiver uma chance para tal. Se o problema é com o potencial, é possível que seja capaz de funcionar bem num nível mais baixo. Caso a dificuldade esteja relacionada com a atitude, essa pessoa precisa mudar ou deixar a organização.

3. De onde virão os próximos membros estratégicos da equipe? Se você ainda não está procurando por potenciais integrantes para seu grupo, comece hoje mesmo. Pense nas pessoas de sua organização que seriam capazes de evoluir na área em que estão trabalhando e nas que poderiam ser trazidas de outro departamento ou cargo. Mantenha contato com amigos e colegas capacitados para trabalhar com você, ou que conheçam gente com tal potencial. Você pode até procurar pessoas inteligentes entre os concorrentes. Fique de olhos abertos. Todo mundo que você conhece é um potencial integrante para sua equipe.

MOMENTO DO MENTOR

Ajude as pessoas a quem você mentoreia a identificar quem esteja impedindo o desenvolvimento da equipe. Ajude-as a definir se o problema está relacionado a oportunidade, adequação, potencial ou atitude. Oriente e torça por essas pessoas enquanto elas estiverem trabalhando essa questão.

24

POUCOS LÍDERES ALCANÇAM O SUCESSO, A NÃO SER QUE MUITOS TRABALHEM PARA ISSO

Em 1998, Jeffrey Katzenberg e a empresa Dreamworks SKG produziram um desenho animado de longa-metragem chamado *O príncipe do Egito*. O personagem principal era Moisés, criado no Egito como membro da família do faraó. Mais tarde, ele viria a guiar os filhos de Israel no processo de libertação da escravidão imposta pelos egípcios. Quando esse desenho estava sendo produzido, a empresa convidou alguns líderes religiosos para prestar consultoria. Tive o privilégio de ser um desses líderes. A experiência foi muito valiosa para mim, pois me permitiu observar alguns fatos dos bastidores durante a produção.

Às vésperas do lançamento de *O príncipe do Egito*, eu e Margaret recebemos, com alegria, um convite para assistir à sessão de estréia. Foi uma noite muito especial! Todos estavam muito felizes, rindo e trocando cumprimentos e parabéns. Sim, havia mesmo um tapete vermelho, equipes de gravação para a TV, a mídia, repórteres e estrelas de cinema. E, é claro, eu e Margaret passamos pelo tapete vermelho, acenando para a multidão — que nos ignorava solenemente.

Quando entramos no cinema e o filme começou, percebi como todos estavam concentrados. Com certeza, algumas das pessoas ali dentro já tinham assistido ao desenho todo, mas a maioria, como nós, estava vendo pela primeira vez. E todas tinham a mesma pergunta em mente: como ficou o desenho? Conforme as cenas se sucediam, as pessoas reagiam de modo positivo diante de coisas aparentemente insignificantes que um público convencional não notaria. Por que acontecia aquilo? Porque elas estavam envolvidas nos detalhes. Era uma experiência singular. Eu e Margaret gostamos muito do que vimos.

Quando a sessão terminou, a multidão aplaudiu com entusiasmo, e logo levantei-me para sair. Qualquer pessoa que me acompanha em eventos sabe que gosto de ir embora rapidinho. Na mesma hora, Margaret puxou-me de volta para meu assento; ninguém mais no cinema havia se levantado. Era algo impressionante: o entusiasmo crescia conforme a tela exibia os créditos. A platéia vibrava a cada nome que passava, e os astros eram os que mais aplaudiam, reconhecendo o trabalho das pessoas que colaboraram para garantir o sucesso daquela produção.

Para as pessoas que estavam naquele cinema, os créditos finais eram mais do que apenas um amontoado de nomes colocados ali ao acaso — eram os nomes de gente que elas conheciam e prezavam. Os créditos identificavam aqueles que haviam oferecido contribuições específicas para *O príncipe do Egito*. Sem eles, não seria possível completar a produção a contento. Naquela noite, fui embora com a impressão de que todos tinham sido valorizados pelo simples fato de serem pessoas de valor. Para gerar o sucesso, é necessária a participação de muita gente. É por isso que afirmo: poucos líderes alcançam o sucesso, a não ser que muitos trabalhem para isso.

LÍDERES NÃO TRABALHAM SOZINHOS

Acho que, às vezes, cria-se uma idéia equivocada de que os líderes de peso — especialmente os grandes personagens da História — são capazes de realizações importantes seja qual for o tipo de ajuda que recebam dos outros. Acreditamos que Alexandre o Grande, Júlio César, Carlos Magno, Luís XIV, Abraham Lincoln, D. Pedro I e Winston Churchill teriam sido pessoas notáveis independentemente do apoio que recebessem. Mas isso não é verdade. Se não tivessem contado com muita gente disposta a trabalhar com eles, não teriam alcançado o mesmo sucesso.

> *Se os grandes líderes não puderem contar com muita gente disposta a trabalhar com eles, não poderão alcançar o sucesso.*

Dan Sullivan e Catherine Nomura escreveram o seguinte no livro *The Laws of Lifetime Growth*:

> Dos que se saem bem-sucedidos, apenas um pequeno percentual mantém o sucesso a longo prazo. Esse pequeno grupo extraordinário reconhece que todo sucesso é possível graças à ajuda de muitos outros — e é sempre grato por esse apoio. No sentido oposto, aqueles que têm seu sucesso interrompido a partir de determinado ponto passam por essa situação porque se isolam de todos que os ajudaram. Vêem-se como a única fonte de conquistas de que precisam. Conforme se tornam mais auto-suficientes e isolados, perdem a criatividade e a capacidade de manter o sucesso. Reconheça sempre as contribuições oferecidas pelos outros e você automaticamente abrirá espaço em sua mente e no mundo para alcançar um sucesso ainda maior. Sentirá motivação para conquistar mais êxitos para aqueles que ajudaram. Não deixe nunca de reconhecer e agradecer a ajuda das pessoas, e o apoio que receberá para alcançar o sucesso será cada vez maior.[1]

Se você quer ser um líder de sucesso, precisa do apoio de muita gente. E, se agir com sabedoria, saberá aproveitar e reconhecer a contribuição dessas pessoas para seu sucesso.

AJUDA O TEMPO TODO

Nos primeiros anos de minha liderança, costumava me perguntar: "O que sou capaz de realizar?" Meu foco era só em mim e nas coisas que poderia fazer. Não demorou muito para eu descobrir a verdade — o que eu poderia realizar por conta própria era insignificante. Quem se considera *self-made* não faz tanto assim. Logo corrigi a pergunta para: "O que sou capaz de realizar com os outros?" Percebi que só poderia chegar ao sucesso se tivesse ajuda. Como líder, você só terá condições de progredir quando puder contar com gente disposta a oferecer apoio.

> *Como líder, você só terá condições de progredir quando puder contar com gente disposta a oferecer apoio.*

Quando olho para trás e me lembro dos que me ajudaram em todos esses anos, compreendo que podem ser separados em dois grupos: mentores e apoiadores. Os mentores me ensinaram, guiaram e, muitas vezes, me protegeram. Sou muito grato a eles. Veja o que considero interessante sobre os mentores:

Alguns que me ajudaram nunca me conheceram

É incalculável o número de mentores que tive sem jamais conhecer. A maioria me ensinou por intermédio de livros ou de seu exemplo de vida, registrado por outros. Eles atravessaram o tempo para me orientar e me deixar um legado.

Alguns que me ajudaram nunca souberam que me ajudaram

Muita gente estabeleceu princípios de liderança e sucesso que consegui aplicar em minha vida. Eu observava essas pessoas e aprendia muitas coisas que hoje agregam valor à minha vida. Quando tenho oportunidade, fico satisfeito em expressar minha gratidão a esses mentores involuntários.

Alguns me conheceram e sabiam que estavam me ajudando

Essas pessoas me ajudaram deliberadamente. Algumas protegeram aquele jovem líder que eu era — alguém sem noção dos limites de seu conhecimento. Outras testemunharam o surgimento de um líder emergente e o orientaram. Ainda hoje algumas delas continuam me ajudando a afiar meu raciocínio e buscar o aprimoramento como líder. Várias coisas boas que me aconteceram foram resultado direto de um compromisso assumido por essas pessoas: agregar-me valor.

Por várias vezes, os mentores de minha vida estenderam a mão do ponto mais alto em que estavam para me puxar para cima. Os apoiadores geralmente assumem um papel diferente: eles me erguem, tornando-me uma pessoa melhor do que sou. Quando penso em todos os tipos de pessoas que já cumpriram e continuam cumprindo essa função em minha vida, reconheço que a maioria delas se encaixa em uma entre muitas categorias. A seguir, ofereço uma lista dessas categorias porque podem ser úteis a você na hora de identificar aqueles que também ajudam sua caminhada:

- Guardiães do tempo: pessoas que me ajudam a poupar tempo.
- Complementadores de dons: pessoas que fazem aquilo que não sei fazer.
- Integrantes de equipe: gente que agrega valor a mim e a minha equipe.
- Cabeças criativas: pessoas que resolvem problemas e me oferecem alternativas.
- Fechadores de portas: pessoas que, com excelência, concluem as tarefas inacabadas.

- Desenvolvedores de gente: pessoas que desenvolvem e fazem aflorar outros líderes e colaboradores.
- Líderes servidores: gente que lidera de acordo com a melhor atitude.
- Ampliadores de mente: pessoas que expandem meu raciocínio e meu espírito.
- Formadores de redes relacionais: pessoas com grande capacidade de atrair outras que agregam valor à minha vida.
- Mentores espirituais: gente que incentiva minha caminhada de fé.
- Amigos incondicionais: pessoas que conhecem minhas fraquezas e, ainda assim, me amam sem reservas.

Sou muito grato a essas pessoas. Eu as respeito, valorizo e prezo muito. Não poderia ser bem-sucedido se não contasse com elas, e afirmo isso diariamente. Diz um provérbio chinês: "Por trás de toda pessoa capaz há sempre outras pessoas capazes." Na minha vida, esse ditado tem confirmado sua veracidade.

A VISÃO DEPENDE DOS OUTROS

Já sonhei com grandes feitos, mas Deus nunca me permitiu realizar um sonho sequer por conta própria. Meus sonhos são sempre maiores que eu, por isso só me restam duas alternativas: desistir ou contar com a ajuda dos outros. Prefiro buscar essa ajuda.

Quando não estou viajando, é muito comum eu trabalhar em casa. Em uma das mais recentes oportunidades que tive de circular pelo complexo de escritórios de nossa organização, porém, eu me lembrava o tempo todo do fato de que os líderes só podem ser bem-sucedidos quando outras pessoas trabalham para isso.

> *Por trás de toda pessoa capaz há sempre outras pessoas capazes.*
> PROVÉRBIO CHINÊS

Na parede de um dos escritórios está uma pintura de meu pai, meu irmão e eu. Sem dúvida, foi graças a eles que recebi muitas bênçãos em minha vida. Meu pai é uma de minhas maiores influências. Para mim, ele continua sendo um herói. Meu irmão, Larry, é um de meus melhores amigos e conselheiros.

Nas paredes dos escritórios da EQUIP, vejo fotos de líderes de vários países que estabeleceram parcerias com nossa equipe para treinar milhões de líderes em todo o mundo. A missão seria impossível sem a ajuda deles.

Na área de recepção da INJOY Serviços de Assessoria há uma estátua de águia em cristal murano que recebi de presente de minha casa publicadora, a Thomas Nelson, em comemoração pela marca de 10 milhões de livros vendidos. Por muitos anos, a equipe da editora agregou-me valor como escritor, e a partir de muitas reuniões que realizamos surgiram grandes idéias que me levaram a evoluir como autor. Onde eu estaria sem eles?

Nos corredores da ISS estão penduradas fotos de megaigrejas construídas a partir de nossa experiência com levantamento de recursos financeiros. Os muitos membros da equipe do ISS são meus representantes diante daquelas igrejas e de muitas outras, trabalhando como consultores e parceiros e ajudando-as a alcançar o sucesso. Nada daquilo poderia ser realizado sem essa equipe.

As pessoas gostam de trabalhar para quem gosta delas também.

Eu poderia enumerar muitos outros casos. Cada pessoa tem sua participação em meu sucesso. Se me fossem tiradas, as realizações por minha conta seriam insignificantes.

Qual deve ser a minha resposta, como líder, a essa grande lição? Gratidão, é claro. Agradeço a quem me apóia. Sei que cheguei onde estou graças à sua ajuda. A palavra "obrigado" vem da mesma raiz de "ligar". Se os líderes compreendessem a ligação moral que estabelecem com quem contribui para seu sucesso, provavelmente seriam ainda mais agradecidos.

A verdade é que o sucesso é potencializado quando há comprometimento com a nossa causa. São os liderados que tornam uma liderança possível. Portanto, um grande líder só existe se formar seguidores com excelência. Se você nunca aprender essa lição, sua eficiência como líder nunca alcançará o nível mais elevado. Continuará recrutando membros para uma equipe de alta rotatividade. As pessoas gostam de trabalhar para quem gosta delas também.

POUCOS LÍDERES ALCANÇAM O SUCESSO, A NÃO SER QUE MUITOS TRABALHEM PARA ISSO

APLICAÇÃO PRÁTICA

1. Quem apóia você? Com quais tipos de apoiadores você trabalha? Consulte a lista apresentada neste capítulo:

- Guardiães do tempo: pessoas que me ajudam a poupar tempo.
- Complementadores de dons: pessoas que fazem aquilo que não sei fazer.
- Integrantes de equipe: gente que agrega valor a mim e a minha equipe.
- Cabeças criativas: pessoas que resolvem problemas e me oferecem alternativas.
- Fechadores de portas: pessoas que, com excelência, concluem as tarefas inacabadas.
- Desenvolvedores de gente: pessoas que desenvolvem e fazem aflorar outros líderes e colaboradores.
- Líderes servidores: gente que lidera de acordo com a melhor atitude.
- Ampliadores de mente: pessoas que expandem meu raciocínio e meu espírito.
- Formadores de redes relacionais: pessoas com grande capacidade de atrair outras que agregam valor à minha vida.
- Mentores espirituais: gente que incentiva minha caminhada de fé.
- Amigos incondicionais: pessoas que conhecem minhas fraquezas e, ainda assim, me amam sem reservas.

Pense em quais categorias se encaixam as pessoas que compõem sua equipe. Há outras categorias não relacionadas que você valoriza? Se há, quais são? Você pode identificar alguma categoria dessa lista na qual ninguém poderia ser citado? Como fazer para encontrar pessoas capazes de preencher essa lacuna?

2. Como você diz "obrigado"? Um elemento importante na liderança eficaz é encontrar tempo para demonstrar apreço por quem contribui para o seu sucesso. Como faz isso? Já agradeceu, de modo específico, a cada pessoa que compõe sua lista de apoiadores? Disse a todas quão importante tem sido a contribuição que têm oferecido e quanto as valoriza? Você as recompensa regularmente? Se não criar o hábito de demonstrar seu apreço por elas de modo sincero e constante, não conseguirá mantê-las em sua equipe por muito tempo.

3. Quem são os seus mentores? Neste momento, quem está orientando você e promovendo sua evolução pessoal? Se ninguém está desempenhando esse papel em sua vida, descubra quem possa fazê-lo. Que tal seus mentores do passado? Você já os procurou para agradecer? Se ainda não o fez, arranje algum tempo desta semana para escrever bilhetes de agradecimento, falando sobre sua gratidão por tudo quanto fizeram para agregar valor à sua vida.

MOMENTO DO MENTOR

Agora é uma boa hora de agradecer às pessoas a quem você mentoreia por aquilo que fazem com o objetivo de ajudar sua liderança. Dedique algum tempo para refletir sobre a contribuição de cada uma. Identifique o que fazem por você e como ajudam em seu trabalho. Em seguida, fale a respeito disso com elas, tanto verbalmente quanto por escrito. Além disso, recompense-as de algum modo.

25

VOCÊ SÓ SABE A RESPOSTA SE PERGUNTAR

Uma boa definição de confiança seria aquele sentimento enriquecedor, edificante e positivo que se tem antes de entender totalmente determinada situação. Depois de me formar na faculdade, parti para meu primeiro emprego cheio de confiança. Sentia que estava pronto para enfrentar o desafio de liderar uma pequena congregação. Achava que seria fácil. Mas foi então que confrontei a realidade de liderar voluntários. Foi muito frustrante. Descobri que não estava preparado para aquela tarefa. E não tinha a menor idéia de como deveria me preparar.

Uma boa definição de confiança seria aquele sentimento enriquecedor, edificante e positivo que se tem antes de entender totalmente determinada situação.

Eu tinha muitas dúvidas, mas o maior problema era que meu ego não me permitia fazer as perguntas necessárias. Em vez disso, eu fingia saber o que estava fazendo. Acredite em mim: não é uma boa receita para uma liderança de sucesso! Depois de alguns meses, fiquei desesperado. Há um provérbio chinês que diz: "Aquele que pergunta é tolo por cinco minutos, mas o que não pergunta é tolo a vida inteira." Por fim, concluí que seria melhor parecer uma pessoa desinformada do que ser, de fato, uma pessoa desinformada. Decidi me arriscar a ser tolo por cinco minutos e passei a fazer mais perguntas.

Gostaria muito de dizer que essa atitude resolveu instantaneamente todos os meus problemas e transformou as coisas à minha volta. Mas não foi isso que aconteceu. Quer saber por quê? No começo, minhas perguntas não eram as mais adequadas. Isso, porém, não fazia a menor diferença, pois também estava dirigindo meus questionamentos às pessoas erradas! Felizmente, descobri a tempo que, se eu perseverasse e continuasse questionando, acabaria aprendendo a fazer as perguntas certas. E, se continuasse fazendo as perguntas certas, isso me conduziria às pessoas certas também. Esse processo levou anos, mas aqui está a boa notícia: quando você sabe quais são as perguntas certas e as dirige às pessoas certas, chega às respostas certas!

EM BUSCA DAS PERGUNTAS CERTAS

Nem todos descobrem esse segredo. Li uma história hilariante sobre três irmãos que competiam em tudo. Eles deixaram a casa onde viviam em busca de fortuna, e os três foram bem-sucedidos. Um dia, quando estavam todos juntos, começaram a contar vantagem sobre os presentes que tinham acabado de dar à mãe, já idosa.

> *Aquele que pergunta é tolo por cinco minutos, mas o que não pergunta é tolo a vida inteira.*
> PROVÉRBIO CHINÊS

— Construí uma mansão para a mamãe — orgulhava-se o primeiro.

— Bem, eu comprei para ela uma Mercedes novinha com motorista e tudo — contou o segundo.

— Ganhei dos dois — exclamou o terceiro. — Vocês sabem como a mamãe gosta da Bíblia, mas não consegue enxergar direito. Por isso, mandei para ela um papagaio marrom capaz de recitar a Bíblia inteira. Doze monges levaram doze anos para ensiná-lo. Tive de oferecer uma contribuição anual de 100 mil dólares ao monastério durante dez anos para que o treinassem, mas valeu a pena. Mamãe só precisa dizer o capítulo e o versículo, e o papagaio recita na mesma hora.

Pouco tempo depois, cada um dos irmãos recebeu um bilhete da mãe. Ao primeiro filho, ela escreveu: "Milton, a casa que você construiu para mim é muito grande. Vivo em apenas um aposento, mas preciso limpar a casa inteira." Ao segundo filho, relatou: "Marty, estou velha demais para sair de casa. Fico aqui o tempo todo, por isso nunca uso a Mercedes. Além disso, o motorista é muito grosseiro!" A mensagem dirigida ao terceiro filho era mais gentil: "Querido Melvin, você é o único filho que teve o bom senso de escolher algo de que sua mãe gosta. O frango estava delicioso!"

Algumas pessoas precisam aprender, mesmo que à força, a importância de se fazer perguntas! A capacidade de perguntar geralmente distingue os bem-sucedidos dos demais. O motivo é simples: só obtemos respostas às perguntas que fazemos. Sem perguntas não há respostas. Como afirmou o consultor financeiro Bernard Baruch, "milhões de pessoas viram maçãs caindo, mas Newton foi o único que perguntou por quê".

Alguns dos momentos mais estimulantes de minha vida resultaram da disposição de fazer as perguntas certas e, em seguida, ouvir com atenção as respostas. Bem no início da carreira, decidi procurar líderes em meu campo de trabalho que se destacassem como os melhores dos Estados Unidos. Encontrei-me com muitos deles. Durante trinta ou quarenta minutos, eu me limitava a fazer perguntas. Conforme respondiam, eu tomava nota. (Minha mãe me deu um bom conselho: "Saiba ouvir. Seus ouvidos nunca meterão você em encrencas.") Eu não seria capaz de expressar quão valiosas para a minha carreira foram as lições aprendidas com aquelas pessoas.

> *Perguntas de qualidade geram uma vida de qualidade. Pessoas de sucesso fazem melhores perguntas e, por essa razão, obtêm melhores respostas.*
> ANTHONY ROBBINS

Mesmo hoje, aos sessenta anos, ainda procuro líderes de sucesso para fazer perguntas. Tento me encontrar com algumas pessoas que admiro e respeito pelo menos uma vez por mês. E, antes da data marcada, sempre passo bastante tempo me preparando para o encontro. O escritor Brian Tracy afirmou: "Um grande fator de estímulo para o raciocínio criativo consiste em perguntas objetivas. Uma pergunta bem elaborada costuma penetrar o âmago da questão e disparar novas idéias e percepções." Em geral, quanto mais elaborada e precisa for a pergunta, melhor será a resposta. Como afirma o orador Anthony Robbins, "perguntas de qualidade geram uma vida de qualidade. Pessoas de sucesso fazem melhores perguntas e, por essa razão, obtêm melhores respostas".

O PRIMEIRO A PERGUNTAR...

Acho difícil aconselhar sobre quem você deve contactar e sobre o que deve perguntar para crescer e se desenvolver como líder. Isso realmente depende do trabalho que executa, em que ponto está em sua jornada e o quanto deseja crescer. No entanto, posso dizer uma coisa: antes de sair correndo para entrevistar um monte de líderes, é preciso fazer algumas perguntas a si mesmo. Se você não estiver no rumo certo, então os conselhos e as respostas que vier a receber não serão de grande serventia. Se fizer a si mesmo as perguntas adequadas e seguir a trilha certa como líder, logo descobrirá o que deve perguntar aos outros.

Há muitos anos, pensei em dez perguntas que julguei necessárias para fazer a mim mesmo periodicamente e as coloquei por escrito. Acredito que respondê-las ajudou-me a manter a trilha certa. Elas ainda são muito úteis para minha liderança, promovendo meu crescimento pessoal. Espero que também agreguem valor à sua vida:

1. Estou investindo em mim? — Trata-se de uma pergunta relacionada ao crescimento pessoal

Abordei essa questão em maior profundidade no capítulo intitulado "Continue aprendendo para continuar liderando", por isso só vou mencionar o assunto aqui. A verdade é que é muito comum um líder deixar de se abastecer e, com isso, deixar de ter o suficiente para oferecer aos outros. De fato, não dá para entregar algo de que você não dispõe. Bons líderes investem em si. Esse investimento não é o objetivo final, mas uma forma de beneficiar os outros. Aprenda mais para ser capaz de liderar melhor e desenvolver melhores líderes.

2. Estou sinceramente interessado em outras pessoas? — Trata-se de uma pergunta relacionada às motivações

Toda vez que alguém me fala de seu desejo de ser um bom líder, pergunto a razão. Às vezes, as respostas têm a ver com controle ou poder. Em outros casos, posso dizer que a pessoa está interessada nos privilégios: uma boa vaga no estacionamento, o melhor escritório, um salário maior, um cargo mais respeitado etc. Só de vez em quando ouço o que acredito ser o único motivo certo para ser um líder: ajudar as pessoas.

Entre todas as perguntas que me faço, é nessa que me concentro com mais freqüência. Faço isso porque sei o que o poder é capaz de fazer com uma pessoa. É muito fácil deixar de ser um líder disposto a servir para se tornar uma pessoa egoísta. Digo isso porque uma das qualidades presentes em todos os bons líderes é a capacidade de avaliar as situações e elaborar um plano de ação com rapidez. Eles podem não ser mais espertos que os outros, mas costumam ser mais ágeis. E de que maneira isso poderia constituir um problema? Se um líder é capaz de avaliar situações com rapidez, há o risco de ele cuidar primeiro de suas necessidades e seus desejos — resolver os próprios interesses —, e só depois ajudar os outros. Trata-se de uma tentação que os líderes enfrentam com freqüência, e cair nela é sempre um erro.

É muito fácil deixar de ser um líder disposto a servir para se tornar uma pessoa egoísta.

Uma das melhores maneiras de se preservar dessa tentação é assumir um interesse genuíno pelos liderados. Se você conseguir estabelecer um relacionamento com essas pessoas, procurar conhecer suas expectativas e seus sonhos e fizer o possível para ajudálas a alcançar seu potencial, a probabilidade de fazer algo que prejudique a confiança delas em sua liderança será muito menor.

3. Estou fazendo o que amo e amando o que faço? — Trata-se de uma pergunta relacionada à paixão

Costumam me pedir conselhos sobre como obter sucesso na vida. Há alguns princípios universais que capacitam a pessoa a alcançar o sucesso. O primeiro que sempre dou é: ninguém consegue cumprir seu destino fazendo o que despreza.

Paixão pelo que se faz constitui o coração do sucesso e da realização pessoal. Essa paixão abastece e fornece energia quando os outros começam a se cansar. Ela ajuda a pensar em soluções quando todos os demais param de ter idéias criativas. Ela fortalece a disposição quando as outras pessoas desistem. A paixão proporciona a coragem de assumir um risco no momento em que qualquer outro optaria pela segurança. Ela permite que você se divirta enquanto outros à sua volta se limitam a trabalhar.

As pessoas têm a tendência de cair na rotina. Sempre pergunto a mim mesmo: "Continuo gostando do que faço ou só faço por fazer?" Quero ter a certeza de que ainda sou movido pela paixão; se não for, sei o que pode acontecer. Líderes que trabalham o tempo todo em uma atividade da qual não gostam correm o perigo de não alcançar a excelência no que fazem, além de comprometer a própria integridade, na medida em que se sentem tentados a compactuar com o erro ou considerar os atalhos coisa normal.

4. Estou investindo meu tempo com as pessoas certas? — Trata-se de uma pergunta sobre relacionamentos

Há trinta anos, ouvi Charles *Tremendão* Jones, um entusiasta da leitura e líder motivacional, afirmar: "Daqui a cinco anos, sua vida será a mesma coisa, com exceção de duas coisas: as pessoas que você terá conhecido e os livros que terá lido." Quando jovem, tomei aquelas palavras como uma verdade para mim. Foi quando comecei a buscar pessoas a quem admirava. Se pudesse marcar um encontro com elas, eu o fazia. Quando não conseguia, comprava fitas ou CDs com seus ensinamentos ou assistia às conferências que realizavam.

> *Continuo gostando do que faço ou só faço por fazer?*

A tese de meu livro *Vencendo com as pessoas* enfatiza a importância das pessoas na vida de um líder. Escrevi: "As pessoas geralmente são capazes de identificar seus sucessos e fracassos a partir dos relacionamentos que estabelecem." Tenho observado que:

- Quando faço as perguntas erradas às pessoas erradas, desperdiço meu tempo.
- Quando faço as perguntas erradas às pessoas certas, desperdiço o tempo delas.
- Quando faço as perguntas certas às pessoas erradas, estou gastando meu tempo.
- Quando faço as perguntas certas às pessoas certas, estou investindo meu tempo.

Já disse antes, mas vale a pena repetir: descubra quem são as pessoas certas e faça a elas as perguntas certas, se deseja continuar crescendo como líder.

5. Permaneço na área em que sou mais forte? — Trata-se de uma pergunta relacionada à eficácia

Abordei esse assunto no capítulo intitulado "Entre na área e não saia dela", por isso você já sabe o que penso a respeito. Henry Ford declarou: "A pergunta: 'Quem deve ser o patrão?' é equivalente à questão: 'Quem deve ser o tenor de um quarteto?" Executivos eficazes trabalham com os pontos fortes — tanto os deles quanto os de seus superiores, colegas de trabalho e subordinados — e o potencial de cada situação, ou seja, com aquilo que são capazes de fazer. Não trabalham com os pontos fracos. Não perdem tempo construindo sobre um fundamento frágil, baseado em coisas que não sabem fazer. Descubra o que você sabe fazer melhor e invista nisso!

6. Estou conduzindo outras pessoas a níveis mais elevados? — Trata-se de uma pergunta relacionada à missão

Como já mencionei, a pergunta sobre a eficácia de um líder só pode ser respondida quando observamos as pessoas que o seguem. Elas estão se aprimorando ou não? Estão evoluindo ou retrocedendo? O futuro delas está se tornando mais promissor ou sombrio?

Quando viajo para países em desenvolvimento, incentivo os líderes a fazer essa pergunta a si mesmos. Infelizmente, em muitos desses lugares as coisas só estão melhorando para os líderes e alguns de seus protegidos. Mas não é justo que só eles se desenvolvam, enquanto os outros sofrem.

Todos os dias procuro lembrar que minha missão como líder é agregar valor aos outros. Essa é a única razão pela qual tenho o privilégio de liderar. Se as pessoas estão evoluindo e alcançando um nível mais elevado, então devo continuar na liderança. Mas quando acontece o contrário, alguém deve assumir meu lugar.

7. Estou cuidando bem do dia de hoje? — Trata-se de uma pergunta relacionada ao sucesso

O segredo de seu sucesso é determinado por sua agenda diária. Gente de sucesso toma decisões certas bem cedo na vida, e depois as administra a cada dia. Tenho tanta convicção em relação a esse conceito que escrevi um livro inteiro abordando o tema, chamado *O sucesso de amanhã começa hoje*. Se me concentro no dia de hoje e faço aquilo que ele demonstra ser necessário, isso significa que estou me preparando para o amanhã. Se não cuido do dia de hoje como devo, então passarei o dia de amanhã consertando os erros que cometo agora.

Minha missão como líder é agregar valor aos outros. Essa é a única razão pela qual tenho o privilégio de liderar.

Gente de visão procura efetuar mudanças para tornar o futuro melhor.

No entanto, não podem fazer nada realmente positivo se concentrarem todo o foco no futuro. Quando alguém me pede conselho sobre o que deve mudar em sua vida, digo: "Você nunca mudará sua vida se não começar mudando aquilo que faz diariamente." Se você se perguntar todos os dias "Estou cuidando bem do dia de hoje?", será capaz de manter o curso, corrigi-lo com rapidez quando se desviar e promover um amanhã muito melhor.

8. Estou parando para pensar no que faço? — Trata-se de uma pergunta relacionada à liderança estratégica

O calcanhar de Aquiles de muitos líderes é dedicar-se à reflexão. Costumam ser pessoas movidas pela ação. Gostam de ver movimento o tempo todo, tanto na própria vida quanto na vida dos outros e nas organizações que lideram. Possuem uma inquietação inata. Isso geralmente as torna resistentes ao hábito de separar tempo suficiente para pensar e, com isso, liderar de modo mais eficiente.

> *Você nunca mudará sua vida se não começar mudando aquilo que faz diariamente.*

Sou muito ativo e agitado, por isso tive de me disciplinar nessa área, criando sistemas que funcionassem comigo. Pode ser que você queira usá-los para potencializar seus períodos de reflexão. Meu sistema é mais ou menos assim:

- Tenho um lugar certo para pensar. É uma cadeira confortável em meu escritório que uso apenas para refletir e pensar com criatividade.
- Tenho um método para refinar os pensamentos. Desenvolvi processos específicos para desenvolver e aprofundar quaisquer idéias que me ocorram.
- Conto com uma equipe que amplia o que penso. Há determinadas pessoas em cada área de minha vida que me desafiam, agregam valor a minhas idéias e me ajudam a aprimorá-las.
- Dedico tempo a *viajar* em meus pensamentos. Antes de passar à fase de implementação, testo minhas idéias com outras pessoas para ter certeza de que *decolarão*.

- Tenho um lugar certo para chegar com meus pensamentos. O valor da boa reflexão é limitado se o líder nunca coloca nada em prática. Há pessoas dentro de minha organização capazes de pegar qualquer idéia e transformá-la numa realidade. Eu coloco as minhas idéias nas mãos dessas pessoas e, em seguida, ofereço os recursos e a autoridade necessários para fazer as coisas acontecerem.

Isso provavelmente constitui informação suficiente para ajudar você a adotar o pensamento estratégico. No entanto, se deseja tornar seu raciocínio mais afiado e aprender mais sobre esse assunto, dê uma olhada em meu livro *Thinking for a Change* [*Pensar para mudar*].

9. Estou desenvolvendo outros líderes? — Trata-se de uma pergunta relacionada ao legado

Como falei no início deste capítulo, quando comecei a liderar voluntários, enfrentei problemas para convencer as pessoas a me seguir. Quando aprendi a liderar comecei a formar seguidores. No princípio, pensava que era um feito e tanto. Só quando deixei a primeira organização que liderei e assisti à sua queda foi que percebi o erro que havia cometido. Se você deseja o sucesso de sua organização, seja por que período for, não pode se limitar a formar seguidores. É necessário desenvolver outros líderes.

Levou muito tempo para eu aprender como desenvolver líderes. Depois, levou mais tempo ainda para colocar isso em prática. Hoje, depois de muitos anos concentrando minha atenção no desenvolvimento da liderança, entendo que formar seguidores é rápido e fácil, mas proporciona pouco retorno. No entanto, liderar outros líderes é um processo lento e difícil, mas o retorno é muito maior. O preço a ser pago pelo desenvolvimento de líderes é muito alto, mas a recompensa também é grande! Eu não seria capaz de pensar em outra maneira de liderar.

10. Estou agradando a Deus? — Trata-se de uma pergunta relacionada à fé

Você pode não se identificar com essa última pergunta, mas é a mais importante para mim. Peço desculpas se ela parece ofensiva, mas se pretendo demonstrar integridade no que escrevo, é preciso incluí-la. Uma das questões-chave de minha fé é: "Que adiantará ao homem ganhar o mundo inteiro e perder a sua alma?"[1] Minha capacidade de liderança e minha experiência seriam insuficientes se eu fizesse alguma coisa que não agradasse a Deus.

Há quem considere o ato de perguntar um sinal de ignorância. Vejo esse ato como um sinal de engajamento, de curiosidade e do desejo de se aprimorar — desde que as perguntas sejam resultado de reflexão e que não se tornem repetitivas. Se você não pergunta, não avança. Quem não ouve não aprende. (Dizem que as pessoas mais limitadas monopolizam a conversa e as mais notáveis monopolizam a atenção.) Se você não perguntar, não terá respostas. E saiba de uma coisa: como líder, se você deixar de fazer perguntas, é melhor comprar uma cadeira de balanço, colocar na varanda da casa e dar sua carreira por encerrada, pois já estará em pleno gozo de sua aposentadoria!

VOCÊ SÓ SABE A RESPOSTA SE PERGUNTAR

APLICAÇÃO PRÁTICA

1. Seu ego está atravancando seu crescimento? Até que ponto se sente à vontade para fazer perguntas que podem evidenciar sua falta de conhecimento ou experiência? Seja sincero: você tem medo de parecer uma pessoa ignorante? Preocupa-se com o que pensarão a seu respeito? Se já trabalha como líder há muito tempo e tem resistido à idéia de fazer perguntas, será difícil mudar. No entanto, são duas as opções de que dispõe: parecer uma pessoa tola por cinco minutos ou ser uma pessoa tola para o resto de vida. Comece a fazer perguntas hoje mesmo e administre essa sensação de desconforto.

2. Que perguntas você precisa fazer a si mesmo? Você jamais será um líder eficaz se não prestar contas de seus atos e de seu crescimento. E não dá para fazer isso sem passar por questionamentos pessoais. Crie uma lista própria de perguntas ou use as mencionadas neste capítulo para ter a certeza de que continua na trilha certa.

1. Estou investindo em mim? (crescimento pessoal)
2. Estou sinceramente interessado em outras pessoas? (motivações)
3. Estou fazendo o que amo e amando o que faço? (paixão)
4. Estou investindo meu tempo com as pessoas certas? (relacionamentos)
5. Permaneço na área em que sou mais forte? (eficácia)
6. Estou conduzindo outras pessoas a níveis mais elevados? (missão)
7. Estou cuidando bem do dia de hoje? (sucesso)
8. Estou parando para pensar no que faço? (estratégia)
9. Estou desenvolvendo outros líderes? (legado)
10. Estou agradando a Deus? (fé)

3. A quem você pode dirigir suas perguntas? Dispor-se a fazer perguntas e correr o risco de parecer ignorante diante das pessoas indica uma atitude apropriada para quem deseja aprender. No entanto, isso não constitui um plano de crescimento. Pense nas pessoas com as quais poderia aprender para se desenvolver; em seguida, tente marcar encontros para conhecê-las. Antes de encontrá-las, dedique pelo menos duas horas preparando uma entrevista e anotando suas perguntas. (Se a pessoa escreveu livros, então leia todos antes de fazer as perguntas. Se ela produziu lições gravadas, ouça primeiro. Dependendo do volume de material produzido por essa pessoa, pode ser que essa preparação leve semanas.)

MOMENTO DO MENTOR

Aproveite essa oportunidade para tratar da questão do ensino com as pessoas a quem você mentoreia. Com que freqüência elas fazem perguntas? Até que ponto estão dispostas a receber conselhos — não apenas os seus, mas também de seus pares e das pessoas que trabalham com elas? Discuta com elas todas as questões que você considere importantes nessa área.

26

AS PESSOAS RESUMIRÃO SUA VIDA EM UMA FRASE; DEFINA-A DESDE JÁ

No dia 18 de dezembro de 1998, eu tive um enfarte. Naquela noite, enquanto estava no chão à espera da chegada da ambulância, lembro-me de ter pensado em duas coisas: primeiro, que eu era jovem demais para morrer; segundo, que ainda havia realizações que gostaria de levar adiante.

Graças a um atendimento médico excelente e às orações de muitas pessoas, sobrevivi e hoje gozo de boa saúde. No entanto, durante o processo de convalescença, pensei muito sobre a vida, a morte e o impacto que gostaria de exercer antes de morrer. Conforme avaliava o que poderia ter acontecido, fiquei pensando em quem teria comparecido ao meu velório. Tentava imaginar o que as pessoas diriam. E, num momento de sinceridade, tive de rir ao constatar que a freqüência de meu velório seria determinada pela previsão do tempo. Além disso, trinta minutos depois do enterro, as pessoas estariam reunidas em algum outro lugar, muito mais preocupadas em saber onde foi que colocaram a salada de batatas!

QUAL SERÁ MEU LEGADO?

Um dos resultados mais benéficos daquele enfarte foi a motivação que ele me proporcionou para fazer a seguinte pergunta: "Qual será o meu legado?" Um legado é algo que deixamos para a geração seguinte. Podem ser posses que entregamos a outras pessoas. Podem ser princípios segundo os quais vivíamos e que permaneceram depois de nossa morte. Também podem ser pessoas que influenciamos, e cujas vidas melhoraram depois de nos conhecerem.

Agora que estou ficando mais velho e comecei a pensar mais a respeito de meu legado, pergunto aos líderes a quem admiro o que desejam deixar para a posteridade. Há alguns anos, durante uma conferência que organizei, entrevistei John Wooden, o lendário técnico de basquete dos Bruins, da Universidade da Califórnia em Los Angeles. Na época, ele tinha 92 anos. Perguntei a ele sobre seu legado e como gostaria de ser lembrado por aqueles que o conheciam.

"Com certeza, não desejo ser lembrado pelos troféus ou pelos campeonatos nacionais", respondeu, sem hesitar. Um burburinho tomou conta da platéia, surpresa pela declaração. Ele fez uma pausa longa e, por fim, completou: "Espero que as pessoas se lembrem de mim como alguém que foi gentil e atencioso com os outros." Todos ficaram maravilhados com aquela demonstração singela de sabedoria. Ela serviu para nos lembrar da diferença importante que há entre valores e coisas. John Wooden alcançou um sucesso profissional muito além dos sonhos de muita gente, e ainda assim desejava ser lembrado pela maneira como tratava as pessoas.

O QUE VOCÊ DEIXARÁ PARA A POSTERIDADE?

Um dia, eu e você morreremos. Nesse momento, nossa vida será resumida numa simples frase. Qual frase você gostaria que sintetizasse sua existência? Claire Booth Luce a classificou, com propriedade, a "frase de uma vida". Se você não trabalhar para formar um legado, as pessoas que estiverem em seu velório não precisarão imaginar qual seria a frase de sua vida.

Eleanor Roosevelt declarou: "A vida é como um salto de pára-quedas — precisa dar certo logo na primeira tentativa." Para ser sincero, ninguém consegue acertar logo de primeira. Acho que todos gostaríamos de voltar no tempo e mudar algumas coisas na vida. Mesmo assim, podemos optar por viver daqui para a frente de modo a produzir um impacto positivo na vida dos outros depois de nossa morte. Podemos deixar um legado que valha a pena. Para alcançar esse objetivo, sugiro que você faça o seguinte:

1. Escolha hoje o legado que deseja deixar

Um legado pode ser passado às gerações seguintes de modo premeditado, mas tenho percebido que, na maioria dos casos, é involuntário. Recebi legados de muitas pessoas que não investiram deliberadamente em mim. Por exemplo, meu avô Maxwell foi um exemplo de determinação e força de vontade. Minha avó Roe foi a primeira a compartilhar comigo a paixão por viagens. Minha mãe me dedicou um amor incondicional. Meu professor da quinta série, o Sr. Horton, ajudou a despertar minha vocação para a liderança. Wayne McConnahey fez com que eu passasse a me interessar por esportes. Cada uma dessas pessoas exerceu um forte impacto sobre minha vida, e que produz efeitos ainda hoje: minha determinação, minha paixão por viagens e por liderança e meu gosto por esportes. No entanto, não acredito que alguma delas tenha tentado conscientemente me transmitir isso tudo. Elas estavam apenas sendo autênticas, e *captei* essas qualidades só por viver perto delas.

> *De maneira geral, ninguém sabe o que fazer com a vida, mas mesmo assim deseja outra que seja eterna.*
> ANATOLE FRANCE

O romancista Anatole France, vencedor do prêmio Nobel, comentou: "De maneira geral, ninguém sabe o que fazer com a vida, mas mesmo assim deseja outra que seja eterna."

A maioria das pessoas não forma um legado de modo intencional. Mas deveriam fazê-lo. Ninguém jamais se importará tanto com seu legado quanto você. Se não assumir a responsabilidade por ele e levar essa tarefa a cabo, ninguém mais o fará.

Escolha seu legado. Faça isso de modo consciente. Dessa maneira, terá a possibilidade de exercer um impacto ainda maior sobre as futuras gerações. Você pode começar ainda hoje, definindo a frase de sua vida. Você não conseguirá concebê-la de uma só vez. Se for como eu, precisará refiná-la com o tempo. Comecei a pensar sobre meu propósito no fim dos anos 1960, e desde então nunca parei de evoluir. Veja aqui como a frase de minha vida mudou com minha maneira de pensar ao longo dos anos:

- Quero ser um grande pastor.
- Quero ser um grande comunicador.
- Quero ser um grande escritor.
- Quero ser um grande líder.

Conforme cresci e meus horizontes foram ampliados, a frase que descreve meu propósito na vida continuou mudando. Foi então que chegou um momento em que olhei para aquelas declarações e percebi que meu desejo de ser um pastor, um comunicador, um escritor e um líder eficaz era, na verdade, um desejo de agregar valor às pessoas.

Você notará que houve uma mudança significativa em meu modo de pensar, algo que dificulta muito a formação deliberada de um legado. Hoje, em vez de imaginar o que vou me tornar, me concentro nas outras pessoas. Por isso, ajustei ainda mais a frase da minha vida. Atualmente, é assim: "Quero agregar valor a líderes que o disseminarão entre outras pessoas." Quando eu morrer, espero que outros confirmem que fiz exatamente isso.

O escritor e especialista em liderança John Kotter me disse certa vez: "A maioria das pessoas não lidera a própria vida, apenas a aceita." Não permita que essa declaração se aplique em seu caso. Comece a definir o legado que deseja deixar. Pode ser apenas o início do processo, mas tudo bem. É preciso começar para poder terminar.

2. Viva hoje o legado que deseja deixar

Uma coisa é identificar um legado. Outra coisa é transmiti-lo. A maior garantia de que você deixará o legado que deseja é a maneira como vive. Em meu livro *O sucesso de amanhã começa hoje*, explico que o segredo do sucesso de uma pessoa é determinado por sua agenda diária. Acho que também podemos dizer com segurança que o segredo de seu legado é determinado por essa mesma agenda. O somatório daquilo que você vive a cada dia se torna o seu legado. Adicione cada ação realizada ao longo dos anos e você verá seu legado começando a tomar forma.

> *A maioria das pessoas não lidera a própria vida, apenas a aceita.*
> JOHN KOTTER

No livro *Training for Power and Leadership* [Treinamento para o poder e a liderança], Grenville Kleiser afirma:

> Sua vida é como um livro. A capa é seu nome; o prefácio, suas apresentações ao mundo. As páginas são um registro diário de seus esforços, suas provações, seus prazeres, seus desânimos e suas realizações. Dia após dia, seus pensamentos e atos são inscritos no livro de sua vida. A cada hora, um novo registro que deve permanecer para sempre. Quando chegar a hora

de escrever a palavra "fim", trabalhe para que seu livro seja considerado o registro de um propósito nobre, de uma vida de serviço generoso e de um trabalho bem-feito.

As pessoas geralmente não podem escolher quando ou como morrerão, mas podem decidir como viverão. O sociólogo Anthony Campolo fala a respeito de um estudo segundo o qual cinqüenta pessoas na faixa dos 95 anos responderam à seguinte pergunta: "Se você pudesse voltar no tempo e viver de novo, o que faria diferente?" A pergunta permitia respostas espontâneas, e as respostas variavam bastante. No entanto, três temas eram recorrentes:

- "Se eu tivesse de começar tudo de novo, pensaria melhor."
- "Se eu tivesse de começar tudo de novo, arriscaria mais."
- "Se eu tivesse de começar tudo de novo, faria mais coisas que permanecessem depois de minha morte."

Quando você chegar ao fim de sua vida, espero que não tenha nenhum arrependimento; que tenha vivido da maneira mais intensa possível; e que tenha feito tudo que pôde, dia após dia, para aproveitar ao máximo seu tempo na terra. Definir o seu legado e vivê-lo diariamente ajudará a alcançar esse objetivo.

3. Aproveite desde já o valor de um bom legado

Charles F. Kettering, criador e ex-chefe da divisão de Pesquisa da General Motors, declarou: "O feito mais grandioso desta geração será ensinar o caminho das pedras para a seguinte." Conduzir pessoas a lugares onde jamais estiveram e a alturas que nunca sonharam alcançar é motivo de grande alegria. Como líder, você tem uma ótima oportunidade de fazer isso.

> *As pessoas geralmente não podem escolher quando ou como morrerão, mas podem decidir como viverão.*

Acho que a capacidade de criar um legado positivo depende, em grande parte, da atitude. Em primeiro lugar, é preciso preocupação com as pessoas. Segundo, é necessário compreender o grande impacto que um bom legado pode exercer. Mas não se pode negligenciar a importância de uma perspectiva adequada. É preciso chegar à conclusão de quão insignificantes somos em comparação à tarefa que nos foi confiada como líderes. Isso exige um nível de objetividade, maturidade e humildade que muitos líderes nunca alcançam. Sua meta como líder não é a de se tornar indispensável para as pessoas de sua equipe — é a de legar algo indispensável a seus liderados.

> *Conseguimos, pelo menos, dar o passo inicial na descoberta do sentido da vida quando plantamos árvores frondosas sob cujas sombras temos certeza absoluta de que jamais nos sentaremos.*
> D. ELTON TRUEBLOOD

O educador D. Elton Trueblood escreveu: "Conseguimos, pelo menos, dar o passo inicial na descoberta do sentido da vida quando plantamos árvores frondosas sob cujas sombras temos certeza absoluta de que jamais nos sentaremos." Este é o tipo de perspectiva que quem deseja deixar um legado deve adotar.

INVESTINDO NA PRÓXIMA GERAÇÃO

Percebo que, quando se trata de legado, minha perspectiva é fortemente influenciada pela fase que estou vivendo no momento. Tenho sessenta anos, nossos filhos já estão criados. Eu e Margaret estamos vivendo aquele período da vida no qual podemos curtir nossos netos. Contudo, se a sua família ainda é jovem, os filhos provavelmente constituem o foco atual na construção de seu legado. E é assim mesmo que deve ser. Quando nossos filhos eram pequenos, eu e Margaret nos preocupávamos principalmente em instilar valores e habilidades na vida de Elizabeth e Joel. Conforme cresciam, decidimos que daríamos a eles quatro coisas:

- Amor incondicional.
- Um fundamento de fé.
- Princípios para a vida e para o sucesso.
- Segurança emocional.

Fico feliz por poder dizer que nossos filhos hoje estão casados, vivendo por conta própria e transmitindo seus valores a nossos netos. Eu e Margaret estamos testemunhando a passagem de valores, esperanças, sonhos, experiências e bênçãos de uma geração para a outra em nossa família. É muito gratificante, e me lembra algo que o reformador social Henry Ward Beecher declarou certa vez: "Em nossa geração, devemos viver e trabalhar de tal forma que a semente recebida passe à geração seguinte como flor; e o que recebemos como flor seja transmitido como fruto. É isso que queremos dizer quando falamos em progresso."

Há um poema chamado *O construtor de pontes*, escrito por Will Allen Dromgoole, do Tennessee, que conheço e aprecio há muitos anos. Os versos descrevem o que significa deixar um legado para aqueles que nos seguem:

> Um velho solitário seguindo pela estrada
> Chegou naquela noite fria e desolada
> A um precipício, vasto, profundo e imenso,
> Pelo qual fluía um rio tão denso.
> À luz do crepúsculo o velho atravessou.
> O denso fluxo da torrente não o intimidou.
> Voltou-se ao chegar ao outro lado, com a certeza
> De construir uma ponte sobre tal profundeza.
>
> "Velho", disse um peregrino que passava ali,
> "É desperdício o esforço de cá construir.
> Tua jornada finda quando finda o dia,
> Mas nunca voltarás a esta cercania.
> Cruzaste o abismo — qual é o caso
> De construir uma ponte em pleno ocaso?
>
> Operoso, o velho disse, erguendo a fronte:
> "Bom amigo, a razão de construir a ponte
> É que, depois de minha travessia triunfante,
> Há de seguir-me um jovem ou infante.
> O abismo que admirei com maravilha
> Pode revelar-se a ele como armadilha.
> Mas é importante que atravesse o precipício.
> Bom amigo, é por ele que faço tal sacrifício.

Que tipo de ponte você está construindo para seus seguidores? Está fazendo o melhor que pode com sua liderança — não apenas para si ou para as pessoas que lidera hoje, mas também para aqueles que seguirão seu exemplo no futuro? Saber que, um dia, as pessoas resumirão nossa vida em uma frase exige sensatez. Definir essa frase hoje é uma maneira de dizer "obrigado" a Deus, à vida, à família e a tanta gente que jamais conheceremos.

AS PESSOAS RESUMIRÃO SUA VIDA EM UMA FRASE; DEFINA-A DESDE JÁ

APLICAÇÃO PRÁTICA

1. Qual a importância que você dá à criação de um legado? Deixar um legado é a última coisa que passa pela cabeça de muitos líderes. Qual o valor que você dá a isso? Já havia pensado na idéia antes de ler este capítulo? Acha que já pode começar a pensar no que gostaria de ser? Não importa o ponto em que esteja em sua jornada de liderança — se é um novato, um líder experiente ou um veterano —, nunca é cedo demais para começar a pensar no significado que gostaria de dar à sua vida quando ela chegar ao fim. Faça da criação de um legado uma prioridade.

2. Como você gostaria que fosse seu legado? Determinar esse legado toma tempo. Para dar início ao processo, faça a si mesmo as três perguntas a seguir:

- Quais são as minhas responsabilidades? (Isso ajuda a identificar o que deve ser feito.)
- Quais são as minhas habilidades? (Isso ajuda a identificar o que se pode fazer.)
- Quais são as minhas oportunidades? (Isso ajuda a identificar o que poderia ser feito.)

Depois de responder a essas perguntas, tente usar suas respostas para escrever uma "frase da vida" sucinta.

3. Você já vive esse legado? Ele não se forma simplesmente a partir da decisão de colocar por escrito uma frase que resume sua vida. Isso acontece porque a pessoa coloca em prática esse legado diariamente. Sua vida atual está de acordo com a frase de vida que você escreveu a seu respeito? Se não está, qual o motivo? O que precisa deixar de fazer? O que precisa passar a fazer? O que precisa fazer com mais freqüência? Os ajustes em sua vida podem ser pequenos, mas pode ser necessário passar por uma transição maior. Comece a trabalhar neles ainda hoje.

MOMENTO DO MENTOR

Peça às pessoas a quem você mentoreia para identificar o objetivo maior de seu trabalho. Peça que descrevam o que acontecerá (e como elas estarão) quando chegarem lá. Peça que expliquem por que escolheram aquele objetivo e o que lhes custará atingi-lo. Insista que forneçam tantos detalhes a respeito disso quanto lhes for possível. Agora peça que expliquem de que maneira suas ações atuais reforçam esse objetivo ou solapam o cumprimento dessa meta. Incentive-as a identificar as mudanças necessárias para manter a trilha certa e alcançar os objetivos. Peça que elaborem e ponham no papel uma declaração de legado seguida de uma lista de valores e atitudes que precisarão adotar para, assim, aumentarem suas chances de formar esse legado.

CONCLUSÃO

Espero que você tenha aproveitado bem as 26 pepitas de ouro que incluí neste livro. Mais importante ainda, espero que tenha se beneficiado delas. O perigo de um livro como este é passar pela leitura com facilidade, compreendendo os conceitos nele contidos, mas não colocando nenhum deles na prática. A informação, por si, não ajudará você a se tornar um líder melhor. É preciso aplicá-la na vida, caso deseje mudar e se tornar um líder melhor.

Se a liderança ainda é um conceito novo para você, então acredito que já esteja percebendo o desenvolvimento de sua capacidade de liderança como resultado da leitura deste livro e das lições aprendidas a partir de meus erros. Faça o que você fizer, não pare. Não se desenvolve a liderança de uma hora para a outra. É um processo que dura a vida inteira, e, quanto maior for o seu empenho, maior será o potencial de se tornar o líder que é capaz de ser. Nunca pare de aprender.

Se você é um líder bem-sucedido e tarimbado, e muitas coisas que leu neste livro são meros lembretes daquilo que já sabe de cor, então concentre seu foco onde ele deve ser concentrado: na formação de outros líderes. Nunca esqueça que seu maior valor potencial não está em sua liderança, e sim em sua capacidade de identificar pessoas com potencial de liderança e ajudá-las a se tornarem líderes de sucesso. Você pode exercer um impacto maior ao desenvolver um pequeno núcleo de líderes do que dirigindo um exército imenso de seguidores.

E não importa em que ponto esteja na jornada da liderança, continue crescendo, liderando e trabalhando para fazer diferença.

NOTAS

A pessoa mais difícil de liderar é sempre você

[1] Em *www.igopogo.com/we_have_met.htm*, acessado em 18 de janeiro de 2007 [criada em 1948, *Pogo* é uma série de tiras de quadrinhos nas quais os animais satirizam e contestam o comportamento dos seres humanos (N. T.)].
[2] Provérbios 22:7.

É nos momentos decisivos que sua liderança se define

[1] F. John Reh, "Employee Benefits as a Management Tool" ["Benefícios empregatícios como ferramenta de gestão"] em *management.about.com/cs/people/a/Benefits100198.htm*, 10 de julho de 2007.

Nunca trabalhe um dia sequer em sua vida

[1] Nova York: Warner Books, 2000, p. 17.

Os melhores líderes são aqueles que sabem ouvir

[1] Mustang: Tate, 2005, p. 76.
[2] Lorin Woolfe, *The Bible on Leadership: From Moses to Matthew—Management Lessons for Contemporary Leaders* [A Bíblia na liderança: de Moisés a Mateus — Lições de administração para líderes contemporâneos], Nova York: AMACOM, 2002, pp. 103-104.

Entre na área e não saia dela

[1] Marcus Buckingham and Donald O. Clifton, *Now Discover Your Strengths* [Descubra seus pontos fortes], Nova York: The Free Press, 2001, p. 6.

A primeira responsabilidade de um líder é descrever a realidade

[1] Nova York: Harper Collins, 1980, p. 6.

[2] Nova York: Harper Collins, 2001), p. 70.

Para avaliar o desempenho de um líder, observe seus liderados

[1] Segundo debate presidencial com Jimmy Carter, 28 de outubro de 1980, "Reagan in His Own Words" ["Reagan por ele mesmo"], NPR, *www.npr.org/news/specials/obits/reagan/audio_archive.html*, acessado em 19 de fevereiro de 2007.

[2] Stuart Briscoe, *Everyday Discipleship for Ordinary People* [Discipulado diário para gente comum], Colorado Springs: Scripture Press, 1988.

Mantenha o foco nas prioridades

[1] Barry Conchie, "The Seven Demands of Leadership: What Separates Great Leaders from All the Rest" ["As sete demandas da liderança: o que separa os grandes líderes dos demais"], em *Gallup Management Journal*, edição de 13 de maio de 2004 (*gmj.gallup.com/content/default.aspx?ci=11614&pg=1*).

[2] Stan Toler e Larry Gilbert, *Pastor's Playbook: Coaching Your Team for Ministry* [Roteiro do pastor: dirigindo sua equipe ministerial], Kansas City: Beacon Hill Press, 1999.

O maior erro é não perguntar onde você está errando

[1] *It's Your Ship: Management Techniques from the Best Damn Ship in the Navy*, Nova York: Warner Business, 2002, p. 33.

[2] Id., pp. 91-92.

Não administre seu tempo — administre sua vida

[1] *What to Do Between Birth and Death: The Art of Growing Up*, Avon Books, 1993.

[2] Warren G. Bennis, *Managing the Dream: Reflections on Leadership and Change* [Administrando o sonho: reflexões sobre liderança e mudança], Nova York: Perseus Books, 2000, pp. 56-57.

[3] Jeffrey Davis, "A Thousand Marbles" ["Mil bolinhas de gude"], em *www.landofmarbles.com/marbles-1000marbles.html*, acessado em 30 de março de 2007.

Pessoas abandonam pessoas, não empresas

[1] *Blink: The Power of Thinking Without Thinking*, Nova York: Little, Brown, and Company, 2005, pp. 18-34.
[2] "Trust a Bust at U.S. Companies; Manchester Consulting's Survey Rates Trust in the Work Place a 5-1/2 Out of 10" [O declínio da confiança nas empresas dos Estados Unidos — Pesquisa da Manchester Consulting classifica grau de confiança dentro do ambiente de trabalho], em *www.prnewswire.com/cgi-bin/stories.pl?ACCT=104&STORY=/www/story/9-2-97/308712&EDATE=*, acessado em 27 de março de 2007.

A experiência não é a melhor professora

[1] *The Right Time: An Autobiography*, Nova York: Putnam, 1969.

O segredo de uma boa reunião é fazer uma reunião prévia

[1] Gomer Pyle era um frentista simplório interpretado pelo ator Jim Nabors na série *The Andy Grifith Show*. Depois ganhou programa próprio, o *Gomer Pyle U. S. M. C.*, onde passou a ser marinheiro. Ambos foram apresentados na década de 1960, nos Estados Unidos.
[2] Harry Chapman, *Greater Kansas City Medical Bulletin*, ed. 63, *www.bartleby.com/63/17/4517.html*, acessado em 9 de março de 2007.

Influência não se dá — se empresta

[1] Provérbios 29:2.

Quem começa a jornada com você raramente a termina junto

[1] *Reader's Digest*, edição de 13 de julho de 2003, p. 198.

Poucos líderes alcançam o sucesso, a não ser que muitos trabalhem para isso

[1] Dan Sullivan e Catherine Nomura, *The Laws of Lifetime Growth: Always Make Your Future Bigger Than Your Past* [As leis do crescimento na vida: sempre faça seu futuro maior do que seu passado], San Francisco: Berrett-Koehler, 2006, p. 43.

Você só sabe a resposta se perguntar

[1] Mateus 16:26.

Este livro foi composto em Minion 11/14 e impresso pela Ediouro Gráfica sobre papel Pólen soft 70g para a Thomas Nelson Brasil em 2009.